Von Leonard Cottrell sind außerdem als Knaur-Taschenbücher
erhältlich:

»Das Geheimnis der Königsgräber« (Band 3963)
»Der Tiger von Ch'in« (Band 3968)

Vollständige Taschenbuchausgabe 1989
Droemersche Verlagsanstalt Th. Knaur Nachf., München
Lizenzausgabe mit freundlicher Genehmigung des
Diana Verlags, Zürich
Titel der Originalausgabe »The Bull Of Minos«
Aus dem Englischen von Micaela Mohr-Wille
Copyright © 1954 by Diana Verlag, Zürich
Umschlaggestaltung Manfred Waller
Umschlagabbildung: Amazonen zu Pferde; mit Gold eingelegte
Silberplatte, Knossos/Kreta. (Britisches Museum, London).
Druck und Bindung brodard & taupin
Printed in France   5   4   3   2   1
ISBN 3-426-03982-6

Leonard Cottrell:
Der Faden der Ariadne

Die Anfänge der minoischen Kultur

INHALTSVERZEICHNIS

*Bei seiner Ankunft in Kreta bekam Theseus, nach
der Erzählung vieler Geschichtsschreiber und Dichter, von der in ihn verliebten Ariadne den Faden
und zugleich Anweisung, wie er sich aus den Irr-
gängen des Labyrinths herausfinden könnte. Auf
diese Weise erlegte er den Minotauros ...*

PLUTARCH *(Übersetzung von Kaltwasser)*

Jeder Schriftsteller, der über den Ursprung der minoischen Kultur zu schreiben versucht, wird zunächst eine große Anleihe bei Sir Arthur Evans' bedeutendem Buch „Der Palast des Minos" machen müssen. So gebührt auch mein größter Dank denen, die Sir Arthur's Werk der Öffentlichkeit vermittelt haben, nämlich der Clarendon Press und Messrs. Macmillans. Sie gestatteten mir nicht nur, aus dem Text zu zitieren, sondern auch einige der einzigartigen Wiedergaben minoischer Kulturdenkmäler zu benutzen, die das Werk in großer Fülle enthält.

Auch der British Broadcasting Corporation bin ich zu tiefem Dank verpflichtet, denn sie ermöglichte mir, Griechenland und Kreta zu bereisen im Zusammenhang mit meinen Rundfunkvorträgen über Heinrich Schliemann und Sir Arthur Evans.

Unter den vielen literarischen Quellen, die in der Bibliographie am Ende des vorliegenden Buches aufgeführt sind, war mir Emil Ludwigs maßgebende Biographie von Schliemann besonders anregend und wertvoll; unter Schliemanns eigenen Werken vor allem „Ilios" mit seiner fesselnden Autobiographie, und endlich die Werke von Schuchhardt, Dörpfeld und Karo.

Die vollständigste und zuverlässigste Quelle über das persönliche Leben Sir Arthur Evans' ist das Buch *Time and Chance*, das seine Halbschwester Dr. Joan Evans verfaßte und gegen Ende des Zweiten Weltkrieges veröffentlichte. Ich möchte auch dem hochbetagten Sir John Myres meinen Dank zum Ausdruck bringen. Er nahm mich gütigst in seinem Oxforder Heim auf und vermittelte mir ein so lebendiges Bild seines langjährigen Freundes, wie es das geschriebene Wort nie wiedergeben kann.

Außer dem „Palast des Minos" gewährt John Pendlebury's „Archäologie von Kreta" den umfaßendsten Überblick über die prähistorische Zivilisation von Kreta. Ich lernte Pendlebury's Buch durch W. H. Fairman, Professor der Ägyptologie an der Universität Liverpool, kennen. Er hatte bei Pendlebury's Ausgrabungen im Gelände von Echnatons Stadt Tell el Amarna in Ägypten mitgewirkt. Nachdem ich Tell el Amarna im Jahre 1947 selbst besucht hatte, entstand in mir der Wunsch, Knossos zu sehen, wo Pendlebury einige Jahre lang das Amt eines Kurators innehatte. Als dieser Wunsch sich erfüllte und ich den Palast des Minos mit Pendleburys „Führer" in der Hand studieren durfte, überkam mich Trauer, denn der junge Gelehrte, der Kretas Volk liebte, war einer der Führer der kretensischen Widerstandsbewegung geworden und im Kampf gefallen. Wäre er am Leben geblieben, so hätte er ein würdiger Nachfolger Evans', der ihn liebte und schätzte, werden können.

Besonderer Dank gebührt auch der Lehrerschaft der Britischen Schule in Athen, die mir zu der Reise nach Knossos verhalf, und der Londoner Lehrerschaft der Schule, besonders ihrer fähigen Sekretärin, Miß Edith Clay. Ich bin auch Dr. Frank Stubbings, Lektor für klassische Literatur an der Universität Cambridge, für seine Richtlinien außerordentlich dankbar.

Zuletzt möchte ich Mr. und Mrs. Piet de Jong für ihre

Hilfe und ihre Gastfreundschaft danken. Piet de Jong war der letzte britische Kurator von Knossos, bevor die Stadt und die Villa Ariadne 1952 an die griechischen Behörden übergeben wurden. Er war 1922 von Sir Arthur Evans zu seinem Architekten bestimmt worden. Aber die harte, aufopfernde Arbeit, die de Jong und seine Frau durchführten, um die Vernachlässigung der Kriegsjahre am Palast von Knossos zu beheben, war nicht die geringste seiner Aufgaben. Wäre Sir Arthur noch am Leben, so würde er als erster seinen früheren Architekten beglückwünschen. Vielleicht darf ich als unbeteiligter Beobachter darauf hinweisen, daß der Palast des Minos bei seiner Übergabe an die Griechen in bestem Zustande war, ebenso die Villa Ariadne mit dem dazu gehörenden Grundstück, und daß dies hauptsächlich dem Einsatz des bescheidenen Yorkshire-Mannes und seiner Frau zu verdanken ist, die mit Nachkriegsschwierigkeiten zu kämpfen hatten, wie sie Sir Arthur erspart geblieben waren.

Leonard Cottrell

Zu den großen Entdeckungen der letzten achtzig Jahre gehört die Entdeckung der prähistorischen Zivilisation in Griechenland, die auch als ägäische Zivilisation bezeichnet wird. Vor 1870 war die griechische Geschichte ungefähr bis zur Ersten Olympiade (776 v. Chr.) erforscht. Was weiter zurücklag, kannte man nur in Form von Legenden und Mythen. Auch das homerische Zeitalter, seine Helden und deren Städte betrachtete man als eine Art klassischer Märchenwelt.

Inzwischen haben die Archäologen die griechische Vergangenheit bis über den Beginn des dritten Jahrtausends v. Chr. zurückverfolgt. Die Erste Olympiade ist sogar noch jüngeren Datums als die Eisenzeit. Die archäologischen Forschungen erschlossen die griechische Geschichte jedoch nicht nur bis zu den Anfängen der Eisenzeit, sondern durch die ganze Bronzezeit zurück bis zum neolithischen Zeitalter und zum Urbeginn aller Zivilisation.

Diese Ergebnisse entstanden durch die Arbeit von vielen Gelehrten verschiedener Nationen, doch den Hauptbeitrag leisteten die beiden bedeutenden Forscher Heinrich Schliemann und Arthur Evans. Der Bericht über ihr Werk liest sich wie ein Roman, und es trug auch wirklich romanhafte Züge. Schliemann, der vom armen Laufburschen zum reichen Großkaufmann aufstieg, träumte seit frühester Jugend davon, eines Tages Troja zu finden und der Welt zu beweisen, daß Homers Schilderungen auf konkreten Tatsachen beruhten. Er betonte immer wieder, daß er eine neue Welt für die Archäologie entdeckt habe. Es war ihm zwar nicht mehr vergönnt, den vollen Umfang dieser von ihm erschlossenen Welt zu ermessen, doch legten seine Ausgrabungen in Troja, Mykenä und Tiryns ein fast unbegrenztes Forschungsfeld frei. Schritt für Schritt wurde es von seinen Mitarbeitern und Nachfolgern um Einzelheiten bereichert. Zehn Jahre nach Schliemanns Tod trat Evans in Kreta auf und enthüllte durch seine Ausgrabungen von Knossos einen anderen Aspekt dieser neuen Welt: den Aspekt unerwarteter Pracht. Er ließ sich von der Überzeugung leiten, daß eine so glänzende Kultur wie die mykenische nicht ohne Schriftsprache denkbar sei. Er ahnte und glaubte, daß die Schöpfer der großen prähistorischen griechischen Kultur, die Schliemann gefunden hatte und die in Homers Dichtungen lebt, auch geschrieben und gelesen haben mußten. Andere Wissenschafter führten seither Evans' Werk in Knossos fort, indem sie weitere Ausgrabungen auf Kreta unternahmen, und in jüngster Zeit wandte sich infolge neuerlicher Ausgrabungsarbeiten in Tiryns und Mykenä das Hauptinteresse wieder Griechenland selbst zu, wobei auch das Haus des Kadmos in Theben und Nestors Palast in Pylos nebst einer großen Anzahl beschriebener Tontäfelchen entdeckt wurden. Der Sommer 1952 brachte die Freilegung eines weiteren Kreises von königlichen Gräbern in Mykenä, die eine Generation älter sind als die von Schliemann im Jahre 1876 entdeckten prunkvollen Schachtgräber; außerdem fand man in einem großen Privathaus Schrifttafeln, die abermals bestätigten, wie zutreffend Evans' Überzeugung gewesen war.

In früheren Zeiten galten zuerst Troja und dann Kreta als die ältesten Quellen griechischer Geschichte; in Anbetracht der in den letzten fünfunddreißig Jahren erfolgten Ausgrabungen auf dem griechischen Festland muß jedoch die Lösung des Problems, woher die Griechen kamen und wie die griechische und europäische Zivilisation begann, in Griechenland selbst gesucht werden. Obwohl noch manche Einzelheiten auf Ausdeutung warten, sind die Grundzüge der archäologischen Schichtung heute geklärt. Die Geschichte Griechenlands beginnt mit einem neolithischen Zeitalter, das um 3000 v. Chr. endete. Darauf folgte die Frühe Bronzezeit, in der ein Bronze benützendes Volk, das den ersten Bewohnern von Kreta und den Zykladischen Inseln verwandt war, von den süd-östlichen Küsten her nach Griechenland eindrang. Dieses Volk war offenbar nicht indo-europäisch und führte in Griechenland viele Orts- und Pflanzennamen ein, die auf -nthos, -ene, -ssos endigen. Zu derartig benannten Orten zählt Korinth, Mykenä, Parnassos. Beispiele für Pflanzen sind *terebinthos* und *kolokynthos;* auch andere Bezeichnungen, wie *labyrinthos* und *asaminthos*, gehören dieser Gruppe an. Bald nach 2000 v. Chr. kam ein neues Volk nach Griechenland; dies waren anscheinend die ersten Griechen, die in Hellas einzogen. Woher sie kamen, ist nicht bekannt; vielleicht aus der Richtung der Dardanellen. Dieses Volk aus der Mittleren Bronzezeit, die ersten Griechen, vermischte sich mit den bisherigen Einwohnern, so wie sich auch die Völker der Frühen Bronzezeit mit neolithischen Stämmen vermischt haben müssen. Gegen Ende des Mittleren Bronzezeitalters stellte daher die Bevölkerung Griechenlands schon ein Rassengemisch dar, obwohl der Anteil der Griechen vermutlich durch den Zuzug neuer griechischer Stämme ständig zunahm.

Zwischen der Mittleren und der Späteren Bronzezeit, die

um 1580 v. Chr. begann, lag kein Unterbruch: es vollzog sich eine stetige Evolution von der einen Phase zur nächsten. Das Hauptmerkmal, das den Beginn der Späten Bronzezeit kennzeichnet, ist der Einfluß, den die minoische Zivilisation auf die Kultur des Festlandes ausübte. Während der Mittleren Bronzezeit hatte das Festland offenbar nur sehr wenig direkte Beziehungen zu Kreta. Gegen das Ende der Mittleren Bronzezeit nahm der kretische Einfluß allmählich zu, und im Anfang der Späten Bronzezeit hatte die Kultur des Festlandes viele Elemente der minoischen Kultur in sich aufgenommen. Zu Beginn der zweiten Phase der Späten Bronzezeit (Spätminoisch II und Späthelladisch II, 1500–1400 v. Chr.) müssen engere Beziehungen zwischen Knossos – welches sich kulturell erheblich vom übrigen Kreta unterschied – und dem Festland bestanden haben. Dies sollte nicht so aufgefaßt werden, als hätte Knossos das Festland kolonisiert oder dort seine politische Herrschaft ausgeübt. In der Tat weist vieles in der damaligen Festlandkultur auf kretischen Ursprung hin, doch enthält die knossische Kultur ebenfalls viele vom Festland stammende Elemente. Es bleibt späteren Forschungen vorbehalten, die Beziehungen zwischen Knossos und dem Festland genau zu ergründen. Während der letzten Phase der Späten Bronzezeit (von 1400 bis gegen Ende des zwölften Jahrhunderts v. Chr.) übernahmen Mykenä und das Festland die Herrschaft über die ägäische Welt, nachdem der Palast des Minos in Knossos um 1400 v. Chr. zerstört worden war. Am Ende des zwölften Jahrhunderts ging die Bronzezeit in die Eisenzeit über, und zugleich vollzog sich eine allmähliche Wandlung der keramischen Kunst. Die Überlieferung versetzt die dorische Einwanderung nach Griechenland in diesen Zeitabschnitt.

Es ist nicht anzunehmen, daß ein rassischer oder kultureller Umschwung durch die Ankunft der Dorier bewirkt wurde. Die Kultur der Eisenzeit geht folgerichtig aus derjenigen der letzten Bronzezeitphase hervor, und zwischen beiden liegt eine ziemlich ausgedehnte Übergangsperiode. Wir sind der Auffassung, daß es Griechen waren, die Griechenland vom Beginn der Mittleren Bronzezeit an bevölkerten, und die Vermutung einiger Gelehrter, daß Griechenlands Geschichte und Kultur erst mit der Eisenzeit einsetzten, halten wir für irreführend. Die Geschichte und die Kultur Griechenlands waren von der neolithischen Zeit ab in einem stetigen Entwicklungsstrom. Vom Anfang der Mittleren Bronzezeit an entwickelte sich der griechische Volksstamm, d. h. die Hellenen. Es war ein Rassengemisch, bestehend aus den Bevölkerungen der neolithischen und der Frühen Bronzezeit und den aufeinanderfolgenden Wellen griechisch sprechender Völker, die im Mittleren Bronzezeitalter in Griechenland einzuziehen begannen. Dieser ununterbrochene Entwicklungsgang Griechenlands ist eine der vielen Tatsachen, die wir erfahren durften, indem wir Schliemanns und Evans' Fußspuren folgten.

So sehen wir, wie durch das Werk zweier begnadeter Forscher der Geschichte Griechenlands mindestens zwei Jahrtausende angefügt wurden und unser Wissen von der Entwicklung des griechischen Volkes, dem unsere Zivilisation so vieles verdankt, in einem nie geahnten Maße bereichert wurde.

In dem vorliegenden Buche erzählt Mr. Cottrell die Geschichte der beiden Männer, die für jene gewaltige Erweiterung unserer Kenntnisse verantwortlich sind. Einer der beiden, Schliemann, hatte nie eine geordnete Schulbildung genossen; er hatte sich selbst unterrichtet und geschult. Als Ausgräber war er ein Pionier, denn zu seiner Zeit steckte die archäologische Ausgrabung noch in den Kinderschuhen.

Wie viele Pioniere, mußte Schliemann die Anerkennung seiner großen Entdeckungen gegen eine Menge von Entstellungen durchsetzen. Eine Zeitlang glich er beinahe einem einsamen Rufer in der Wüste. Heute ist die Wahrheit seiner Entdeckungen erwiesen, ihre überragende Bedeutung universell anerkannt, und die schwachen Stimmen Andersdenkender dürfen mit Recht überhört werden.

Evans hatte sowohl die Vorzüge der üblichen englischen Schule als die der Oxford-Bildung seiner Zeit genossen und sich außerdem Spezialstudien an einer deutschen Universität gewidmet. Sein archäologischer Spürsinn war zum Teil ein Erbgut seines hervorragenden Vaters, zum Teil entsprang er seinem eigenen umfassenden Forschergeist. Schon in jungen Jahren bewies er eine auffallende Eignung für Forschungsreisen, doch war er keineswegs im Ausgraben geschult. Um so bemerkenswerter war das Werk, das er in Knossos durchführte. Seine Bildung, sein ausgedehntes Wissen und seine Erfahrung ermöglichten ihm, seine Forschungsergebnisse der Öffentlichkeit in solcher Form zugänglich zu machen, daß ihre Bedeutung und volle Tragweite allgemein verstanden und gewürdigt werden konnte.

Alle diese Tatsachen werden dem Leser durch Mr. Cottrell veranschaulicht. Er hat sie in die Form eines Romans gegossen und damit der Wirklichkeit entsprochen. Diese Art wissenschaftlicher Forschung ist recht eigentlich ein Abenteuer und sollte als solches geschildert werden. Hoffen wir, daß Mr. Cottrells fesselnde Erzählung die Jugend der heutigen und kommenden Generationen anspornen wird, den beiden großen Forschern, Schliemann und Evans, nachzustreben. Sie enthüllten der Archäologie und dem klassischen Studium eine neue Welt, aber wenn auch vieles gelernt worden ist, so bleibt doch vieles zu lernen übrig. Ein großes Problem bietet noch die Sprache und Entzifferung der mit sogenannter „Linear B-Schrift" gezeichneten Tontäfelchen. Wenn, wie heute viele führende Wissenschafter glauben, die Sprache dieser Täfelchen von Pylos, Knossos und Mykenä Griechisch ist, so wird ihre Entzifferung uns einen gänzlich neuen Aspekt der minoisch-mykenischen Welt und der Entstehung des Griechentums offenbaren, dessen Genius die ganze Menschheit zu ewigem Dank verpflichtet ist. Dieser Genius wirkte am stärksten in Homer, dem erhabensten Dichter der Welt, dessen unsterbliche Dichtungen im Lichte der wahrhaft epochalen Leistungen von Schliemann und Evans noch heller aufleuchten.   *Alan Wace*

Ich verließ Athen um die Mittagszeit mit der *Automotrice*, einem ziemlich schnellen Dieselzug. In vierstündiger Fahrt ging es am schimmernden Golf von Salamis entlang, durch blaßgrüne Täler, die von niedrigen, baumlosen Kalksteinhügeln eingefaßt sind, an staubigen Dörfern vorüber, die zwischen den speerförmigen Zypressen hervorschauen. Das Licht war weiß und blendend: das magische Licht von Hellas, das ebenso unparteilich den Schatten einer kannelierten, dorischen Säule wie den eines harten Bauernprofils herausfordert. Wir streiften Megara, in dessen Nähe Jason den Riesen Skiron ins Meer stürzte (wo er sich in eine Schildkröte verwandelte), und nach vielen Meilen zwischen gewundenen Olivenbäumen verlangsamte der Zug seine Fahrt und hielt in Neu-Korinth.

Ich mußte über eine Stunde auf dem elenden Bahnhof warten, der dazu bestimmt schien, alle romantischen Vorstellungen von Griechenland zu zerstören. Auf dem unsauberen, mit Papierfetzen bedeckten Bahnsteig saßen trübblickende Frauen in unschönen dunklen Kleidern und ein paar lässige Männer, die zwar Tuchmützen, aber keine Kragen trugen. Unter ihnen befand sich ein trotziger Jüngling mit etwas angespanntem, hübschem Gesicht. Er wirkte älter als er tatsächlich war. Im Bürgerkrieg hatte er ein Bein verloren und humpelte nun mühsam an Krücken. Einige magere Hühner pickten zwischen den Geleisen herum, während ein zerlumpter Junge den Bahnsteig abschritt, mit einem Tablett *soula-kia* – auf Hölzchen gespießte schmackhafte Fleischstücke. Aber er fand nur wenig Abnehmer. Eine rangierende Lokomotive schnaubte und pfiff melancholisch, als ich den Bahnhof verließ und die Straße hinunter ging, am winzigen „Hotel Lord Byron" vorbei, bis ich den Golf von Korinth zwischen den entfernten Häusern blinken sah.

Das war also Griechenland. Es geschah mir ganz recht bei meiner egoistischen Liebhaberei für die Vergangenheit. Was berechtigte mich denn, im Jahre 1951, etwas anderes von Griechenland zu erwarten? Abwechselnd von Deutschen und Italienern überrannt, dann, als andere Länder schon befriedet waren, durch einen schlimmen Bürgerkrieg zerrüttet, war Griechenland jetzt verarmt und erschöpft. Eignete sich diese Zeit für halb ausgebackene Romantiker, die in Ruinen stochern wollten? Ich wünschte mir, Griechenland in besseren Tagen besucht zu haben oder die Gemütshaltung eines zeitgenössischen Berichterstatters zu besitzen, der sich unbeschwert mit den Gegenwartsfragen des Landes abgeben kann.

Ein anderer Zug brachte mich weiter nach Süden. Er kroch langsam am Rand des 700 Meter hohen Berges von Akrokorinth entlang. Wie ein Dom aus Kalk ragte der Fels dramatisch aus der dämmrigen Ebene empor, gekrönt von den Ruinen des Artemis-Tempels und der Zitadelle, von deren Höhe die alten Korinther den Isthmus beherrschten. Allmählich verschwand die schwarze Silhouette, die Sonne war untergegangen, und nur gelegentlich verrieten einige Lichter ein Dorf zwischen den Hügeln. Die Mitreisenden waren in der Hauptsache Bauern. Die meist schwarz gekleideten Frauen trugen Kopftücher und hatten volle Körbe auf den Knien. Sie plauderten, aber die sonnengebräunten Männer saßen schweigend da. Gelegentlich holte einer die Pfeife unter dem krausen Schnurrbart hervor. Eine kurze Bemerkung ließ kräftige weiße Zähne aufblitzen. Dann steckte er die Pfeife wieder in den Mund, kreuzte die Arme, und die dunklen Augen unter dem runden schwarzen Turban setzten ihre gleichgültige, aber nicht feindselige Betrachtung des Fremden fort.

Als ich sie so beobachtete, wurde meine Stimmung etwas besser. Die ernsten, nachdenklichen Gesichter nahmen mich so gefangen, daß ich fast vergaß, am Bestimmungsort auszusteigen. Als der Zug ungefähr eine Minute gestanden hatte, blickte ich zufällig auf und sah einen Stationsnamen im gelben Licht einer Öllampe. Es war Mykenä. Sogar während ich eilends meine Tasche vom Gepäcknetz herunternahm und aus dem Wagen kletterte, empfand ich das Absurde dieser Situation. Der Name von Agamemnons stolzer Burg, Homers „goldenes Mykenä", der Schauplatz von Äschylos' epischer Tragödie – auf einem Bahnsteig prangend – das war zu seltsam. Und doch war er da. Und auch ich war da, ganz allein auf dem Bahnsteig, während das rote Schlußlicht des Zügleins langsam in der Nacht verschwand.

Der Vollmond ging eben auf, die Olivenbäume wogten sanft im Nachtwind, der mit Thymianduft beladen war. Ich sah mich nach dem Wagen um, der nach Aussage meiner Freunde möglicherweise bereitstand, um mich zu der Dorfherberge von Charvati (drei Kilometer) zu bringen. Er war nicht da. So schulterte ich meine Reisetasche und schritt auf der geraden, von Olivenbäumen eingefaßten Landstraße auf die mondbeschienenen Hügel zu. Das Wandern heiterte mich auf. Irgendwie begann ich zu glauben, daß Mykenä mich nicht enttäuschen würde.

Ein paar Lichter schimmerten durch die Bäume. In einiger Entfernung bellte ein Hund, ein anderer antwortete. Die Hügel waren jetzt ganz nah, und ich konnte verstreute Häuser an den unteren Abhängen erkennen. Die Häuser lagen an der linken Straßenseite. Rechts davon erstreckte sich die Ebene von Argos bis zum Meer, das ich nur wenige Kilometer entfernt wußte, obwohl es nicht zu sehen war. Die Herberge, die man mir angegeben hatte, befand sich etwas abseits von der Straße hinter einer Lücke der Baumreihe. War es wohl dieses kleine, dunkle Gebäude, aus dem kein Licht schien? Ja, da hing ein Schild an einem Baum. Beim Licht meiner Taschenlampe las ich: *La belle Hélène de Ménélas.*

Hätte dieses Schild ein von Neonlampen erleuchtetes großes Hotel mit Autopark und goldbetreßtem Portier geziert – es hätte abgeschmackt und gewöhnlich gewirkt; aber hier, vor diesem anspruchslosen Hause in einem anspruchslosen Dorfe, tat es das nicht. Ich klopfte, wartete, klopfte wieder; das Haus schien unbewohnt. Kein Laut war zu hören und kein Licht zu sehen. Der Hund bellte wieder, weit weg. Die Oleander wisperten im leichten Wind, und wieder duftete es nach Thymian. Ich war seltsam erregt und gespannt, aber keineswegs bedrückt von der scheinbaren Gleichgültigkeit, die meiner Ankunft begegnete. Meine Gastgeber in Athen hatten mich dem Wirt telegraphisch angekündigt, aber ich mußte darauf gefaßt sein, daß die Nachricht nicht rechtzeitig eingetroffen war. Sogar im ländlichen England arbeitet das Postamt nicht immer mit großstädtischer Promptheit, und hier war ländliches Griechenland.

Dann kam ein leichter Schritt durch den Vorraum; die Tür öffnete sich, ein schlanker weißer Arm, der eine Öllampe hielt, tauchte auf, dann der Eigentümer des Armes. Ich muß erschrocken ausgesehen haben, denn das hübsche junge Mädchen lächelte, als es die Lampe hochhielt, in deren Schein die Gesichtszüge dramatisches Relief erhielten. Sie mochte dreiundzwanzig Jahre alt sein. Ihre Hautfarbe war hell, der Mund breit und fest, das Kinn kräftig abgerundet, die Augen lagen tief und dunkel unter der glatten Stirn. Einen Augenblick stand sie auf der obersten Stufe und sah auf mich herab. Sie trug Bauernkleidung – einen einfachen, ungefärbten Rock mit einer lose darüber geworfenen roten Jacke, aber ihr Gesicht glich dem der Statuen, die den Giebel des Erechtheions auf der Akropolis von Athen stützen. Es war unglaublich romantisch: die Ebene von Argos – die trojanische Helena hieß ja die „Argivische Helena" – der Name auf dem Gasthausschild, der homerische Rahmen. „Schon recht", murmelte der Skeptiker in mir, „schon recht, aber sie werden das niemals aufrechterhalten können." Ich folgte dem Mädchen und betrat das Haus, in dessen schwach erleuchtetem Vorraum mehrere Menschen standen und mich betrachteten.

Da waren zwei Männer und eine ältere Frau, wohl die Mutter des Mädchens, das mich eingelassen hatte. Offenbar war das Telegramm nicht angekommen, und ich hatte sie überrascht, aber nachdem sie sich von ihrem Staunen erholt hatten, fingen sie an, sich im Hause zu tummeln, treppauf, treppab, zwischen Eßzimmer und Küche, eifrig bemüht, es mir gemütlich zu machen. Der ältere der beiden Männer, groß, schlank und dunkel, mit Stoppeln auf dem langen Kinn, schien der Wirt zu sein. Auf seinen Befehl wurden Lampen in den mit Steinfliesen ausgelegten Eßraum gebracht, das Mädchen breitete ein Tuch über den Tisch und deckte auf, während ihre Mutter die Treppe hinaufeilte, um mein Bett zu richten. Der andere Mann, augenscheinlich der Bruder des ersteren, kam dann herein und brachte einen Dreifuß mit einem flachen Becken, auf dem Holzkohlen glühten. Er stellte ihn unter den Tisch, um meine Füße zu erwärmen. Als der Beckenträger wieder hinauseilte, faßte sein Bruder ihn beim Arm, deutete auf ihn und sagte:

„Orest!"

Und dann, auf sich zeigend, fügte er hinzu:

„Ich – Agamemnon."

Wir verneigten uns alle drei und lächelten. Ich wagte nicht, nach dem Namen des Mädchens zu fragen. Es wäre zu enttäuschend gewesen, wenn sie nicht Helena oder Andromache geheißen hätte. Jetzt trug sie mein Essen herein – einen herrlichen Pfannkuchen, feinen Käse und eine Flasche hellgoldenen Weines, den bekannten harzduftenden *Retzina*, der in ganz Griechenland getrunken wird. Durch meine Gastgeber ermuntert, griff ich zu, während sie im dunklen Hintergrunde standen und zufrieden schmunzelten. Ach, hätte ich doch nur griechisch sprechen können!

Nach der Mahlzeit ging ich durch den Raum und betrachtete die Photographien an den Wänden; es waren Aufnahmen von der Burg von Mykenä mit dem Löwentor, den Zyklopenmauern und den riesigen, bienenkorbähnlichen „Tholos-Gräbern", die ich so oft in gewichtigen Büchern zu Hause studiert hatte. Bei dem Gedanken, daß diese Herrlichkeiten wenige Minuten entfernt zwischen den dunklen Hügeln lagen und meiner Entdeckung harrten, empfand ich freudige Erregung. Auf einem Tisch lag ein Exemplar von Professor Wace's neu erschienenem Buch über Mykenä, mit Widmung für meine heiteren Gastgeber. In Athen wurde mir erzählt, daß Wace sich im vergangenen Jahr hier aufgehalten habe, während er seine letzten Ausgrabungen in Mykenä überwachte.

Vor achtzig Jahren war Heinrich Schliemann, der große deutsche Archäologe, nach seinen triumphalen Ausgrabungen in Troja hierher gekommen und hatte Schätze aus der Burg gehoben, die bewiesen, daß Homers „goldenes Mykenä" diesen Namen zu Recht trug. Schon vor über fünfzig Jahren war Schliemann gestorben, und noch war sein Einfluß spürbar. War es nicht eine Gewohnheit Schliemanns, seinen Arbeitern homerische Namen zu geben und bei ihren Kindern Pate zu stehen? Zweifellos hatte Agamemnon, der mit dem Buch in der Hand neben mir stand, einen ähnlichen Paten gehabt.

Ich las ein wenig in Wace's Buch, unter dem beobachtenden Blick von Orest, der in einer fernen Ecke saß und lächelnd seine Pfeife stopfte. Jedesmal, wenn ich nach einer Zigarette griff, näherte er sich und bot mir Feuer an. Als ich meine Schreibmaschine aufdeckte, brachte er eine Petroleum-Lampe herbei, die in dem stillen Zimmer geräuschvoll zischte. Die andern mußten zu Bett gegangen sein, und offenbar wartete Orest höflich auf mich, ehe er sich selbst zurückzog. Ich stand auf, er ging mir mit der Lampe voraus, und ich folgte ihm über die steile Treppe zu meinem Zimmer. Eine Zeitlang las ich noch bei Kerzenlicht und lauschte dabei dem Nachtwind und dem gelegentlichen Quaken eines Frosches.

Ich löschte die Kerze, war aber zu erregt, um schlafen zu können. Immer wieder kehrten meine Gedanken zu dem mecklenburgischen Pfarrerssohn zurück, der Homers Schilderungen wörtlich genommen hatte. Dieser *self-made*-Kaufmann, der zum Archäologen wurde und einen viel sichereren Instinkt bewies als die Schulung der Gelehrten, diese faszinierende, bestürzende und doch liebenswerte Mischung von Schrulligkeit und Naivität – Dr. Heinrich Schliemann.

Von ihm schweiften meine Gedanken zu Homer, dem Dichter, den er abgöttisch verehrte und durch den er zu Entdeckungen kam, die ein so beträchtliches Geflatter in akademischen Taubenschlägen verursacht hatten.

Aber bevor wir verstehen können, was Schliemann den Historikern antat, müssen wir etwas von der akademischen Welt kennenlernen, in die der exzentrische Deutsche hineinplatzte. Dieser Welt und ihrer Anschauung von Homer sei das erste Kapitel gewidmet.

Erstes Kapitel

HOMER UND DIE HISTORIKER

Es ist anzunehmen, daß nicht alle Leser dieses Buches Kenner der griechischen Epik und der prähistorischen Kulturen im Bereich des Ägäischen Meeres sein werden. Viele befinden sich wohl in dem unklaren, aber glücklichen Zustande der Halbbildung wie ich selbst, bevor ich in den Strudel homerischer Forschung geriet. Um diesen Zustand zu charakterisieren: man kennt Homer entweder aus dem Original oder aus einer der vorzüglichen modernen Übersetzungen, eine gründliche Kenntnis der klassischen griechischen Geschichte liegt vor und man erinnert sich, daß irgendwer irgendwann im letzten Jahrhundert „Homers Troja" und „Homers Mykenä" ausgegraben hat und dadurch zur allgemeinen Begeisterung nachweisen konnte, daß die *Ilias* und die *Odyssee* auf Wahrheit beruhen. So einfach sind die Tatsachen jedoch nicht. Andererseits werden sogar Leser, welche das große griechische Epos noch nicht kennen, mit den Sagen vertraut sein, die Homer in seine Dichtungen hineinverwoben hat. Sie werden vernommen haben, wie der trojanische Fürst Paris die schöne Helena ihrem Gatten, Menelaos von Sparta, raubte und wie Menelaos mit seinem Bruder Agamemnon, „dem Völkerfürsten", die Achäer (d. h. die Griechen) gegen Troja führte und es zehn Jahre lang belagerte. Der Zorn des Achilles, Hektors Heldentod, das hölzerne Pferd – als Kriegslist vom ränkevollen Odysseus ersonnen und zur Zerstörung von Priamos' Stadt führend – die langjährigen Irrfahrten des schwergeprüften Wanderers Odysseus: all diese Bilder gehören zu Europas Legendenschatz. Allein in England haben sämtliche Dichter von Chaucer bis Louis Mac Neice die homerischen Themen und Gestalten verwendet, und auch kommende Dichter werden es zweifellos tun. Homer, der Vater der europäischen Literatur, ist in unserem Denken und Sprechen, selbst wenn wir keine Zeile von ihm mit Bewußtsein gelesen haben.

Noch vor weniger als hundert Jahren war das einzige, was man von frühgriechischer Geschichte überhaupt wissen konnte, der Mythologie zu entnehmen, hauptsächlich den großen homerischen Epen, der *Ilias* und der *Odyssee*. Eigentlich wurde alles, was vor dem 9. vorchristlichen Jahrhundert lag, als Legende betrachtet. Der Historiker George Grote, dessen monumentale „Geschichte von Griechenland" im Jahre 1846 erschien, schrieb noch in seinem Vorwort:

„...Ich beginne die wirkliche Geschichte Griechenlands mit der ersten bekannten Olympiade, d. h. mit dem Jahre 776 v. Chr.... Denn in der Tat entstanden die eigentlichen historischen Berichte erst nach diesem Datum; wer unbefangen die äußerst spärlichen Tatsachen der beiden auf 776 folgenden Jahrhunderte betrachtet, wird sich nicht wundern zu erfahren, daß der Zustand Griechenlands im 10., 11., 12., 13., 14., 15. Jahrhundert v. Chr. oder in einem noch früheren Jahrhundert – wie es Chronologen gerne in ihren Genealogien aufzählen – nicht beschrieben werden kann auf Grund einer zuverlässigen Beweisführung..."

„...Die Zeiten, die ich vom geschichtlichen Bereich ausschließen muß, sind durch eine ganz andere Atmosphäre wahrzunehmen, nämlich die der epischen Dichtung und der Legende. Diese unvereinbaren Gebiete miteinander zu verwechseln, ist in meinen Augen ausgesprochen unphiloso-phisch…"

So streng war Mr. Grote's Auffassung, und dies mit Recht, wenn man in Betracht zieht, was zu seiner Zeit bekannt war. Denn obwohl die Griechen der klassischen Zeit (600–300 v. Chr.) den größten Teil ihrer Epen geschichtlich auffaßten, so hat ein moderner Historiker keinen Anlaß, diese An-schauung zu teilen. Zwar schildern die Epen manche Ge-stalten, die historische Persönlichkeiten gewesen sein mögen und deren Taten oft in einem genau umrissenen geographi-schen Rahmen stattfanden; doch waren sie so verwoben mit mythischen Ereignissen, daß die Grenze zwischen Legende und Wirklichkeit kaum zu erkennen ist. Um ein Beispiel zu geben: der Wanderer Odysseus verfolgt bei seiner Rückkehr von Troja einen Weg, der auf einer modernen Karte von Insel zu Insel genau aufgezeichnet werden könnte und der Homers Kenntnisse der ägäischen Topographie beweist. Aber plötzlich verläßt der Wanderer die Landkarte und be-gibt sich ins Märchenland, zur Insel der Circe, in die Heimat der scheußlichen Lästrygonen und ins Land der Zyklopen, ja selbst in den Hades, wo nur unsere Phantasie ihm folgen kann.

Die *Odyssee* – „Europas erster Roman" – darf als ausge-sprochene Dichtung Märchenelemente enthalten. Aber sogar die nüchternere *Ilias*, welche die Belagerung Trojas schildert und von den Griechen der klassischen Zeit als authentische Geschichte betrachtet wurde, hat ihre mythischen Momente. Die Götter ergreifen Partei im Kriege, erscheinen den Helden und kämpfen in beiden Heeren mit, wenn auch meist in menschlicher Gestalt. Manche Helden stammen von Göttern ab. Achilles ist der Sohn der Thetis, der Meeresnymphe;

Helena ist sogar Zeus' Tochter. Xanthos, eines von Achills Pferden, hat die Gabe menschlicher Sprache und warnt seinen Herrn vor dem drohenden Tode. Aber dies sind untergeordnete Elemente der Erzählung, die in der Hauptsache kraß und glänzend realistisch ist und nur von jemandem geschrieben werden konnte, der mit der trojanischen Ebene völlig vertraut war.

Wer war dieser große Dichter, dessen Werke für die klassischen Griechen die Frühgeschichte verkörperten? Der Historiker Herodot, der von ca. 484–425 v. Chr. lebte, nahm an, Homer hätte etwa vierhundert Jahre früher gelebt, also ungefähr im 9. Jahrhundert v. Chr., während spätere Gelehrte ihn ins 12. Jahrhundert zurückversetzten. (Unsere Zeit neigt zu Herodots Anschauung.) Es gibt keine genaue Beschreibung von Homers Leben, obgleich viele Legenden sich an seinen Namen knüpfen. Mehrere Orte streiten sich um die Ehre, sein Geburtsort gewesen zu sein: Smyrna, Argos, Athen, Salamis und Chios, letzteres hat wohl am meisten Anspruch darauf. Die Tradition will, daß er Jonier gewesen sei, d. h. zu jenen Griechen gehörte, die von den hereinflutenden Doriern aus dem Mutterland vertrieben wurden (ca. 1000 v. Chr.) und die ionischen Kolonien an der Westküste Kleinasiens gründeten.

Eines steht fest: ob Homer nun seine Dichtungen im 8., 9. oder 10. Jahrhundert v. Chr. schrieb, sein Stoff gehörte einer viel früheren Zeit an und entstammte einem Schatz von Mythen, Legenden und Volksmärchen aus einer sehr fernen Vergangenheit. Wir wissen auch, daß ein großer Teil von Homers epischem Stoff neben seinen Dichtungen bis in die klassische Zeit hinein weiterbestand. Dies kann durch die Tatsache bewiesen werden, daß etliche Legenden und Geschichten, die Homer nur streifte, von späteren Dichtern und Dramatikern zu umfassenden Epen oder Dramen verwendet wurden. Die Historiker nennen dieses Material, aus dem sowohl Homer als die späteren griechischen Dichter schöpften, den Epischen Zyklus.

Obwohl es gewagt wäre, eine Zusammenfassung der ganzen *Ilias* und *Odyssee* geben zu wollen, so mag es doch für diejenigen, die keines der beiden Epen gelesen haben, von Nutzen sein, wenn ich kurz die Episoden schildere, die mit Schliemanns Entdeckungen in Zusammenhang stehen.

Die *Ilias*, welche allgemein als die frühere der beiden Dichtungen gilt, behandelt neben vielen anderen eine Episode des Trojanischen Krieges: den Zorn des Achilles und seine tragischen Folgen. Ihr Anfang ist gewaltig:

„Singe den Zorn, o Göttin, des Peleiaden Achilleus,
Ihn, der entbrannt den Achaiern unnennbaren Jammer
erregte,
Und viel tapfere Seelen der Heldensöhne zum Ais
Sendete, aber sie selbst zum Raub darstellte den Hunden,
Und dem Gevögel umher. So ward Zeus Wille vollendet:
Seit dem Tag, als erst durch bitteren Zank sich entzweiten
Atreus Sohn, der Herrscher des Volkes, und der edle
Achilleus."

Homer nennt seine Griechen häufig „Achäer" oder auch „Danaer". Oft tragen sie den Namen der Insel oder des Landes ihrer Herkunft, so die Lokrer den von Lokris; von den Arkadiern heißt es: „die in Arkadia weit die kyllenischen Höhen umwohnten".

Im Anfang der *Ilias* lagern die Achäer bei ihren Schiffen, am Rande der trojanischen Ebene. Vor ihnen erhebt sich

Priamos' Stadt Troja oder Ilion, welche sie seit neun Jahren erfolglos belagern. (Troja kann auf einer modernen Karte der Türkei leicht gefunden werden. Es liegt an der kleinasiatischen Küste nicht weit vom Eingang der Dardanellen.) Agamemnon, der „Völkerfürst", führt das Heer der Achäer. Wir können ihn einem Oberlehensherrn des Mittelalters vergleichen, der eine lockere Herrschaft über die ihm untergeordneten Heerführer ausübt (die zwar alle Könige genannt werden), jedoch keine uneingeschränkte Autorität genießt. Diese Autorität wird tatsächlich schon im ersten Buch der *Ilias* angegriffen, wenn Achilles, der Myrmidonenkönig und der stärkste unter den Achäern, Agamemnon mit Vorwürfen überhäuft, weil dieser gedroht hatte, ihm die Sklavin Briseis, seine rechtmäßige Kriegsbeute, wegzunehmen.

„Ha, du in Unverschämtheit gehüllleter, sinnend auf Vorteil!
Wie doch gehorcht dir willig noch einer im Heer der
           Achaier,
Einen Gang dir zu gehn, und kühn mit dem Feinde zu
           kämpfen?
Nicht ja wegen der Troer, der lanzenkundigen, kam ich
Mit hieher in den Streit; sie haben's an mir nicht verschul-
           det.
Denn nie haben sie mir die Rosse geraubt, noch die Rinder;
Nie auch haben in Pytia, dem schollligen Männergefilde,
Meine Frucht sie verletzt; indem viel Raumes uns sondert,
Waldbeschattete Berg', und des Meeres weitrauschende
           Wogen.
Dir, schamlosester Mann, dir folgten wir, daß du dich
           freutest;
Nur Menelaos zu rächen, und dich, du Ehrevergessner,

An den Troern! Das achtest du nichts, noch kümmert dich
solches!"

Menelaos, König von Sparta, war Agamemnons Bruder.
Der Hauptgrund des Krieges war die Kränkung des Menelaos durch Paris (manchmal Alexander genannt), Sohn des
trojanischen Königs Priamos. In Menelaos' Heim in Sparta
aufgenommen, hatte Paris eine kurze Abwesenheit seines
Gastgebers mißbraucht, um die Neigung seines Weibes, der
schönen Zeustochter Helena, zu gewinnen und sie nach Troja
zu entführen. Im legendären Hintergrund dieser Tat, den
Homer allerdings nur durchschimmern läßt, steht Aphrodite,
welche von Paris als schönste der Göttinnen bezeichnet worden war und ihm zum Lohne das schönste Weib der Welt,
Helena von Sparta, versprochen hatte. Agamemnon, entschlossen die Schmach seines Bruders und seiner Familie zu
rächen, rief die Achäer aus allen Teilen Griechenlands und
den Inseln zusammen und forderte sie auf, unter seiner Führung nach Troja zu segeln, um Helena zurückzugewinnen.

Der zweite Gesang der *Ilias* enthält das berühmte Verzeichnis der Schiffe und beschreibt bis ins Kleinste die Herkunft der achäischen Kontingente, eine endlose und für
unsere heutige Auffassung ziemlich langweilige Aufzählung,
die aber für Homers Zuhörer von großer Bedeutung war.
Trotzdem stellte es früheren Gelehrtengenerationen ein be-
deutsames Problem. Die meisten Städte und Burgen, deren
Reichtum und Macht Homer beschreibt, waren in seinen
Tagen und in der klassischen Zeit nur Ruinen, wenn sie
überhaupt noch existierten. So zum Beispiel:

„Dann die Argos bewohnt, und die festummauerte Tiryns,
Asinens samt Hermionens Port an besegelter Meerbucht

Trözen, Eionä auch, und die Traubengestad' Epidauros,
Auch die Ägina und Mases bewohnt, die jungen Achaier:
Diesen gebot obwaltend der Rufer im Streit Diomedes…"

Dann am wichtigsten von allen:

„Dann die Mykenä bewohnt, die Stadt voll prangender
                                                    Häuser;
Auch die reiche Korinthos, und schön gebaute Kleonä;…"

Diese und andere, sagt uns der Dichter:

„Führt' in hundert Schiffen der Völkerfürst Agamemnon,
Atreus Sohn. Ihm folgte das mehreste Volk und das beste
Hier zum Streit; und er selber, in blendendem Erze ge-
                                                    rüstet,
Trotzte voran, da er herrlich hervorschien unter den
                                                    Helden;
Weil er der Tapferste war, und mit mehrerem Volke da-
                                                    herzog…"

Im 9. Jahrhundert jedoch, als Homer schrieb, hatte Mykenä
wenig Bedeutung, und in der späteren klassischen Zeit, als
jeder griechische Schuljunge Homer kannte und rezitierte,
lag es in Trümmern. So auch das „Minyische Orchomenos"
und die „festummauerte Tiryns" und manche andere Stadt,
die in den Legenden reich und groß genannt wird.

Diese Tatsache war vielen Gelehrten ein Rätsel, denn nach
der Legende, die Mykenä als Agamemnons Heimat bezeichnet, standen da gewaltige Mauern, deren Erbauung eine
spätere Generation den Riesen oder Zyklopen zuschrieb.
In Tiryns waren ebenfalls solche Zyklopenmauern. Trotzdem
neigten viele Gelehrte zu der Annahme, daß die homerischen
Erzählungen lediglich Volksmythen wären.

Um zur *Ilias* zurückzukehren: der Streit zwischen Agamemnon und Achilles entwickelte sich zu bitterer Feindschaft. Agamemnon, fest entschlossen, seine Autorität zu behaupten, nimmt Achilles' Sklavin zum Ersatz der Chryseis, welche er ihrem Vater Chryses zurückgeben mußte. Chryses war Apollopriester. Der Gott hatte eine Seuche über die Griechen gebracht, weil Agamemnon Chryses' Tochter geraubt hatte. Um Agamemnon nicht direkt anzugreifen, zieht sich Achill mit den Myrmidonen in die Zelte zurück und verweigert jede weitere Teilnahme an der Schlacht.

„Wahrlich (sagt er zu Agamemnon) vermißt wird Achilleus hinfort von den Söhnen Achaias
Allzumal; dann suchst du umsonst, wie sehr du dich
härmest,
Rettung, wenn sie in Scharen, vom männermordenden
Hektor
Niedergestürzt, hinsterben; und tief in der Seele zernagt
dich
Zürnender Gram, daß den besten der Danaer nichts du
geehret!..."

Im dritten Gesang bewegen sich die Heere aufeinander zu. Aber Hektor, der stärkste Krieger auf trojanischer Seite, tritt vor und rät seinem Bruder Paris, sich mit Menelaos im Einzelkampf zu messen. Des Siegers Preis soll Helena sein. Es wird Waffenruhe geboten und die beiden Heere lassen sich nieder, um dem Zweikampf beizuwohnen. Paris unterliegt, aber seine Schutzgöttin Aphrodite rettet ihn im rechten Augenblick und bringt ihn ungesehen zur Stadt zurück, zum Ärger beider Parteien, da er bei seinen Landsleuten ebenso unbeliebt ist wie bei den Griechen.

Doch die Götter sind unbeugsam. Athena führt einen der trojanischen Verbündeten, Pandaros, in Versuchung: er schießt einen Pfeil ab und verwundet Menelaos. Der Waffenstillstand ist gebrochen; diesmal wird es Ernst mit dem Gefecht. Die Götter mischen sich selbst in die Schlacht, und es gelingt sogar dem achäischen Helden Diomedes, den Kriegsgott Ares zu fällen und außerdem Aphrodite zu verwunden, als sie ihrem Sohn Äneas zu Hilfe eilt. Hektor und Paris kehren zum Schlachtfeld zurück, und wieder fordert Hektor die Griechen zum Zweikampf. Der große Telamonier Aias stellt sich ihm, aber der Kampf bleibt unentschieden, wenn auch zäh, und endet damit, daß die beiden Kämpfer ritterliche Geschenke austauschen. Achilles grollt inzwischen weiter in seinem Zelt.

Es lohnt sich, die in der *Ilias* geschilderten Kampf-Methoden zu beachten, da sie für die später zu erwähnenden archäologischen Entdeckungen von Bedeutung sind. Bei den Schlachten der klassischen Griechenzeit, wie zum Beispiel Marathon (490 v. Chr.) und Thermopylä (480 v. Chr.), war der typische griechische Soldat der *Hoplit*, dessen Kleidung Professor Gilbert folgendermaßen beschreibt:

„Von Kopf bis Fuß in Metall gekleidet, Helm, Harnisch, kleiner runder Schild und Beinschienen, alles aus Metall." (Aus *Rise of the Greek Epic*.)

Es ist allerdings wahr, daß die *Ilias* voll von Ausdrücken ist wie: „erzbeschlagener Schild", und „es krachte das starrende Erz um die Leiber", „...und den Glanz des Erzes, und Würgende rings und Erwürgte..." Die Griechen der klassischen Zeit haben sich wahrscheinlich bei diesen Schilderungen die typische schwere Rüstung der *Hopliten* vorgestellt, wie wir sie oft in der Vasenmalerei oder der Plastik

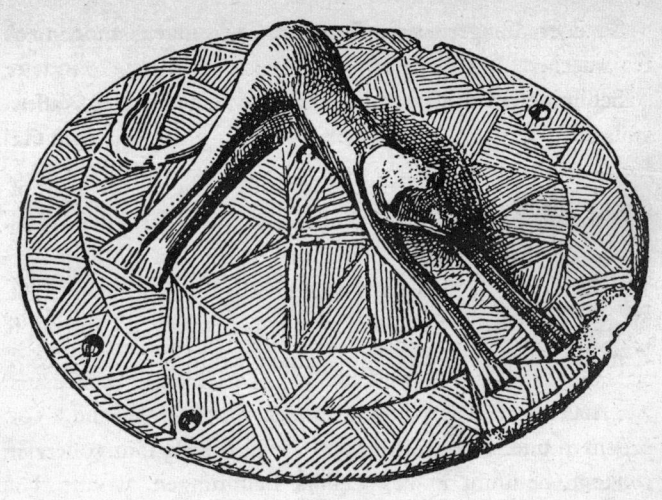

Kreta.
Schild mit der Doggenart „Molosser", wie sie im Altertum bekannt war

dargestellt finden. Murray bemerkt, daß einige, wenn auch nicht alle der strategischen Schilderungen auf die streng disziplinierten Kampfbewegungen der geschlossenen Ordnung, wie sie im 5. Jahrhundert gebräuchlich war, hinweisen.

„Diese rauschten einher, wie der Sturm unbändiger Winde,
Der vor dem rollenden Wetter des Donnerers über das
Feld braust,
Und graunvollen Getöses die Flut aufregt, daß sich rings-
um
Türmen die brandenden Wogen des weitaufrauschenden
Meeres,
Krummgewölbt und beschäumt, vorn andr', und andere
hinten:

So dort drängten sich Troer in Ordnungen, andre nach
andern,
Schimmernd im ehernen Glanz, und folgeten ihren Gebie-
tern."

Aber es gibt noch andere Beschreibungen der Kampf-
methoden, die keinerlei Ähnlichkeit mit denen der klassischen Zeit haben, nicht einmal mit denen von Homers eigener Zeit, soweit sich so etwas überhaupt bestimmen läßt.
Wenn der Telamonier Aias im obengenannten Zweikampfe
den Hektor angeht, so trägt er einen Schild:

„Aias nahte heran und trug den türmenden Schild vor,
Ehern und siebenhäutig, den Tychios klug ihm vollendet,
Hoch berühmt in des Leders Bereitungen, wohnend in
Hyle,
Der ihm den regsamen Schild aus sieben Häuten gebildet,
Feistgenähreter Stier', und zum achten mit Erz umzogen,
Den nun trug vor der Brust der Telamonier Aias,
Stellte sich nahe vor Hektor und sprach die drohenden
Worte..."

Offenbar bedeckte dieser „türmende" Schild den ganzen
Leib und glich keiner der Schildarten der klassischen Zeit
oder des 9. Jahrhunderts, in dem Homer lebte. Woraus ent-
nahm Homer diese Schilderungen? Die Gelehrten standen
vor einem Rätsel. Es war dies auch nicht die einzige Erwähnung eines ledernen Lang-Schildes. Im vierten Gesang wird
Hektor bei seiner Rückkehr vom Schlachtfeld zur Stadt beschrieben:

„Oben schlug ihm den Nacken, und tief die Knöchel des
schwarzen

Felles Rand, der rings am genabelten Schild' ihm umher-
lief…"

So etwas wäre unmöglich gewesen, wenn der Held einen
gewöhnlichen runden Schild mit Armgurt getragen hätte.
Er muß einen „Turm-Schild" gehabt haben, der mit einem
Lederriemen an den Schultern befestigt war.

Um ein letztes Beispiel anzuführen: in einer Szene im
15. Gesang haben Hektor und sein Gefolge die Achäer zu
ihren Schiffen zurückgedrängt und drohen die Mauer zu
stürmen, die von den Belagerern zu ihrem Schutze aufgeführt wurde. Hektor erschlägt dabei etliche Griechen, unter
ihnen den Periphetes von Mykenä.

„Denn wie zurück er wandte, da stieß er sich unten am
Borde
Seines Schilds, den er trug, die fers'erreichende Schutz-
wehr:
Er, verwickelt daran, sank rückwärts, und um die Schläfen
Tönte mit furchtbarem Klange der Helm des fallenden
Kriegers.
Hektor sofort bemerkt es…"

und dies wurde Periphetes' Verhängnis. Hätte er einen kleinen
runden Schild von klassischem Muster oder nach der Art
des 9. Jahrhunderts getragen, so wäre ein solcher Unfall nie
geschehen. Woher kannte Homer – so fragten sich die Gelehrten – diese großen, unhandlichen Lederschilde? Und
wie kommt es, daß sie gleichzeitig mit den viel häufiger erwähnten Schilden der bekannten Art auftauchen?

Es gab noch andere Anachronismen. Zu Homers Zeit und
auch später waren sämtliche Waffen, ob Schwerter oder Spee-
re, fast immer aus Eisen. In der *Ilias* und der *Odyssee* sind

die Waffen, bis auf wenige, unbedeutende Ausnahmen, aus Bronze. Eisen ist zwar bekannt, wird aber fast ausschließlich für Werkzeuge verwendet. Auch benützen die homerischen Helden Kampfwagen, deren Gebrauch zu Homers Zeiten nicht sehr verbreitet war und die in der klassischen Zeit für unmodern galten.

Um unsere kurze Zusammenfassung der Handlung zu vervollständigen, kehren wir zu Agamemnon zurück. Durch den trojanischen Erfolg beunruhigt, sendet er Achilles eine Gesandtschaft, bestehend aus dem listigen Odysseus, König von Ithaka und Hauptgestalt der *Odyssee*, dem greisen Nestor, König von Pylos und „Ältesten im Rate" der Achäer, und dem furchterregenden Telamonier Aias mit dem großen Schild. Sie überbringen Agamemnons Versprechen, Briseis zurückzugeben, samt einem reichen Geschenk als Ausgleich für die Achilles zugefügte Schmach, aber der Held begegnet ihnen nur mit Verachtung. Erst als die Trojaner die Schiffe bedrohen, schüttelt er seine Gleichgültigkeit ab. Aber auch dann erlaubt er nur seinem geliebten Freunde und Gefolgsmann Patroklos, seine Rüstung zu borgen und den bedrängten Griechen zu Hilfe zu eilen. Doch Hektor tötet Patroklos und beraubt ihn seiner Rüstung.

Jetzt endlich erkennt Achilles die tragischen Folgen seiner eigenen Unerbittlichkeit. In bitterem Zorn und mit einer glänzenden neuen Rüstung bekleidet – von Hephästos selbst geschmiedet – kehrt er mit seinen Myrmidonen zum Kampf zurück. Die Trojaner werden zurückgeschlagen, Achilles begegnet Hektor im Einzelkampf, fällt ihn unter Trojas Mauern und schleift den Leichnam, an seinen Kampfwagen gebunden, durch den Staub. Jeden Morgen führt er den Wagen samt seiner Last rund um den Scheiterhaufen, auf dem Patroklos' Leiche liegt. Er ehrt seinen toten Freund durch eine große Leichenfeier mit anschließenden Kampfspielen. Die Helden wetteifern im Laufen, Ringen, Speerwerfen und Wagenrennen.

Die gewaltigste Episode der *Ilias* ist zweifellos das Ende, wenn der greise König Priamos sich nachts zum achäischen Lager begibt, um den Leichnam seines Sohnes auszulösen. Es ist dies eine der erschütterndsten Szenen der Weltliteratur, die ich im Wortlaut anführen will. Vor Achilles, der seinen Sohn getötet hat, knieend, sagt Priamos:

„Scheue die Götter demnach, o Peleid', und erbarme dich
meiner,
Denkend des eigenen Vaters! ich bin noch werter des Mit-
leids!
Duld' ich doch, was keiner der sterblichen Erdebewohner:
Ach zu küssen die Hand, die meine Kinder getötet!
Sprach's und erregt' in jenem des Grams Sehnsucht um
den Vater;
Sanft bei der Hand anfassend, zurück ihn drängt' er, den
Alten.
Beide nun eingedenk: Der Greis des tapferen Hektors,
Weinete laut, vor den Füßen des Peleionen sich windend;
Aber Achilles beweinte den Vater jetzo, und wieder
Seinen Freund; es erscholl von Jammertönen die
Wohnung."

Das andere große Epos, die *Odyssee*, erzählt die langwierige, mühevolle Heimkehr des „schwergeprüften" Odysseus nach der Niederlage von Troja. Durch die *Odyssee* erfahren wir auch etwas über das weitere Schicksal einiger achäischer Helden, die wir aus der *Ilias* kennen. Wir finden Menelaos wieder in seinem Palaste zu Sparta, an seiner Seite die reuige Helena. Die Rolle der *femme fatale* ist ausgespielt, jetzt ist sie nur noch eine perfekte Hausfrau.

> „... Wallte Helena her aus der hohen duftenden Kammer,
> Artemis gleich an Gestalt, der Göttin mit goldener Spindel.
> Dieser setzte sofort Adraste den zierlichen Sessel,
> Und Alkippe brachte den weichen wollichten Teppich.
> Phylo brachte den silbernen Korb, den ehmals Alkandre
> Ihr verehrte, die Gattin des Polybos, welcher in Thebä
> Wohnte, Ägyptos Stadt voll schätzereicher Paläste.
> Dieser gab Menelaos zwo Badewannen von Silber,
> Zween dreifüßige Kessel und zehn Talente des Goldes.
> Aber Helenen gab Alkandre schöne Geschenke,
> Eine goldene Spindel im länglichgeründeten Korbe,
> Der, aus Silber gebildet, mit goldenem Rande geschmückt
> war."

Über diesen Abschnitt schreibt ein befreundeter, skeptischer Archäologe: „Ich weiß, daß oft gesagt wird, Helena sei in der *Odyssee* brav und häuslich, aber sie scheint doch eine beträchtliche Anzahl von Zofen zu gebrauchen, um ihr Strickzeug herbei zu schaffen..."

Aus der *Odyssee* erfahren wir, welches Los Agamemnon, den Völkerfürsten, bei seiner Heimkehr trifft. Während seiner Abwesenheit in Troja entführte sein Vetter Ägisthos ihm die Gattin Klytämnestra, so berichtet der greise Nestor dem Sohn des Odysseus, Telemachos.

> „Während wir andern dort viel blutige Schlachten bestanden,
> Saß er ruhig im Winkel der rossenährenden Argos

Und liebkoste dem Weib' Agamemnons mit süßem Ge-

schwätze.

Anfangs hörte sie zwar den argen Verführer mit Abscheu,

Klytämnestra, die Edle, denn sie war gut und verständig.

Auch war ein Sänger bei ihr, dem Agamemnon besonders,

Als er gen Ilion fuhr, sein Weib zu bewahren vertraute.

Aber da sie die Götter in ihr Verderben bestrickten,

Führt' Ägisthos den Sänger auf eine verwilderte Insel,

Wo er ihn zur Beute dem Raubgevögel zurückließ;

Führte dann liebend das liebende Weib zu seinem

Palaste..."

In einem anderen Teil der *Odyssee* ergänzt Menelaos die
Erzählung vom Geschick seines Bruders:

„Freudig sprang er vom Schiff ans vaterländische Ufer,

Küßt' und umarmte sein Land, und heiße Tränen ent-

stürzten

Seiner Wange, vor Freude, die Heimat wiederzusehen.

Ihn erblickte der Wächter auf einer erhabenen Warte,

Von Ägisthos bestellt, der zwei Talente des Goldes

Ihm zum Lohne versprach...

...Und Ägisthos gedachte sogleich des schlauen Betruges.

Zwanzig tapfere Männer erlas er im Volk und verbarg sie;

Auf der anderen Seite gebot er, ein Mahl zu bereiten.

Jetzo ging er und lud Agamemnon, den Hirten der Völker,

Prangend mit Rossen und Wagen, sein Herz voll arger

Entwürfe,

Führte den nichts argwöhnenden Mann ins Haus und er-

schlug ihn

Unter den Freuden des Mahls; so erschlägt man den Stier

an der Krippe!

Keiner entrann dem Tode vom ganzen Gefolg' Agamemnons,
Und von Ägisthos keiner; sie stürzten im blutigen Saale."

Der klassische Dichter Äschylos, dessen herrliche Tragödie
Agamemnon dasselbe Thema behandelt, läßt die schuldige
Königin noch unsympathischer erscheinen. Nach seiner Auf-
fassung ist Klytämnestra selbst die Mörderin des Königs,
Ägisthos nur ihr Mitschuldiger. So endet die Tragödie von
Mykenä.

Bevor ich dieses Kapitel beende, muß ich alle Freunde
Homers um Verzeihung bitten, denn ich bringe nur eine
kärgliche Spende von des großen Mannes Tafel. Aber vielleicht habe ich einige angeregt, das volle homerische Gastmahl zu genießen. Ich möchte hier auch nicht auf die sogenannte „Homer-Frage" eingehen, nämlich, ob seine Dichtungen die Schöpfung eines Einzelnen sind oder das Werk
ganzer Dichtergenerationen, durch eine gemeinsame Tradition vereint. Ich möchte vor allem den außerordentlichen
Realismus Homers zur Geltung bringen und die Fragen, die
sich für die Gelehrten des vergangenen Jahrhunderts daraus
ergaben. Obwohl die Epen, hauptsächlich die *Odyssee*, viel
Magisches und Übersinnliches enthalten, sind sie so realistisch in den Schilderungen des Alltags, der Häuser (vom
Palast bis zur Hütte des Schweinehirten), des Ackerbaues und
der Seefahrt, der Kriegsführung, der häuslichen Arbeiten,
der Kleider, Schmuckstücke und Kunstwerke, daß die skeptischsten Professoren des frühen 19. Jahrhunderts kaum
fassen konnten, wie der Dichter das alles erfunden haben
sollte.

Homers Geographie beweist nicht nur eine genaue Kenntnis des kontinentalen Teiles von Griechenland, sondern auch der Ägäischen Inseln, der Landspitzen, Häfen, Seestraßen und der Küsten von Syrien und Kleinasien. Wenn er die trojanische Ebene beschreibt, macht er dem Leser alles deutlich sichtbar; den gewundenen Lauf des Skamander und seines Nebenflusses Simois, die zwei Quellen bei der Stadt, eine warm, die andere kalt, den Feigenbaum am Skäischen Tor, und den alles überragenden Berg Ida[1], von dessen Gipfel Zeus die Schlacht beobachtete.

Trotzdem bleibt die Tatsache bestehen, daß im Jahre 1846, als George Grote seine „Geschichte von Griechenland" veröffentlichte, außer diesen topographischen Einzelheiten keinerlei Beweismaterial vorlag: kein Bruchteil eines Gebäudes, eines keramischen Gefäßes, eines Schmuckstückes, einer Rüstung, um zu bezeugen, daß Homers Welt jemals außerhalb seiner Phantasie existiert hatte. Und das akademische Publikum nickte zustimmend, als es Grote's gewichtige Darlegung über den trojanischen Krieg las:

„Obwohl die Griechen fest an diesen Krieg glaubten, ihn ehrfürchtig liebten und zu den gigantischen Ereignissen der Vergangenheit zählten, ist er in den Augen moderner Forscher im wesentlichen nur eine Legende. Wenn man uns die Frage stellt, ob er vielleicht eine mit historischen Tatsachen verbrämte Legende sei, die doch auf Wahrheit beruhe... wenn man uns fragt, ob es nicht doch einen historischen trojanischen Krieg gegeben habe, so müssen wir antworten: ebensowenig wie seine Möglichkeit geleugnet werden kann, ebensowenig kann seine Wirklichkeit bejaht werden. Wir besitzen nur das antike Epos und keinerlei Beweise..."

---

[1] Nicht zu verwechseln mit dem Berge Ida auf Kreta.

Im gleichen Jahre, in dem Grote's Buch erschien, arbeitete in einer Amsterdamer Reederei ein vierundzwanzigjähriger Buchhalter, der eines Tages der Welt beweisen sollte, daß Grote's Worte unwiderruflich veraltet waren.

Zweites Kapitel

DER ROMANTISCHE SCHLIEMANN

Ein siebenjähriger Knabe, nach der Mode von 1829 gekleidet, sitzt in einem reich ausgestatteten Zimmer am Tisch. Vor ihm liegt ein dickes Buch, in das er vertieft ist. Er hat es von seinem Vater, dem protestantischen Pfarrer einer kleinen Stadt in Mecklenburg, zu Weihnachten bekommen. Das Werk – Jerrers *Weltgeschichte für Kinder* – ist fast so gewichtig wie sein Einband, aber das macht dem Kinde nichts aus. Es neigt sich über ein Bild, auf dem das brennende Troja mit seinen ungeheuren Mauern zu sehen ist. Aus dem Skäischen Tor tritt Äneas hervor, seinen greisen Vater Anchises auf den Schultern tragend.

Der Junge wendet sich zu seinem Vater, der halb schlummernd am Kamin sitzt, und sagt:

„Vater, hast du mir nicht gesagt, daß Troja ganz verschwunden ist?"

„Ja, das sagte ich."

„Und daß gar nichts davon übrig geblieben ist?"

„Gar nichts."

„Aber Jerrer muß Troja doch gesehen haben, er hätte es ja sonst hier nicht abbilden können."

„Das ist nur ein Phantasiebild."

Das Kind betrachtet die Zeichnung noch genauer, es ist nicht befriedigt.

„Vater, hatte Troja so große Mauern wie auf diesem Bild?"

„Wahrscheinlich."

„Dann (triumphierend) können sie nicht ganz verschwunden sein. Einige müssen noch da sein, unter der Erde. Ich will sie ausgraben. Vater, soll ich später hingehen und sie ausgraben?"

Der alte Schliemann, ein nüchterner Mann, nickt müde.

„Das würde mich nicht wundern. Und jetzt sei still, ich will schlafen."

Wer dazu neigt, diese Episode als Phantasterei zu betrachten, braucht nur die dritte Seite von Schliemanns „Ilios" aufzuschlagen, er wird sie da von dem großen Manne selbst beschrieben finden. Ihre Wahrhaftigkeit darf nicht angezweifelt werden, denn sie trägt unverkennbar Schliemanns Charakterzüge, wie sie sich in seinem ganzen Leben offenbaren: romantische Liebe zur Vergangenheit, unbeirrbare Entschlossenheit und absolute Buchstabentreue. Den ersteren Zug scheint er von seinem Vater geerbt zu haben.

„Obgleich mein Vater weder Philologe noch Archäologe war, hatte er ein leidenschaftliches Interesse für die Geschichte des Altertums; oft erzählte er mir mit warmer Begeisterung von dem tragischen Untergange von Herculanum und Pompeji und schien denjenigen für den glücklichsten Menschen zu halten, der Mittel und Zeit genug hätte, die Ausgrabungen, die dort vorgenommen wurden, zu besuchen."

Schliemann der Ältere war trunksüchtig und heruntergekommen und interessierte sich nur zeitweilig für seine sechs Kinder. Er unterwies Heinrich im Latein, aber trotzdem mußte dieser mit vierzehn Jahren die Schule verlassen und als Lehrling in einem Krämerladen in Fürstenberg arbeiten.

„Von fünf Uhr morgens bis elf Uhr abends war ich in dieser Weise beschäftigt, und mir blieb kein freier Augenblick zum Studieren. Überdies vergaß ich das Wenige, was ich in meiner Kindheit gelernt hatte, nur zu schnell, aber die Liebe zur Wissenschaft verlor ich trotzdem nicht – verlor ich sie doch niemals –, und so wird mir auch, solange ich lebe, jener Abend unvergeßlich bleiben, an dem ein betrunkener Müller, Hermann Niederhöffer, in unseren Laden kam."

Der Müller, der ursprünglich protestantischer Pfarrer werden wollte, hatte sich dem Trunke ergeben,

„...dabei jedoch seinen Homer nicht vergessen; denn an dem oben erwähnten Abend rezitierte er uns nicht weniger als hundert Verse dieses Dichters und skandierte sie mit vollem Pathos. Obgleich ich kein Wort davon verstand, machte doch die melodische Sprache den tiefsten Eindruck auf mich... Von jenem Augenblick an hörte ich nicht auf, Gott zu bitten, daß er in seiner Gnade mir das Glück gewähren möge, einmal Griechisch lernen zu dürfen."

Schon in seiner Kindheit trat diese Sehnsucht zutage.

„Wes das Herz voll ist, sei es nun Freude oder Schmerz", so schreibt er in seiner pathetischen Weise, „des gehet der Mund über, und eines Kindes Mund vorzugsweise: so geschah es denn, daß ich meinen Spielkameraden bald von nichts anderem mehr erzählte als von Troja und den geheimnisvollen, wunderbaren Dingen, deren es in unserem Dorfe eine solche Fülle gab. Sie verlachten mich alle miteinander, bis auf zwei junge Mädchen, Luise und Minna Meincke, die Töchter eines Gutspächters in Zahren, einem

etwa eine Viertelmeile von Ankershagen entfernten Dorfe."
(Schliemanns Heimat.)

Mit einem dieser Mädchen, Minna, durchlebte er einen sonderbaren Kindheitsroman, dessen Reiz hauptsächlich darin bestand, alle Altertümer der nächsten Umgebung aufzusuchen, so z. B. das mittelalterliche Schloß von Ankershagen, wo ein Raubritter, Henning von Holstein, angeblich einen Schatz vergraben hatte.

„Minna war es vorzugsweise, die das größte Verständnis für mich zeigte und die bereitwillig und eifrig auf alle meine gewaltigen Zukunftspläne einging…"

„Es stand zwischen uns schon fest, daß wir, sobald wir erwachsen wären, uns heiraten würden, und daß wir dann unverzüglich alle Geheimnisse von Ankershagen erforschen… Hennings ungeheure Schätze und sein Grab, zuletzt aber die Stadt Troja ausgraben wollten; nichts Schöneres konnten wir uns vorstellen, als so unser ganzes Leben mit dem Suchen nach den Resten der Vergangenheit zuzubringen."

Phantastische Pläne werden in der Kindheit oft geschmiedet, sogar von ganz gewöhnlichen Leuten, die sie bei zunehmendem Alter wieder vergessen. Aber Schliemann blieb ihnen treu. Als er vierzehnjährig Ankershagen verließ, um in dem Krämerladen zu arbeiten, begegnete er Minna nach einer Trennung von fünf Jahren, und das außergewöhnliche Paar (beide waren erst vierzehn Jahre alt) umarmte sich unter Tränen.

„Jetzt war ich sicher, daß Minna mich noch liebte, und dieser Gedanke feuerte meinen Ehrgeiz an", schrieb er, „von jenem Augenblick an fühlte ich eine grenzenlose

Energie und das feste Vertrauen in mir, daß ich durch unermüdlichen Eifer in der Welt vorwärts kommen und mich Minnas würdig zeigen werde. Das Einzige, was ich damals von Gott erflehte, war, daß sie nicht heiraten möchte, bevor ich mir eine unabhängige Stellung errungen haben würde."

Bei den meisten Menschen wäre dies reine Großsprecherei gewesen, bei Schliemann war jedes Wort echt. Und da er seine Jugendgeliebte verlor, suchte er sein halbes Leben lang nach einem Ersatz. Er konnte auch sein großes archäologisches Werk erst beginnen, als er diesen gefunden hatte, und zwar dreißig Jahre später.

Bis dahin führte er ein phantastisches Abenteurerleben, wie es nur ein Romanschriftsteller erfinden könnte. Die endlosen Liebschaften und die Trunksucht seines Vaters machten das Leben zu Hause unerträglich. Heinrich nahm Reißaus und bekam in Hamburg eine Stelle als Ladengehilfe für 180 Mark im Jahr. Aber seine schwache Konstitution war der Arbeit nicht gewachsen. Beim Heben eines schweren Fasses zog er sich eine Brustverletzung zu und warf Blut aus. Er versuchte es mit einer anderen Arbeit, doch seine schwache Lunge zwang ihn, auch diese wieder aufzugeben. Immer noch fest entschlossen, nicht nach Hause zurückzukehren, verdingte er sich als Kajütenjunge an Bord der kleinen Brigg *Dorothea*, welche zwischen Hamburg und Venezuela segelte; aber das Schiff strandete vor der holländischen Küste.

Neun Stunden lang trieb der fürchterliche Sturm das kleine offene Schiff umher, bis Heinrich und seine acht Genossen von der Brandung auf eine Sandbank unweit der Küste von Texel geschleudert wurden.

Erschöpft und ausgehungert kam er nach Amsterdam, wo er sich krankstellte und in einem Spital untergebracht wurde. Von da schrieb er einem befreundeten Schiffsmakler in Hamburg, J. F. Wendt, und schilderte seine Lage. Der Brief wurde Wendt überbracht, als er einige Freunde zu Gast hatte. Auf der Stelle wurde eine Sammlung veranstaltet, und der glückliche Schliemann erhielt eine Summe von 240 Gulden. Kurz danach fand er mit Hilfe des preußischen Generalkonsuls eine Anstellung im Kontor des Amsterdamer Kaufmannes F. C. Quien. Die neue Arbeit bestand darin, Wechsel stempeln zu lassen, Briefe zur Post zu tragen und von dort abzuholen. Diese Stellung gab er bald auf und trat in das Kontor der alteingesessenen Firma B. H. Schröder & Co. als „Korrespondent und Buchhalter" ein.

Durch die Veränderung besserten sich seine Verhältnisse. Vorher hatte er nur mühsam gerungen, jetzt waren zwei wichtige Faktoren zu seinen Gunsten aufgetreten: eine Stellung, in der er seine Fähigkeiten zur Geltung bringen konnte, und ein Arbeitgeber, der einen Blick dafür hatte und Nutzen daraus zu ziehen wußte. Denn der schüchterne junge Altertumsliebhaber von Ankershagen, der homerbegeisterte Krämergehilfe, entdeckte plötzlich, daß er einen hervorragenden Sinn für Kommerzielles hatte.

Er kam nicht unvorbereitet zu Schröder. Als er noch Botendienste bei Quien leistete, hatte er mit dem Studium der lebenden Sprachen begonnen. Er opferte die Hälfte seines Jahresgehaltes von 32 Pfund für Bücher und Privatstunden und lebte von der anderen Hälfte, wie er selbst sagt, in einer „elenden unheizbaren Dachstube, in der ich im Winter vor Frost zitterte, im Sommer aber unter der glühendsten Hitze zu leiden hatte". Er lernte jede Sprache durch eine selbst erfundene Methode: er las viel laut, ohne zu übersetzen, nahm jeden Tag eine Stunde, schrieb dauernd Aufsätze über Themen, die ihn interessierten, verbesserte diese unter Kontrolle eines Lehrers und wiederholte in der folgenden Stunde, was in der vorhergehenden korrigiert worden war.

Als er sich um die Anstellung bei B. H. Schröder & Co. bewarb, war man überrascht, daß der blasse linkische Jüngling von zweiundzwanzig Jahren, mit dem großen Kopf auf der kleinen Gestalt, bereits sieben Sprachen beherrschte. Seltsamerweise zählte Griechisch nicht dazu. Er hatte das Studium dieser Sprache entschlossen zurückgestellt und schrieb später: „Ich mußte befürchten, daß der mächtige Zauber der herrlichen Sprache mich zu sehr in Anspruch nehmen und meinen kaufmännischen Interessen entfremden möchte." Zuerst mußte er zu Geld kommen, dann würde er eines Tages seinen Lebenswunsch erfüllen können.

Schröder erkannte schon in den ersten Monaten nach Schliemanns Eintritt, daß er das Zeug zu einem erstklassigen Kaufmann hatte. Er war intelligent, unermüdlich im Betreiben eines begonnenen Geschäftes und verfügte über ein außergewöhnliches Gedächtnis und hervorragende Sachkenntnisse. Hinter diesen Fähigkeiten wirkte gewissermaßen als Treibkraft der verzehrende Wunsch, reich zu werden. Reichtümer mußte er haben, das sah er deutlich, nicht um ihrer selbst willen, nicht um Aufwand damit zu treiben, sondern weil sie ihm die Sicherheit, die Muße und die Freiheit verschaffen konnten, seine Lieblingsinteressen zu verfolgen. Und war er einmal reich, so konnte er nach Mecklenburg zurückkehren und Minna heiraten.

Er hatte rasch Erfolg. Mit vierundzwanzig Jahren beschloß er, Russisch zu lernen, und bereits nach sechs Wochen konnte er Handelsbriefe schreiben und war fähig, sich mit den russischen Indigohändlern, die Amsterdam besuchten, in ihrer eigenen Sprache zu unterhalten. Schröder exportierte in großem Umfange Indigo, hauptsächlich nach Rußland. Schliemann, der längst nicht mehr Commis war, wurde von seinen Prinzipalen als Vertreter nach Petersburg und später nach Moskau geschickt. In Rußland arbeitete er so erfolgreich, daß er schon nach zwei Jahren als Großhändler in die Erste Gilde eintreten konnte und die Banken ihm Kredite in Höhe von 57 000 Rubel gewährten. Vom Erfolg berauscht, schrieb er einem Freunde der Familie Meincke und bat ihn, Minna aufzusuchen und in seinem Namen um ihre Hand anzuhalten.

„Wie groß war aber mein Entsetzen, als ich nach einem Monat die betrübende Antwort erhielt, daß sie vor wenigen Tagen eine andere Ehe geschlossen habe. Diese Enttäuschung erschien mir damals als das schwerste Schicksal, das mich überhaupt treffen konnte: ich fühlte mich vollständig unfähig zu irgendwelcher Beschäftigung und lag krank darnieder. Unaufhörlich rief ich mir alles, was sich zwischen Minna und mir in unserer ersten Kindheit begeben hatte, ins Gedächtnis zurück, alle unsere süßen Träume und großartigen Pläne, zu deren Ausführung ich jetzt eine so glänzende Möglichkeit vor mir sah; aber wie sollte ich nun daran denken, sie ohne Minnas Teilnahme auszuführen?"

Vor vierzehn Jahren hatte er sie zum letztenmal gesehen. Eine oberflächlichere, weniger gemütvolle Natur hätte sich mit einer anderen Frau getröstet.

Für einen Mann von Schliemanns Art gab es nur eine Möglichkeit, mit einer solchen Enttäuschung fertig zu werden, und das war Arbeit, die den Schmerz zwar nicht stillen, aber doch mildern konnte. Bald darauf wurde Schliemann selbständiger Kaufmann und bekam ein Angebot von einem der reichsten Geschäftsleute in Petersburg, der ihm vorschlug, bei einer Beteiligung von 100 000 Rubel ein Kompaniegeschäft mit seinem Neffen zu gründen. Schliemann lehnte vorläufig ab. Er konnte warten, bis seine Zeit gekommen wäre.

Er vergrößerte sein Vermögen ständig. Seine Geschäftsreisen führten ihn von einer Hauptstadt zur anderen, nach Berlin, Paris, London. Immer stieg er im besten Hotel ab, wohnte jedoch im billigsten Zimmer. Das aufblühende Industriezeitalter faszinierte ihn. Er liebte Maschinen, und die Schnelligkeit reizte ihn, doch die neuen Eisenbahnen waren seinem ruhelosen, ungeduldigen Gemüt zu träge. Gelegentlich suchte er Entspannung in der Vergangenheit. Wenn ihn seine Geschäfte nach London führten, gönnte er sich ein paar Stunden zum Besuch des Britischen Museums.

„Dort sah ich die ägyptischen Dinge, die mich mehr interessierten als alles, was ich bisher gesehen habe."

Dann ging es wieder zurück zu Indigoverschiffung, Auftragsbüchern, Hotelleben, Postdampfern und Eisenbahnen. Im Alter von dreißig Jahren hatte er ein bedeutendes Vermögen erworben und begann ans Heiraten zu denken. Aber so scharfblickend und praktisch er in geschäftlichen Dingen war, so ausgesprochen ungeschickt war er Frauen gegenüber. Er fürchtete mit Recht, man würde ihn seines Geldes wegen heiraten wollen. Auch war er sich seiner einfachen Herkunft bewußt und beneidete die jungen Offiziere, wenn sie Frauen, die ihm gefielen, den Hof machten. Immer hielt er sich für verliebt und zweifelte dann wieder an seinem Urteil.

„Ich sehe nur die Tugenden und nie die Schwächen der

Frauenzimmer", schrieb er seiner Schwester. Und als er endlich Katharina heiratete, die Nichte eines befreundeten Geschäftsmannes, erwies sich die Ehe sogleich als untauglich. Katharina war zwar klug, aber nüchtern und phantasielos, völlig unfähig, seine heftige, romantische Natur, in der noch viel vom glühenden Eifer eines Knaben lag, zu verstehen.

"Du liebst mich nicht und nimmst daher keinen Anteil an meinem Glück; teilst nicht meine Freude oder meinen Kummer, denkst niemals an etwas anderes als an die Befriedigung Deiner eigenen Wünsche und Grillen..."

schrieb er schon achtzehn Monate nach der Heirat. Doch diese unglückliche Verbindung überdauerte fünfzehn Jahre Streitigkeiten, Trennungen, Versöhnungen und Haßausbrüche. Katharina schenkte ihm einen Sohn und zwei Töchter.

Mit dreiunddreißig Jahren beherrschte er fünfzehn Sprachen; zu den sieben, mit denen er sich vor zehn Jahren gewappnet hatte, kamen jetzt Polnisch, Schwedisch, Norwegisch, Slowenisch, Dänisch, Lateinisch, Neu- und Altgriechisch hinzu. Trotzdem glaubte er, niemals das Gelehrtenleben führen zu können, das er als Jüngling ersehnt hatte. "...darum fehlt mir die Basis und der Grundstock des Lernens", schrieb er verzweifelt. "Ein Gelehrter kann ich niemals werden." Aber nach der Arbeitswoche im Kontor saß er Sonntags vom frühen Morgen bis spät in die Nacht hinein an einer Übersetzung des Sophokles ins Neugriechische. Und jetzt endlich konnte er seinen geliebten Homer im Original lesen.

Die Vision seiner Kindheit verließ ihn nie; er war immer noch entschlossen, Troja auszugraben, und glaubte, daß er Homers Stadt finden würde. Mit diesem Ziel vor Augen studierte er die großen Epen und prägte sie seinem Gedächtnis ein. Er faßte sie mehr als Geschichte denn als Dichtung auf. Schliemann näherte sich Homer mit demselben problemlosen Glauben, den der Strenggläubige der Bibel entgegenbringt. Wenn Homer etwas sagte, dann war es so. Aber viele Jahre mußten vergehen, ehe er seinen Glauben auf die Probe stellen konnte.

Im Jahre 1850 fuhr er nach Amerika, erwarb die amerikanische Staatsangehörigkeit, eröffnete eine Bank während des Goldfiebers in Kalifornien, kaufte Goldstaub und gewann damit ein neues Vermögen, beinahe ohne es zu wollen. Der Hauptgrund seines Besuches in den Vereinigten Staaten war, die Finanzen seines Bruders zu ordnen, der in der Stadt Sacramento am Typhus gestorben war. Das Goldstaubvermögen war Nebensache. Auch Schliemann bekam Typhus, und von seinem Bett im Hinterzimmer aus leitete er die Bankgeschäfte, während die Schürfer mit ihren Staubsäcken im Vorderraum Schlange standen. Obwohl man ihn aufgegeben hatte, genas er und kehrte nach Europa zurück.

Sieben Jahre später unternahm er eine ausgedehnte Reise nach dem mittleren Osten, durchkreuzte die Wüste von Kairo bis Jerusalem, besuchte Petra in Transjordanien und erlernte eine neue Sprache, das Arabische. Es wird behauptet, daß er bei dieser Reise als Araber verkleidet Mekka aufgesucht habe und sich sogar aus besonderer Vorsicht beschneiden ließ.

Seine zweite Reise nach Amerika fand 1868 statt, als er sechsundvierzig Jahre alt war und bereits daran dachte, sich vom Geschäftsleben zurückzuziehen. Trotzdem nahm er die Gelegenheit wahr, die Strecke von New York nach Chicago mit der Eisenbahn zurückzulegen, bei der er Anteile hatte. Er wollte die Geleise und das Rollmaterial inspizieren, welche offenbar seine Anerkennung fanden. „Ich bin mit allen diesen Bahnen äußerst zufrieden", schrieb er, „sie geben alle 10% Dividende." Bei seiner Rückkehr machte er einen erneuten Versöhnungsversuch mit seiner Frau, nach einer ihrer periodisch auftretenden Entfremdungen, indem er ihr ein prachtvolles Haus in Paris kaufte und ausstattete. Aber vergeblich. Ihre Familie war gegen ihn eingenommen und unterstützte Katharina im Widerstand gegen seinen Plan, den Kindern eine deutsche Erziehung zu geben. Katharina lebte in Rußland und beantwortete seine flehenden Briefe mit Bitterkeit. In seiner Verzweiflung begab sich der unglückliche, heimatlose Mann wieder auf eine seiner rastlosen Reisen durch Europa, die ihm immer weniger Freude bereiteten. Jetzt aber wandte er sich Griechenland zu und setzte zum ersten Mal den Fuß auf Homers Boden, und zwar auf die felsige Insel Ithaka, die Heimat des Wanderers Odysseus.

Hier fand er Frieden und Freude. Obwohl er im Hochsommer nach Ithaka gekommen war, trug ihn die Begeisterung so, daß er nach seinen eigenen Worten Hitze und Durst vergaß. „Bald untersuchte ich die Örtlichkeit, bald las ich in der *Odyssee* die Beschreibung der rührenden Szenen, deren Schauplatz dieser Ort gewesen ist; bald bewunderte ich die herrliche Rundsicht."

Und da er nun einmal Schliemann war, so mußte er auch graben. Beim Besuch des sogenannten „Schlosses des Odysseus" warb er Arbeiter an und fand Gefäße, die menschliche Asche enthielten, außerdem ein Opfermesser und einige Idole aus Ton. Er reiste beglückt wieder ab und meinte die Asche von Odysseus, Penelope und ihren Nachkommen gefunden zu haben. Von Ithaka aus begab er sich zum Peloponnes, hielt sich kurz in Mykenä auf und kreuzte zu den Dardanellen hinüber. Dann ritt er durch die Ebene von Troja. Diese kurzen Besuche hatten genügt, um seinen Appetit zu reizen. Von diesem Augenblick an gewann der Plan, sich von den Geschäften zurückzuziehen und den Rest seines Lebens der Ausgrabung zu widmen, immer festere Umrisse. Er hatte das Geld, die Muße und die Gelegenheit. Aber etwas sehr Wesentliches fehlte ihm – nämlich die Anwesenheit einer Frau, die mit ihm gesagt hätte: „Nichts Schöneres konnten wir uns vorstellen, als so unser ganzes Leben mit dem Suchen nach den Resten der Vergangenheit zuzubringen."

Als er am Ende des Jahres nach Paris zurückkehrte, hatte er wenigstens beschlossen, sich scheiden zu lassen. Er hielt es für das beste, zu diesem Zweck nach Amerika zu gehen, wo die Scheidung leichter zu erreichen war als in Europa. In diesem Winter 1868, umgeben von lustiger Gesellschaft, aber einsam im Herzen, erinnerte er sich an einen alten Freund. Es war ein Priester namens Vimpos, der ihn in Petersburg Griechisch gelehrt hatte und jetzt Erzbischof von Athen war. Diesem Vimpos öffnete Schliemann sein Herz in einem Briefe, der sicher der seltsamste und erschütterndste war, den der ehrwürdige Herr je empfangen hatte. Schliemann, der sechsundvierzigjährige Millionär, bat darin den Erzbischof, ihm eine griechische Frau zu suchen.

„Bei den Gebeinen meiner Mutter schwöre ich Ihnen, mein ganzes Sinnen und Trachten soll darauf gerichtet sein, meine künftige Frau glücklich zu machen... Hier bin ich immer in Gesellschaft geistiger und schöner Frauen, die mich sehr gern von meinen Leiden heilen und mich verwöhnen würden, wenn sie wüßten, daß ich an Scheidung denke. Aber, mein Freund, das Fleisch ist schwach, und ich fürchte, mich in eine Französin zu verlieben und wieder unglücklich zu werden. Deshalb bitte ich Sie, Ihrer Antwort ein Bild irgendeiner schönen Griechin beizulegen... Ich beschwöre Sie: wählen Sie für mich eine Frau vom gleichen engelhaften Charakter, wie ihn Ihre verheiratete Schwester hat. Sie soll arm sein, aber gebildet, für den Homer muß sie begeistert sein und für die Wiedergeburt meines geliebten Griechenlands. Ob sie fremde Sprachen sprechen kann, ist gleich. Aber sie soll griechischen Typus haben, schwarzes Haar, und wenn möglich soll sie schön sein. Meine Hauptbedingung ist ein gutes und liebreiches Herz!"

Im Frühling des folgenden Jahres, während Schliemann in Indianapolis auf seine Scheidung wartete, traf Vimpos' Antwort ein. Sie enthielt die Photographie eines sechzehnjährigen Mädchens von klassischer Schönheit, namens Sophia Engastromenos. Der Deutsche war entzückt, gab sich aber keinen Illusionen hin. Es lag eine schöne Bescheidenheit in dem Briefe, den er seiner Schwester über seine Pläne schrieb.

„Jedenfalls beabsichtige ich, wenn alles gut geht, im Juli nach Athen zu gehen... Ich werde sie aber nur dann nehmen, wenn sie Sinn für Wissenschaften hat, denn ich glaube, ein schönes junges Mädchen kann nur in dem Falle einen alten Mann ehren und lieben, wenn sie für Wissenschaften schwärmt, in denen er viel weiter fortgeschritten ist als sie."

Aber als er im August nach Athen kam, schwanden diese Zweifel rasch. Sophia war nicht nur noch schöner, als ihre Photographie versprochen hatte, sondern auch bescheiden und sanft, und außerdem beantwortete sie zufriedenstellend

seinen Katechismus, welcher Fragen folgender Art enthielt:
„Wann kam Kaiser Hadrian nach Athen?" und „Was kennen
Sie aus dem Homer auswendig?" Sie wurden getraut, und
während der Flitterwochen schrieb der Bräutigam:

> „Sophia ist ein herrliches Weib, das jeden Mann glück-
> lich machen kann; denn wie fast alle griechischen Frauen
> hat sie eine Art göttlicher Verehrung für ihren Mann. Sie
> liebt mich wie eine Griechin, mit ungeheurer Leidenschaft,
> und ich liebe sie nicht weniger. Ich spreche nur griechisch
> mit ihr, denn dies ist die schönste Sprache der Welt."

Nach vierzig Jahren verwirklichte sich der Traum, der
Schliemann und seiner Kindheitsgeliebten Minna Meincke in
Ankershagen vorgeschwebt hatte. Im darauffolgenden Frühjahr begann er mit vorbereitenden Ausgrabungen in Troja,
und ein Jahr später folgte ihm seine achtzehnjährige Frau in
das Lager beim Hügel von Hissarlik. Ihr gemeinsames Abenteuer hatte begonnen.

Drittes Kapitel

DER SCHATZ DES PRIAMOS

„Beid' an der Warte vorbei und dem wehenden Feigen-
baum,
Immer hinweg von der Mauer, entflogen sie über den
Fahrweg.
Und sie erreichten die zwei schönsprudelnden Quellen,
woher sich
Beide Bäch' ergießen des wirbelvollen Skamandros.
Eine rinnt beständig mit warmer Flut, und ringsum sie
Wallt aufsteigender Dampf, wie der Rauch des brennenden
Feuers;
Aber die andere fließt im Sommer auch kalt wie der Hagel,
Oder des Winters Schnee, und gefrorene Schollen des
Eises."

Diese beiden „schönsprudelnden Quellen", die Homer so
ausführlich beschreibt, waren im neunzehnten Jahrhundert
den Besuchern von Troja schon lange vor Schliemann ein
Rätsel. Denn er war keineswegs der erste, der nach dem ehemaligen Troja suchte. Schon vom achtzehnten Jahrhundert
an gewöhnten sich die Einwohner an den Anblick von gelehrten Herren aus Europa, die ihre Thermometer in die Quellen
tauchten, in der Hoffnung, die beiden von Homer beschriebenen zu finden. Doch die Ergebnisse waren nicht sehr befriedigend ausgefallen. Der einzige Ort, an dem zwei Quellen von
verschiedener Temperatur zu finden waren, war das Dorf Bu-

narbaschi, und sogar da betrug der Wärmeunterschied nur wenige Grade. Dieses Dorf und der dahinterliegende Felsenhügel von Bali Dagh wurden trotzdem eine Zeitlang für den Platz gehalten, an dem Homers Ilion gestanden hatte. Bunarbaschi befindet sich am Südende der trojanischen Ebene, und die felsigen Höhen im Hintergrund drängen dem Beschauer leicht den Gedanken auf, daß sie das geeignete Gelände für eine Burg sein könnten.

Aber auch ein anderer Ort schien annehmbar, und zwar der Hügel von Hissarlik. Er liegt viel näher am Meere, und von 1820 an gaben viele Gelehrte ihm den Vorzug, obwohl er weit unauffälliger war als das gewaltige Bali Dagh und keine heißen und kalten Quellen besaß.

Schliemann, der 1868 mit der *Ilias* in der Hand das Gelände besichtigte, hatte sich gegen Bunarbaschi zugunsten Hissarliks ausgesprochen. Hatte denn nicht letzten Endes Homer erzählt, wie Achilles den Hektor dreimal um die Mauer von Troja gejagt hatte, was unausführbar gewesen wäre, wenn die Stadt auf der Höhe von Bali Dagh gelegen hätte, in Hissarlik jedoch durchaus möglich war.

„Überdies", schrieb er, „beträgt die Entfernung von Bunarbaschi bis zum Hellespont in gerader Richtung acht englische Meilen (12,8 km), während die Angaben der *Ilias* zu beweisen scheinen, daß der Abstand von Ilion zum Hellespont nur kurz gewesen ist und höchstens drei englische Meilen (4,8 km) betragen hat."

Was die heißen und kalten Quellen betraf, so hatte er die von Bunarbaschi untersucht und nicht zwei, sondern vierunddreißig gefunden und „in allen Quellen eine gleiche Temperatur von 17⁰ C."

Nein, Hissarlik mußte der Ort sein. In historischen Zeiten befand sich in seiner Nähe die hellenische, später römische Stadt Novum Ilium – „Neu Troja" –, deren Ruinen noch zu sehen sind. Diese Stadt hatten die späteren Griechen und Römer an derselben Stelle erbaut, an der, nach der Überlieferung, Priamos' „heiliges Ilion" gestanden hatte. In ihrem Tempel opferte Alexander der Große, bevor er seinen Eroberungszug nach dem Osten antrat. Die Geschichtsschreibung, die Geographie und vor allem die dichterischen Zeugnisse, alles kam zusammen, um den deutschen Forscher davon zu überzeugen, daß Homers Troja unter der Stadt Hissarlik liegen müsse. Da stand er, der geheimnisvolle Hügel, 54 m über den spärlichen Ruinen der klassischen Stadt. Andere Forscher hatten an seiner Oberfläche gekratzt, aber jetzt endlich wurde von Heinrich Schliemann ein gehöriger Angriff gemacht.

Von September bis November 1871 zogen achtzig Arbeiter unter Schliemanns Leitung einen tiefen Graben durch den steilen Nordabhang und drangen bis zu einer Tiefe von 11 m vor. Der Winter zwang sie, die Arbeit einzustellen, doch im März kehrte Schliemann mit Sophia zurück. Die Zahl der Arbeiter war auf hundertfünfzig angewachsen. „Ich war jetzt vortrefflich für unsere Arbeit ausgerüstet, da mir meine verehrten Freunde, die Herren John Henry Schröder & Co. in London, eine genügende Anzahl der besten englischen Schiebkarren, Spitzhauen und Spaten verschafft und ich außerdem drei Aufseher und einen Ingenieur... engagiert hatte, der die Karten und Pläne anfertigte..." Er baute auch auf der Anhöhe von Hissarlik ein Holzhaus mit drei Räumen und Küche.

Man muß sich vor Augen halten, daß Schliemann über keinerlei Erfahrung verfügte, als er sein gewaltiges Werk begann. Auch konnte er keinen Vorteil aus der Erfahrung anderer Archäologen ziehen, da noch niemand an eine Aufgabe solchen Umfanges herangetreten war. In dieser Zeit gab es keine erprobte Ausgrabungstechnik. Ein moderner Archäologiestudent, der, lange bevor er überhaupt ein Gelände betritt, nach Methoden geschult wird, die sogar denen Hogarth's und Pitt-Rivers' überlegen sind, schaudert, wenn er von Schliemanns Praktiken hört.

Der gewaltige Graben durchzog die verschiedenen Schichten des Hügels, und wenn Schliemann auf ein Bauwerk einer relativ späteren Zeit stieß, das den Zugang zu den tieferen Schichten versperrte, die ihn einzig interessierten, wartete er nicht, wie ein heutiger Forscher, um es zu photographieren und zu beschreiben, sondern ließ es kurzerhand abreißen.

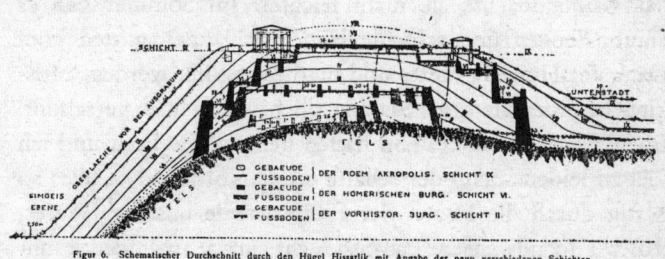

Figur 6. Schematischer Durchschnitt durch den Hügel Hissarlik mit Angabe der neun verschiedenen Schichten.

Schichtskizze
Die schwarze Markierung zeigt das homerische Troja

In späterer Zeit lernte er durch seinen hervorragenden jungen Assistenten Dörpfeld, geduldiger und wissenschaftlicher vorzugehen. Doch wenn seine Methoden auch zunächst rücksichtslos waren, sein Instinkt war zweifellos richtig; denn beim Aufgraben des Erdhügels entdeckte er, daß es nicht nur ein Troja, sondern viele Trojas gab; Mauern ruhten auf älteren Mauern und diese wieder auf noch älteren. Er konnte sich nicht darauf einlassen, erst eine ganze Stadt auszugraben, bevor er an die nächste ging. Im Glauben, daß das gesuchte Troja – Homers Troja – sehr tief liegen müsse, schlug er nur einen Kurs ein, nämlich senkrecht durch die Lagen zu stoßen wie beim Anschneiden einer Schichttorte.

Seine junge Frau war an seiner Seite, wenn er tagelang im Graben arbeitete, und nachts in der Hütte auf dem Gipfel des Hügels halfen ihre zarten Finger beim Sortieren und Klassifizieren von Scherben, Ton-Idolen, Bruchstücken von Waffen und Werkzeugen, die aus dem Erdreich ausgesiebt worden waren.

Diese Arbeit war viel schwieriger, verwirrender und undankbarer, als Schliemann sich je hatte träumen lassen, und das Klima machte sie nicht leichter. Im Sommer gab es Staub, Fliegen und schwüle Hitze; Schlangen glitten vom Dach der Hütte herunter und mußten getötet werden. Moskitos brachten Heinrich Malaria, doch Sophia blieb verschont. Im Winter schrieb er: „So hatten meine arme Frau und ich viel zu leiden; denn der scharfe eisige Nordwind... blies so heftig durch die Fugen der Bretterwände unseres Hauses, daß wir abends unsere Lampen nicht einmal anzünden konnten und daß, trotzdem wir ein Feuer auf dem Herde unterhielten, das Thermometer doch −4° R zeigte..."

Im Frühjahr 1873 heißt es: „Die Blätter der Bäume fangen jetzt an hervorzubrechen, während die trojanische Ebene bereits mit Frühlingsblumen bedeckt ist. Schon seit vierzehn Tagen hört man das Quaken der Millionen von Fröschen in den umliegenden Sümpfen, und bereits seit acht Tagen sind die Störche zurückgekehrt." Er klagt über das „entsetzliche Geschrei der in den Löchern der Wände meiner Ausgrabungen nistenden unzähligen Eulen; dies Geschrei hat etwas Geheimnisvolles und Grauenhaftes und ist besonders in der Nacht unerträglich."

Dies war im Frühling 1873, und damit begann die dritte Ausgrabungsperiode der beiden Schliemanns in Troja. Jetzt durchzogen mehrere riesige Durchstiche und Terrassen den Hügel, und viele tausend Tonnen Erde hatte man abgetragen. Hier waren zweifellos die Überreste von mehreren prähistorischen und späteren Städten – Schliemann zählte deren sieben – aber welche war Priamos' Troja? Der Forscher wußte, daß das überlieferte Datum des trojanischen Krieges ungefähr 1180 v. Chr. war – so hatten es die älteren Schriftsteller errechnet – aber 1873 gab es noch kein vergleichendes Datensystem an Hand von Tonscherben, und Schliemann konnte nicht mit Bestimmtheit sagen, welche der Städte im 12. Jahrhundert zerstört worden war. Trotzdem glaubte er fest daran, daß irgendwo im Wirrwarr der Mauern, die teils übereinander gestapelt, teils durch Schuttschichten getrennt waren, die Stadt lag, die er so lange und mühsam gesucht hatte. Würde er sie auch sicher nach Homers eigener Beschreibung wieder erkennen? Er mußte nach den Resten des Skäischen Tores suchen, auf dem König Priamos mit seinen Ratgebern saß:

„Welche betagt vom Krieg' ausruheten; doch in Versammlung
Redner voll Rat, den Cikaden nicht ungleich, die in den Wäldern
Aus der Bäume Gesproß hellschwirrende Stimmen ergießen."

Irgendwo standen sicherlich die Ruinen von Priamos' Palast mit den Kasten, denen Priamos viele Kostbarkeiten entnommen hatte, um seinen Sohn loszukaufen.

„Hierauf wog er des Goldes, und nahm zehn volle Talente;
Auch vier schimmernde Becken, und zwei dreifüßige
                                               Kessel;
Auch den köstlichen Becher, den thrakische Männer ihm
                                               schenkten,
Als er gesandt hinkam, ein Kleinod..."

Aber sah denn irgendeine der von Schliemann aufgedeckten Mauern aus, als hätte sie zu der mächtigen, von Homer beschriebenen Stadt gehört? Höchstens die in den oberen Schichten, und das verwirrte und bekümmerte Schliemann, denn er meinte, Homers Stadt müsse auf dem Grund des Hügels liegen, weil sie so alt war.

„Da es meine Absicht war, Troja auszugraben, und da ich dasselbe in einer der unteren Städte zu finden erwartete, mußte ich manche interessante Ruine in den oberen Schichten zerstören, so zum Beispiel in einer Tiefe von zwanzig Fuß unter der Oberfläche die Ruinen eines prähistorischen Gebäudes von zehn Fuß Höhe, dessen aus behauenen, mit Lehm zusammengefügten Kalksteinblöcken bestehende Mauern vollkommen glatt waren."

Und im Gange derselben Ausgrabung im Mai 1872:

„Ziemlich nahe an der Oberfläche deckten wir hier eine stattliche, aus großen behauenen Kalksteinblöcken zusammengefügte Bastion auf, die wohl aus der Zeit des Lysimachos herrühren mag."

Obwohl die Bastion homerische Ausmaße hatte, wurde sie von Schliemann wenig geschätzt, weil sie nahe an der Oberfläche lag und er sich nicht vorstellen konnte, daß sie einer älteren Zeit als dem dritten vorchristlichen Jahrhundert entstammen könne. (Lysimachos war einer von Alexanders Generälen, 360–281 v. Chr.)

Aber auch die tieferen Schichten enttäuschten. Viele bestanden aus rohen, schlecht gebauten Mauern und gewöhnlichen Behausungen, welche ärmliche Tonwaren und manchmal steinerne Geräte enthielten. Außerdem waren die Lagen nicht klar abgegrenzt, sondern da und dort ineinander greifend, so daß man nicht leicht entscheiden konnte, was die frühere und was die spätere Schicht war. An einer Stelle, an der Südseite des Hügels, hatte er eine verheißungsvollere Entdeckung gemacht, ein größeres Mauerwerk, aus zwei gesonderten Mauern bestehend, jede ungefähr 5 m breit und 6 m hoch, dicht zusammengebaut und in einer Tiefe von 15 m unter der Oberfläche auf dem Felsen ruhend. Diese Mauern nannte er den „Großen Turm", „wenn sie auch ursprünglich von ihren Erbauern zu einem ganz anderen Zwecke bestimmt gewesen sein mögen."

Mitte März 1873 begann Schliemann mit einer umfassenden Ausgrabung im Westen des sogenannten „Großen Turmes". Nachdem er durch die Überreste eines spätgriechischen Hauses und eine Schuttschicht gestoßen war, entdeckten die Arbeiter etwas wie eine schön gepflasterte, 6 m breite Straße, die in südwestlicher Richtung steil zur Ebene hinunter lief. Der Forscher vermutete, daß sie einst zu einem großen Gebäude in der inneren Stadt geführt haben müsse:

„So stellte ich denn unverzüglich hundert Mann an, die den nach Nordosten davor liegenden Erdboden abgraben mußten. Ich fand die Straße 7–10 Fuß hoch mit gelber roter oder schwarzer Holzasche bedeckt, die mit völlig gebrannten und oft teilweise verglasten, mehr oder weniger zertrümmerten Ziegeln und Steinen untermischt war. Über dieser dicken Schuttschicht fand ich die Ruinen eines großen Gebäudes aus mit Lehm zusammengefügten Steinen…"

Unweit davon, in nordöstlicher Richtung, förderte er zwei große Tore zutage; diese hatten einen Abstand von 6,5 m und vor ihnen lag eine Masse kalzinierten Schuttes von 2,5–3,3 m Tiefe, von dem Schliemann annahm, er sei von den brennenden Mauern seines „Großen Turmes" herabgefallen, „der einst die Tore überragt haben muß."

Das ungeduldige Kind war in Schliemann immer stärker als der kaltblütige Archäologe. Er hatte schwer gearbeitet, um zu finden, was er ersehnte, und nach drei heißen Jahren schien es jetzt, als sei sein Glaube berechtigt gewesen. Ohne auch nur einen Augenblick innezuhalten, um seine Schlußfolgerungen zu überprüfen oder die Meinung anderer Gelehrter zu hören, verkündete er der Welt, er habe das Skäische Tor und Priamos' Palast gefunden.

Viele Fachgelehrte, hauptsächlich die deutschen, hatten gegen Schliemanns Ausgrabungen Stellung genommen. Seit mehr als einem Jahrhundert hatten sie und ihre Vorgänger in der Tiefe ihrer Schreibsessel über die wahrscheinliche Lage von Troja theoretisiert, aber keiner hatte sich je hinausgewagt, um Ausgrabungen zu machen. Und jetzt kam da ein waghalsiger Kaufmann ohne akademische Bildung, ein Freund der Publizität (die sie als Gelehrte angeblich haßten), ungenau und hastig in seinen Methoden, hemmungslos im Abreißen von klassischen Bauten bei der wahnsinnigen Suche nach einer Stadt, die wahrscheinlich nur in der Phantasie eines Dichters existiert hatte. Aber noch schlimmer: sein naiver Glaube an den Historiker Homer hatte ihn zu der Behauptung verführt, den Palast des Priamos gefunden zu haben – wobei es nicht einmal den Schatten eines Beweises für die historische Existenz dieses Königs gab. Das war keine Wissenschaft, sondern sensationelles Journalistentum. Die akademischen Federn wurden in Säure getaucht. Hinter dem Schein des Triumphes war Schliemann heimlich entmutigt durch diese Angriffe. Im Mai schrieb er seinem Bruder:

„Drei Jahre lang haben wir hier mit hundert bis hundertfünfzig Arbeitern gegraben... 250 000 m³ Schutt haben wir weggeschleppt, und ein schönes Museum von höchst merkwürdigen, noch nie gesehenen Altertümern haben wir uns in den Tiefen Ilions gesammelt. Jetzt sind wir aber müde, und da wir unser Ziel erreicht und die große Idee unseres Lebens realisiert haben, so stellen wir die Anstrengungen hier in Troja am 15. Juni auf immer ein."

Zweimal traten in Schliemanns Archäologenlaufbahn Ereignisse ein, wie sie ein halbes Jahrhundert später auch Howard Carter, der Entdecker von Tut-anch-Amons Grab, in auffallend ähnlicher Weise erlebte. Die erste dieser Parallelen sollte sich jetzt zeigen. Leser, die sich an die große ägyptische Entdeckung von 1922 erinnern, werden wissen, daß Carter, als er nach sechs Jahren erfolgloser Ausgrabungen vom Tal der Könige sozusagen Abschied nehmen wollte, auf das unberührte Grab des Pharao stieß. Schliemann hatte beschlossen, seine trojanischen Ausgrabungen zu beenden und seine Arbeiter auf den 15. Juni zu entlassen. Einen Tag vor diesem Datum stand er mit einigen Arbeitern in der Nähe der Umfassungsmauer, unweit des Bauwerks, welches er für Priamos' Palast hielt, im Nordwesten des Skäischen Tores. Plötzlich fiel ihm ein größerer kupferner Gegenstand auf, der unter einer Schicht von rötlichen, kalzinierten Trümmern lag, über denen sich eine Befestigungsmauer erhob. Beim näheren Hinschauen entdeckten die scharfen Augen des Forschers hinter dem Kupfer etwas Helles, Glänzendes. Es sah aus wie Gold...

Schliemann warf einen Blick auf seine Arbeiter. Sie hatten nichts bemerkt. Nun wandte er eine des Odysseus würdige List an. Seine Ruhe bewahrend, rief er Sophia zu sich her und hieß sie den „Paidos", das heißt die Ruhepause, ausrufen. „Sage ihnen, heute sei mein Geburtstag", unterwies er sie, „und heute bekomme jeder seinen Lohn, ohne zu arbeiten." Nachdem die Arbeiter und der Aufseher sich zerstreut hatten, kehrte Sophia zurück und stellte sich neben ihren Mann, der sich beim hellen Sonnenschein unter die Mauer legte und aus der steinharten Erde einen Gegenstand nach dem anderen aus leuchtendem Gold oder mattem Silber ausgrub:

> „...ein Unternehmen", schrieb er später, „das die größte Anstrengung erforderte und zugleich im höchsten Maße lebensgefährlich war, denn die große Befestigungsmauer, unter welcher ich graben mußte, drohte jeden Augenblick auf mich herabzustürzen. Aber der Anblick so zahlreicher Gegenstände, deren jeder einzelne für die Archäologie von unschätzbarem Werte sein mußte, machte mich tollkühn und ließ mich an die Gefahr gar nicht denken. Doch würde

trotzdem die Fortschaffung des Schatzes mir nicht geglückt sein, wenn nicht meine Gattin mir dabei behilflich gewesen wäre. Sie stand, während ich arbeitete, neben mir, immer bereit, die von mir ausgegrabenen Gegenstände in ihren Shawl zu packen und fortzutragen."

Endlich, als der letzte Gegenstand in Sophias rotem Shawl verschwunden war, kehrten die beiden Entdecker, die sich wie unartige Kinder bei einem gemeinsam ausgeheckten Streich vorkamen, mit gut gespielter Unabsichtlichkeit zu ihrer Hütte auf dem Hügel zurück, verriegelten die Tür und breiteten den Schatz vor sich aus.

Die weitaus schönsten Gegenstände, die alles übrige in Schatten stellten, waren zwei herrliche goldene Diademe. Das größere der beiden bestand aus einer feinen goldenen Kette, die um den oberen Teil des Kopfes geschlungen wurde und von der vierundsiebzig kurze und sechzehn längere Ketten herabhingen, jede einzelne aus winzigen, herzförmigen Goldplättchen zusammengesetzt. Die „Franse" der kleineren Ketten lag auf der Stirne der Trägerin; die längeren Ketten, die jede ein kleines „trojanisches Idol" trugen, hingen auf die Schultern herab. (Siehe Bildtafel 4) So war das Gesicht von Gold eingerahmt. Das zweite Diadem war ähnlich, aber die Ketten hingen an einem schmalen Band von Goldblech, und die etwas kürzeren Seitenketten sollten offensichtlich nur die Schläfen bedecken. Im ersten Diadem allein waren schon 16 353 einzelne Goldteile in Form von kleinen Ringen, Doppelringen und lanzettenförmigen Blättern. Bei beiden Kleinodien war die Ausführung erlesen und zart.

Es gab auch sechs goldene Armbänder, eine goldene Flasche, einen goldenen Becher, der 601 Gramm wog, einen

Becher aus Elektron und ein großes, silbernes Gefäß, welches außer den Diademen sechzig goldene Ohrringe, 8700 kleine Goldringe, durchbohrte Prismen, goldene Knöpfe, kleine durchbohrte Goldstäbchen und andere Geschmeide enthielt. Vasen aus Silber und Kupfer und bronzene Waffen vervollständigten den Schatz.

Aber Schliemanns Blick kehrte immer wieder zu den schimmernden Diademen zurück. Der fünfzigjährige Kaufmann, der als Kind von Trojas Schatz geträumt hatte, ließ unter den Augen der schönen Griechin, die jetzt seine Frau war, die goldenen Ketten durch seine Finger gleiten. Sophia war eben zwanzig Jahre alt und auf dem Höhepunkt ihrer dunklen Schönheit. In diesem Augenblick glich sie einer Verkörperung der „weißarmigen Helena", um derentwillen Griechen und Trojaner an dieser Stelle in den Kampf getreten waren, und dies war doch wohl kein anderer als Priamos' Schatz? In solchen Bildern erging sich seine Phantasie, als er zitternd das glänzende Diadem auf die Stirne seiner Frau setzte, im Glauben, das Geschmeide habe einst Helenas Haupt geschmückt.

Von jetzt an – mochten die Gelehrten auch spotten – war er überzeugt, daß Homer ihn zu den Schätzen der vorhellenischen Welt führen würde. „Da ich", schreibt Schliemann drei Tage später, „alle Gegenstände zusammen oder ineinander verpackt auf der Ringmauer fand, deren Bau Homer dem Neptun oder Apollo zuschreibt, so scheint es gewiß, daß sie in einer hölzernen Kiste lagen, wie solche in der *Ilias* im Palaste des Priamos erwähnt werden; das scheint um so gewisser, als ich unmittelbar neben den Gegenständen einen 10,5 cm langen kupfernen Schlüssel fand, dessen 5 cm langer und breiter Bart die größte Ähnlichkeit mit dem der großen Kassenschlüssel in den Banken hat..." (Dieser „Schlüssel", der kupferne Gegenstand, der zuerst Schliemanns Aufmerksamkeit auf sich zog, war, wie sich später herausstellte, ein Meißel aus Bronze.) Und er fuhr fort: „Vermutlich hat jemand aus der Familie des Priamos den Schatz in aller Eile in die Kiste gepackt, diese fortgetragen, ohne Zeit zu haben, den Schlüssel herauszuziehen, ist aber auf der Mauer von Feindeshand oder vom Feuer erreicht worden und hat die Kiste im Stiche lassen müssen, die sogleich fünf oder sechs Fuß hoch mit der roten Asche und den Steinen des danebenstehenden königlichen Hauses überschüttet wurde..."

Nachdem Schliemann zu seiner eigenen Befriedigung erklärt hatte, wie der Schatz an diese Stelle gekommen war, galt seine nächste Sorge der Frage, wie er aus dem Lande zu schaffen sei. Die Erlaubnis zum Ausgraben war nur unter der Bedingung erteilt worden, daß die Hälfte der Funde der türkischen Regierung überlassen würde. Aber jetzt, als Schliemann die Kostbarkeiten in den Händen hielt, brachte er es nicht über sich, auch nur einen Teil davon an Leute weiterzugeben, die ihren archäologischen Wert in keiner Weise würdigen konnten und sie höchstwahrscheinlich wegen ihres Goldgehaltes einschmelzen würden. Die Zolluntersuchungen waren in jenen Tagen noch weniger streng, und so gelang es den Forschern ohne große Schwierigkeiten, den gesamten trojanischen Schatz von der Türkei nach Athen zu schmuggeln.

Aber jetzt entstand ein noch schwereres Problem. Er hatte nun den Schatz, aber wie konnte er den Ruhm seiner Entdeckung genießen, wenn die gelehrte Welt nichts davon erfuhr? Und wenn es die Gelehrten wußten, so wußten es auch die Türken. Schliemann hatte seinen Plan. Er gab seine Entdeckung bekannt und gestattete einigen sachverständigen Persönlichkeiten, die Gegenstände zu untersuchen, so daß kein Zweifel an der Wahrheit seiner Aussagen aufkommen konnte. Als das Unvermeidliche geschah und sein Haus in Athen von Agenten des türkischen Gesandten durchsucht wurde, fand man überhaupt nichts. Die Schätze waren wohl verborgen in Körben und Truhen, in Scheunen und Ställen, in den Wohnungen und Bauernhöfen von Sophias zahlreichen Verwandten. Schliemann war ein wahrer Odysseus.

Doch für einige Zeit war seiner archäologischen Arbeit Einhalt geboten. Die den Türken hörige griechische Regierung leistete ihm keinen Beistand. Der Direktor der Universitätsbibliothek zeigte ihn sogar als Schmuggler an und verstieg sich zu der Beschuldigung, seine Funde stammten nicht von trojanischem Boden, sondern vom Trödler. Die Echtheit seiner trojanischen Entdeckungen wurde angezweifelt, und als er bei der griechischen Regierung um die Genehmigung ersuchte, in Mykenä im Peloponnes Ausgrabungen zu machen, legte man ihm Schwierigkeiten in den Weg. Das erste, was er zu hören bekam, war, daß nach griechischem Gesetz niemand das Recht habe, griechische Altertümer zu besitzen, auch nicht auf Lebensdauer. „Dann ändern Sie eben das Gesetz", sagte Schliemann, ein Vorschlag, der kühl entgegengenommen wurde. Er bot an, seine ganzen Entdeckungen, samt dem trojanischen Schatze, nach seinem Tode der griechischen Nation zu hinterlassen, vorausgesetzt, daß er zu seinen Lebzeiten behalten dürfte, was er ausgegraben hatte. Die Behörden blieben unerschütterlich. Im Jahre 1874 schlug er einen Kompromiß vor: er wollte Griechenland nach seinem Tode alles vermachen unter der Bedingung, wenigstens einen Teil während seines Lebens behalten zu dürfen.

In der Überzeugung, daß die Regierung sein Angebot annehmen würde, machten Schliemann und seine Frau einen zweitägigen Besuch in Mykenä, um das Gelände kennenzulernen. Aber die Behörden waren durch das Gerücht von Schliemanns Schatzgräberfähigkeiten in solche Unruhe versetzt, daß sie ihm in aller Eile einen Wichtigtuer aus Nauplia auf den Hals schickten mit dem Auftrag, sein Gepäck zu untersuchen und festzustellen, ob er irgend etwas weggezaubert hätte. „Dieser Mensch ist ein Schwindler", sagte der Direktor des Archäologischen Institutes und fügte noch die Behauptung hinzu, Schliemann sei imstande, in Mykenä Schätze zu finden (womöglich ohne danach zu graben), und sie dann mit seinen trojanischen Funden vermischt aus dem Lande zu schmuggeln.

Als der Beamte in Schliemanns Gepäck nichts fand außer einigen Tonscherben, entschuldigte er sich, doch der große Mann war wütend. Er drohte, Griechenland zu verlassen. Er wollte seine Ausgrabungen in Italien und Rußland machen, wo man ihn ehren würde und seine Verdienste für die Archäologie zu schätzen wüßte. Sophia, die ihre Heimat nicht verlassen wollte, überredete ihn zu bleiben, und endlich traf die Regierung eine Vereinbarung, die ihm erlaubte, in Mykenä zu graben: unter der Aufsicht der Archäologischen Gesellschaft von Griechenland, auf seine eigenen Kosten und unter der Bedingung, alles abzuliefern, was er finden würde. Die einzige Konzession, die sie ihm gewährten, war das ausschließliche Recht, über seine Entdeckungen zu berichten, aber dies hatte innerhalb von drei Jahren zu geschehen. Er mußte sich fügen.

Zwei Jahre vergingen, ehe er soweit war, daß er Agamemnons Burg in Angriff nehmen konnte. Zuerst hatte er einen

Prozeß mit den Türken auszutragen, den er verlor. Er mußte 10 000 Franken Kompensation zahlen. Statt dessen überreichte er dem Ministerium von Konstantinopel den fünffachen Betrag in der Hoffnung, die Behörden für sich zu gewinnen und die trojanischen Ausgrabungen fortsetzen zu dürfen. Zunächst bekam er keine Antwort, aber Schliemann konnte warten. Inzwischen wurde sein Buch „Trojanische Altertümer" veröffentlicht. In der Einleitung war die mutige, aber überoptimistische Ankündigung zu lesen:

„Wenn man sich aber einerseits hinsichtlich der Größe Trojas getäuscht sieht, so muß man doch andererseits eine hohe Genugtuung in der nunmehr erlangten Gewißheit empfinden, daß es wirklich ein Troja gab, daß dies Troja dem größten Teile nach von mir ans Licht gebracht ist, und daß die *Ilias* – wenn auch in übertriebenem Maßstabe – diese Stadt und die Tatsache ihres tragischen Endes besingt."

Aber Schliemanns fester Glaube, Priamos' Palast und das Skäische Tor gefunden zu haben, hatte die Skepsis der Fachgelehrten herausgefordert, wie auch Schuchhardt später in seinem maßgebenden Buche sagte: „Die Meinung der Ruhigdenkenden ging nach alledem durchweg dahin, daß, wenn auch eine uralte Ansiedelung auf Hissarlik zweifellos sei, doch die Reste derselben der von Homer geschilderten glänzenden Zeitperiode wenig entsprächen, daß Hissarlik kaum der damalige Vorort des Landes gewesen sein dürfte und man daher, ehe nicht weitere Grabungen stattgefunden hätten, als Troja immer noch das mit so scharfsinnigen und vielseitigen Gründen verteidigte Bunarbaschi gelten lassen müsse." Wie wir später sehen werden, hatten die „Ruhigdenkenden" doch unrecht, obwohl man sie kaum tadeln kann, wenn sie damals ihre Ansicht nicht ändern wollten.

Durch einflußreiche Freunde in Konstantinopel erreichte er schließlich im April 1876 einen *Ferman* (Genehmigung), um seine Ausgrabungen in Troja fortzusetzen. Aber er hatte nicht mit der orientalischen Fähigkeit, Verzögerungen herbeizuführen, gerechnet. Er wurde zwei Monate lang in der Dardanellenstadt aufgehalten unter dem Vorwand, sein *Ferman* bedürfe einer Bestätigung. Als er endlich anfangen durfte, sandte der örtliche Gouverneur Ibrahim Pascha einen Beauftragten nach Hissarlik, der alles tat, was in seiner Macht stand, um Schliemann hinderlich zu sein. Ein neues Beispiel für die kleinliche Verfolgung des Genies durch das Beamtentum. Schliemann wehrte sich, indem er die Ausgrabungen abbrach und einen scharfen Artikel in der *Times* schrieb, der den Pascha im Konflikt mit den Interessen der Kulturwelt zeigte. Ibrahim sah sich kurz darauf in eine andere Provinz versetzt.

Als Schliemann im Oktober 1876 diese erfreuliche Nachricht erhielt, interessierte Troja ihn nicht mehr. Denn er hatte in einem einsamen Tale des Peloponnes eine Entdeckung gemacht, die seine trojanischen Triumphe noch übertraf. Diesmal mußten sogar die skeptischsten Gelehrten aufhorchen. In der ganzen zivilisierten Welt, in den Wandelhallen der Universitäten, in Fachzeitschriften und in den großen Tageszeitungen, überall stand ein neuer homerischer Name im Mittelpunkt des Interesses: Mykenä.

Viertes Kapitel

„*GOLDENES MYKENÄ*"

„Wächter: Ich wollte, daß die Götter dieser Plage
        Ein Ende machten! Schon ein ganzes Jahr
      · Lieg ich als Wächter hingestreckt hier oben
        Auf diesem Hause, der Atreiden Wohnung[1],
        Recht wie ein treuer Hund. Ich kenne längst
        Das Heer der nächtigen Stern' und jene beiden,
        Die strahlend herrschen hoch am Firmament
        Und Tag und Nacht und Frost und Hitze spenden.
        Und immer laur' ich auf die Flammenzeichen,
        Die Feuerbrände, die vom Troierlande
        Die Siegesbotschaft uns verkünden sollen,
        Auf welche meiner Herrin männlich Herz
        Noch immer sicher rechnet."

Mit diesen Worten beginnt Äschylos' große Tragödie
„Agamemnon" – wohl der ergreifendste Anfang, den je ein
Dramatiker geschaffen hat. Hoch über der Zitadelle von
Mykenä hält der Wächter Ausschau, jetzt schweift sein müder
Blick über das nachtbedeckte Tal zum Meere und den dahin-
ter liegenden Bergen. Auf diesen Gipfeln hofft er endlich das
Feuerzeichen zu sehen, womit die Griechen ihrer Heimat den
Fall des fernen Troja verkünden wollten.

---

[1] Agamemnon und Menelaos waren die Söhne des Atreus, daher werden
sie „Atreiden" genannt. Hier handelt es sich um Agamemnons Haus.

„Chor: Schon das zehnte der Jahre verrauschte bereits,
Seit Priamos' Gegner Menelaos einst
Und der Fürst Agamemnon, beide von Zeus
Mit dem Szepter geschmückt, mit dem Throne
geehrt,
Auszogen die Brüder, vereinigt zum Streit…"

So singt der Chor. Jetzt flammt das Signal auf, und der
Wächter begrüßt es mit einem Freudenschrei:

„Ha – Wonne! Strahl der Nacht! Sei mir gegrüßt!
Glorreichen Tag entzündest du! Dir jubelt
Tanzend entgegen alles Volk von Argos!
Triumph! Triumph!"

Obwohl Äschylos seine Tragödien in der klassischen Zeit
des Griechentums schrieb, also im 5. Jahrhundert v. Chr., so
waren die Geschehnisse doch dem „Epischen Zyklus" entnommen, der in einem früheren Kapitel erwähnt wurde; er
bevorzugte dabei die sogenannten „Rückreisen", welche die
Abenteuer der von Troja heimkehrenden achäischen Helden
beschreiben. Die berühmteste „Rückreise" war die des „Völkerfürsten" und mykenischen Königs Agamemnon, der
durch sein verräterisches Weib und ihren Geliebten Ägisthos
ermordet wurde. Als der Wächter die Ankunft ihres Herrn
meldete, faßte Klytämnestra den Plan, Agamemnon zu ermor-
den. So wollte sie ihre Tochter Iphigenie rächen, die den Göttern geopfert worden war, um günstige Winde für die Fahrt
nach Troja zu erflehen. Bei der Heimkehr wurden der arglose
König und seine Gefährten beim Mahle ermordet. Nach einer
anderen Fassung erschlug Klytämnestra den Gatten im Bade.
In den späteren Zeiten der griechisch-römischen Kultur

wurden die Epen nicht als Legenden, sondern als historische Berichte aufgefaßt, und so galt Mykenä selbstverständlich als der Schauplatz der bekannten Mordtaten. Wenn es auch in Trümmern lag, so waren doch die „Zyklopenmauern" und die riesigen, leeren „Bienenkorb-Gräber" noch erhalten, die gelegentlich von griechischen und römischen Reisenden besucht wurden. Der griechische Historiker Pausanias, der im 2. Jahrhundert n. Chr. lebte, sah und beschrieb Mykenä:

„Es sind übrigens von der Mauer noch Reste und *das Tor vorhanden; über ihm stehen Löwen.* Auch dieses sollen Werke der Zyklopen sein, welche dem Proitos die Mauern in Tiryns bauten. In den Trümmern von Mykenä ist ein Brunnen, Perseia genannt, und unterirdische Gemächer des Atreus und seiner Söhne, worin sie ihre Schätze aufbewahrten. Gräber sind dort, für Atreus und für alle die, welche, als sie mit Agamemnon aus Ilion zurückgekehrt waren, Ägisthos beim gastlichen Mahle mordete…" „Ein anderes Grab ist da für Agamemnon, eins für seinen Wagenlenker Eurymedon, ein gemeinschaftliches für Teledamos und Pelops – Kassandra soll diese als Zwillinge geboren haben; Ägisthos schlachtete aber die Kinder zu den Eltern – und für die Elektra…" „Klytämnestra und Ägisthos wurden in einiger Entfernung von der Stadtmauer begraben; *sie wurden für unwürdig gehalten, im Innern begraben zu werden, wo Agamemnon ruht und diejenigen, die mit ihm getötet wurden."*

Ich habe den letzten Satz hervorgehoben, weil er Schliemann gewissermaßen zu seinem Triumph in Mykenä verhalf. Schliemann war natürlich bis ins letzte mit allen epischen und klassischen Erwähnungen der Atridenburg vertraut. Es war ihm zum Beispiel aufgefallen, daß Homer Mykenä immer mit einem Epitheton wie „goldreich", „golden" oder „prächtig" begleitet. Homer gebrauchte, wie alle epischen Dichter, ganz bestimmte Beiwörter, und sie waren vortrefflich gewählt. (Schliemann wußte, welche Bewandtnis es mit dem „windumwehten" Troja hatte.) Nannte der Dichter Mykenä „golden", so mußte er einen triftigen Grund dafür haben. Und war das Gold noch vorhanden, so mußte Heinrich Schliemann es finden. Im August 1876 hielt er seinen Einzug in das weltabgeschiedene, winddurchbrauste Tal, das sich zur Ebene von Argos hinabsenkt. Er schlug sein Hauptquartier im benachbarten Dorfe auf, warb Arbeiter an und begann auszugraben.

Die charakteristischsten Züge der mykenischen Landschaft, so wie Pausanias sie sah, wie Schliemann sie sah und wie wir sie heute noch sehen, sind folgende:

a) Ein enges Tal, im Süden vom Meere und der Ebene von Argos begrenzt, nach Norden zu einer Hügelkette aufsteigend. Über diese Hügel führten Straßen nach Korinth und anderen nördlich gelegenen Zentren.

b) Ungefähr am Ausgang des Tales, zwischen zwei hohen Bergen, liegt ein kleiner steiler Hügel, der von einem starken Mauerring gekrönt ist. „Gekrönt" beschreibt in diesem Fall aufs genaueste die Art, wie der Hügel die Mauern trägt, nämlich wie ein menschliches Haupt eine Krone. Das innerhalb der Mauern liegende steile Gelände, mit seinem fast flach abgeschorenen Gipfel, betrachtete Schliemann als die *Zitadelle* oder *Akropolis*.

c) Im Westen ist der aus riesenhaften, ungemörtelten Blöcken zusammengefügte Mauergürtel durch ein herr-

liches Tor unterbrochen, über dem ein steinernes Stand-
bild mit zwei aufrecht sitzenden Löwen angebracht ist.
Dies ist das berühmte *Löwentor*.

d) In einem Teil des Tales südlich der Zitadelle und in
einem größeren Gebiet im Südwesten liegen die „*Tholos*-
Gräber", die auch „Schatzhäuser" heißen und deren
größtes das sogenannte „*Schatzhaus des Atreus*" ist. Im
nächsten Kapitel sollen diese Bauwerke eingehender
beschrieben werden. Die umfangreichen steinernen
Kammern sind in Form von riesigen Bienenkörben aus
dem Hang herausgeschält, und zu jeder einzelnen führt
ein geradliniger, „Dromos" genannter Gang. Das ganze
Gelände, in dem die „Tholos"-Gräber vorkommen, enthielt früher die Behausungen der einfachen Mykenier,
welche außerhalb der Burg lebten.

Hält man sich das alles vor Augen, so wird man Schliemanns Scharfsinn um so mehr würdigen. Er war nicht der
erste, der in Mykenä Ausgrabungen machte. Lord Elgin war
vor ihm dagewesen und hatte einen Teil des säulengeschmückten Einganges zum „Schatzhaus des Atreus" entfernt. Er ist
noch heute im Britischen Museum zu sehen. Lord Sligo und
ein Türke namens Veli Pascha hatten auch gegraben, aber alle
am falschen Platz.

Wenn die Fachgelehrten Schliemanns Glauben an die Wahr-
heitstreue von Homers Schilderungen nicht teilten, so nahmen
sie Pausanias' „Reiseführer" schon ernster. Er hatte allerdings
Mykenä dreizehnhundert Jahre nach dem überlieferten Datum des trojanischen Krieges besucht, als Mykenä eine sagen-
umwobene Trümmerstätte war, und es lag kein Grund vor
zu bezweifeln, daß ihm Gräber gezeigt worden waren oder

zum mindesten heilige Bezirke, welche die Lokaltradition Agamemnon, Klytämnestra und den übrigen zuschrieb. Aber wenn die Gelehrten aus Schliemanns Zeit gefragt wurden, wo diese Gräber liegen könnten, so vermutete sie ihre Phantasie immer außerhalb der Burgmauern. Wie ließ sich aber diese Behauptung mit dem letzten Satz von Pausanias' oben angeführter Beschreibung vereinbaren?

„Klytämnestra und Ägisthos wurden in einiger Entfernung von der Mauer begraben, denn sie wurden für unwürdig gehalten, *im Innern begraben zu werden, wo Agamemnon ruht und diejenigen, die mit ihm getötet wurden.*"

Die Gelehrten waren der Ansicht, Pausanias könne mit der „Mauer" nicht die sogenannte Zyklopenmauer, die den Berggipfel umgab, gemeint haben. Warum nicht? Weil diese Mauern nur einen verhältnismäßig kleinen Raum einfaßten, der zur Hauptsache aus nackten, steilabfallenden Felsen bestand und für eine Begräbnisstätte völlig ungeeignet war. Nein, Pausanias mußte eine zweite Mauer gesehen haben, die ein viel größeres Gebiet außerhalb der Zyklopenmauer umgrenzte und seither verschwunden war. Zweifellos hatte Pausanias die leeren „Tholos-Gräber" gesehen – seltsame bienenkorbförmige Bauten, auch Schatzhäuser genannt, die schon Jahrhunderte vor seiner Zeit ausgeplündert worden waren.

Aber diese Erklärung leuchtete Schliemann nicht ein. Er schrieb:

„...daß er (Pausanias) einzig und allein die Mauer der Zitadelle im Auge hatte, davon zeugt seine Angabe, daß das Löwentor in der Mauer sei. Allerdings spricht er darauf von den Trümmern von Mykenä, in welchen er die

Quelle Perseia und das Schatzhaus des Atreus und seiner Söhne sah, unter denen er nur das oben beschriebene, wirklich in der untern Stadt befindliche Schatzhaus und vielleicht einige der kleinern Schatzhäuser in der Vorstadt verstehen kann. Da er aber weiterhin wiederum sagt, daß die Gräber der Klytämnestra und des Ägisthos in einer kleinen Entfernung außerhalb der Mauer seien... wo Agamemnon und seine Gefährten ruhten, so kann durchaus kein Zweifel darüber obwalten, daß er nur die riesigen zyklopischen Mauern der Zitadelle im Auge hatte. Außerdem konnte Pausanias nur von solchen Mauern sprechen, die er sah, und nicht von solchen, die er nicht sah... Er konnte die Mauer der untern Stadt nicht sehen, denn sie war von Anfang an nur sehr dünn gewesen und 638 Jahre vor seiner Zeit zerstört[1]." „Aus diesen Gründen habe ich die obige Stelle im Pausanias stets in dem Sinne verstanden, daß die fünf Gräber in der Akropolis selbst sind."

Möglicherweise war es gerade Schliemanns Entschluß, in dem scheinbar völlig nackten Boden zu graben, der die griechische Regierung bewog, ihn überhaupt gewähren zu lassen. Die Griechische Archäologische Gesellschaft, die der Regierung Beraterdienste leistete, war von der eifersüchtigen Sorge erfüllt, Schliemann könne den eigentlich ihr gebührenden Ruhm ernten. Aber als der närrische Ausländer kundgab, daß er dort graben wolle, wo bestimmt nichts zu finden war, gaben sie schmunzelnd ihre Zustimmung. Trotzdem ließen sie ihn von einem „Ephoren" namens Stamatakis beaufsichtigen, der dafür sorgen mußte, daß die von der Gesellschaft

---

[1] 468 v. Chr., als Mykenä von den Argivern zerstört wurde.

gestellten Bedingungen eingehalten würden; das heißt, es durfte nur eine beschränkte Anzahl von Arbeitern gleichzeitig beschäftigt werden, damit der Ephor die Übersicht nicht verlieren und jeden Fund sogleich abliefern könne.

Schliemann begann in der Nähe des Löwentores. Natürlich war Sophia dabei, und sie beschäftigten zunächst nur dreiundsechzig Arbeiter. Er hatte dieses Gelände gewählt, weil Probeschächte eine ansehnliche Erdschicht gezeigt hatten, und außerdem war man auf zwei zyklopische Hausmauern und eine unbehauene Platte, die einem Grabstein glich, gestoßen. Auch fand man eine Anzahl weiblicher Idole und einige Kühe aus Terrakotta. Mit großer Mühe wurde ein Durchgang durch das Löwentor geschaffen, das mit schweren Steinen ausgefüllt war. Hinter dem Tore, auf der linken Seite, kam eine kleine Kammer zum Vorschein, wahrscheinlich die Behausung des Türhüters. „Das Zimmer ist nur viereinhalb Fuß (1,5 m) hoch und würde nicht nach dem Geschmack unserer jetzigen Torwächter sein, aber im heroischen Zeitalter war Komfort unbekannt, besonders bei den Sklaven, und weil er unbekannt war, wurde er nicht vermißt."

Bei den weiteren Ausgrabungen innerhalb der Burg förderte Schliemann zunächst Mauern zutage. Da sie offenbar jüngeren Datums waren, wollte er sie in seiner ungestümen Weise beseitigen, um zu den älteren Bauten durchzustoßen. Nun begann der Kampf mit Stamatakis, dem Ephoren. Stamatakis schrieb seinen Vorgesetzten Briefe voll pathetischer Anklagen:

„Vor einigen Tagen fand er eine Mauer über einer anderen Mauer liegend und wollte die obere abreißen; ich habe es ihm verboten, und er hat aufgehört. Am nächsten

Morgen, als ich nicht da war, hatte er die Mauer abgerissen und die untere freigelegt."

Als der Ephor sich bei Sophia beklagte, antwortete sie ihm scharf, ihr Gatte sei ein gelehrter Mann, der wisse, was er zu tun habe, während er, Stamatakis, kein gelehrter Mann sei und am besten täte, seinen Mund zu halten. Die Zahl der Arbeiter nahm zu, entgegen den Bestimmungen der Gesellschaft, und da dies die Arbeit beschleunigte, konnte Stamatakis nicht mehr alles gleichzeitig überwachen. Seine Briefe wurden immer aufgeregter:

„Wenn wir griechische oder römische Vasen finden, sieht er sie mit Abscheu an, und wenn eine solche Scherbe in seine Hände kommt, läßt er sie fallen... Er behandelt mich, als wäre ich ein Barbar... Ist das Ministerium mit mir nicht zufrieden, so bitte ich, mich abzuberufen..."

Zu diesem Zeitpunkt hatte Schliemann eine höchst bedeutsame Entdeckung gemacht. In einer Entfernung von 13 m innerhalb des Löwentores, unweit der zyklopischen Ringmauer, hatte er einen Graben von 37 m² gezogen, und nun zeigte sich ein Kreis von aufrecht stehenden Steinplatten, dessen Durchmesser 29 m betrug. Der Erdboden im Innern des Kreises war in alten Zeiten eingeebnet worden, und in diesem Raum wurde nun eine steinerne Stele gefunden, wie sie im Altertum auf Gräbern aufgestellt wurden. Die stark beschädigte Platte zeigte Spuren eines Reliefs, dessen Motiv nicht zu erkennen war. Aber bald darauf wurde ein zweiter Grabstein gefunden – und dann ein dritter. Diese beiden waren in besserem Zustand, und ihre gut erhaltenen Reliefs stellten Krieger in Kampfwagen dar.

Der nächste Fund war ein kreisförmiger, steinerner Altar mit weiter Öffnung wie bei einem Brunnen. Schliemann erklärte, die Öffnung habe dazu gedient, das Opferblut den in der Tiefe liegenden Toten zuzuleiten. Er verkündete auch, die Szenen auf den Stelen stellten homerische Krieger dar, der Kreis von Steinplatten habe die Agora (öffentlicher Versammlungsplatz einer Stadt) umschlossen, und unter den Stelen – vielleicht in einer gewissen Tiefe – befänden sich wahrscheinlich Gräber. In der erbarmungslosen Julisonne, staub- und schweißbedeckt, gruben die Arbeiter weiter. Und während Heinrich und Sophia ihre Leute beaufsichtigten, versuchte der gekränkte kleine Ephor, halb tot vor Müdigkeit, alles im Auge zu behalten.

Es wurden immer mehr Grabsteine gehoben, manche mit Ornamenten oder Skulpturen von Jagd- und Kampfszenen, andere unbehauen. Sie wurden sorgfältig weggeräumt, nachdem man sie von Erde und Geröll befreit hatte. Bei weiterem Vordringen wurden immer ältere Steinmonumente gefunden, in einer noch tieferen Lage als die der Grabsteine. Jetzt war die dicke Oberflächenschicht durchstoßen und der feste Felsen erreicht. Und nun kam ein aufregender Augenblick für Schliemann und Sophia. An einer Stelle wurde ein Einschnitt sichtbar. Die Spaten schafften die letzten Erdreste aus dem Wege, und da war zweifellos der Eingang eines senkrecht in den Felsen eingelassenen Schachtes, dessen Tiefe noch nicht abzuschätzen war. Sie waren voll freudiger Erregung. Das erste der Schachtgräber war entdeckt!

Von Heinrich, Sophia und dem Ephor ängstlich überwacht, fingen die Arbeiter nun an, sorgfältig das Erdreich abzutragen, wobei jede Schaufelvoll genau auf ihren vielleicht aufschlußreichen Inhalt hin geprüft wurde. Die Männer arbeiteten außer Sichtweite in einer Tiefe von 5 m unter der Oberfläche des Felsens, als Sophias scharfe Augen in der Erde etwas aufleuchten sahen. Sie hob einen kleinen Gegenstand vom Boden auf und wischte den Lehm ab. Es war ein goldener Ring.

Die Arbeiter weitergraben zu lassen, war zu gewagt, und so wurden sie augenblicklich weggeschickt. Plaudernd und Vermutungen austauschend schlenderten sie durch das Löwentor, während die beiden Forscher und der Ephor Stamatakis ihnen nachsahen, wie sie die Straße ins Tal hinabzogen. Von jetzt ab, wo es um das Ausräumen eines Grabes (des ersten von mehreren) ging, mußten die drei ihre Arbeit alleine verrichten. Kniend kratzten sie vorsichtig jede Erdschicht mit dem Taschenmesser weg, und da Heinrich jetzt schon Mitte fünfzig war, mußte seine junge Frau einen großen Teil seiner Aufgabe übernehmen.

Wer den Reiz von Schliemanns mykenischer „Saga" voll auskosten will, muß sein großes Werk „Mykenä" lesen. Es fesselt durch seine archäologischen Schilderungen ebenso wie durch seine Fülle von persönlichen Anekdoten. Ich kann hier nur die dramatischsten Augenblicke jener wenigen Sommerwochen im Jahre 1876 festhalten, während derer die gesamte Kulturwelt Schliemanns Taten ebenso atemlos verfolgte wie eine spätere Generation die Taten von Howard Carter, als er Tut-anch-Amons Grab entdeckte. – Schliemann und seine Frau fanden im ganzen fünf Gräber und Stamatakis ein sechstes; alle lagen innerhalb des Kreises von steinernen Tafeln, den Schliemann zuerst für eine Agora gehalten hatte. In Wirklichkeit war es ein „Gräberkreis", der aufgeführt wurde, um die Begräbnisstätte als Heiligtum abzusondern.

Alle Gräber waren rechteckige Schächte mit unterschiedlichen Tiefen von 1 bis 4,5 m und Längen von etwa 3 bis 6,5 m. In diesen Grabstätten lagen die Überreste von neunzehn Menschen: Männern, Frauen und zwei kleinen Kindern. Die meisten waren buchstäblich mit Gold überladen. Ich zitiere Professor Wace's zusammenfassende Beschreibung[1]:

„Goldene Masken bedeckten das Gesicht der Männer und ihre Brust war mit goldenen Platten gepanzert. Zwei Frauen trugen goldene Stirnbänder, eine andere ein prachtvolles goldenes Diadem. Die beiden Kinder waren in Goldblech gehüllt. Bei den Männern lagen Schwerter, Dolche, goldene und silberne Trinkbecher und andere Geräte. Den Frauen waren kleine Dosen und Tuchnadeln aus verschiedenen Edelmetallen beigegeben, und ihre Kleider waren mit goldenen Scheiben geschmückt, auf denen Bienen, Tintenfische, Rosetten und Spiralen dargestellt waren. Es war entschieden einer der reichsten archäologischen Funde, die je gemacht wurden."

Reich war er, aber seine Pracht hatte nichts Barbarisches. Viel bedeutsamer als das hohe Gewicht an Edelmetallen war der künstlerische Wert der Schätze. Diese Gestaltungskraft konnte nur in einer alten Kultur gereift sein. Zu den schönsten Gegenständen gehörten zwei bronzene Dolchklingen mit Figuren aus eingelegtem Golde. Die eine zeigt eine Löwenjagd[2]. Das verwundete Tier wendet sich nach den lanzenbewaffneten Jägern um, die riesige Schilde in 8-Form tragen. Auf einer anderen Klinge ist eine stilisierte Flußlandschaft, vermutlich am Nil, dargestellt. Wildkatzen schleichen

[1] Aus seinem Buche *Mykenä*.
[2] Siehe Tafel 15.

durch Papyrusgebüsch am Ufer eines gewundenen Flusses, während aufgescheuchte Vögel vor ihnen entfliehen. Beide Dolchklingen beweisen spielende Bemeisterung der künstlerischen Technik, denn die komplizierten Motive sind geschickt auf dem schmalen Raum untergebracht und die Einlegearbeit zeugt von hohem handwerklichen Können.

Es fanden sich noch viele ebenso schöne Klingen. Auf einer bronzenen Schwertklinge sah man rennende Pferde, auf einer Dolchklinge Löwen; Lilien aus Gold und Elektron zierten die Rückseite. Die Schwertgriffe trugen reiche Goldornamente und waren mit goldenen Nieten an den Klingen befestigt.

Die Frauengräber enthielten goldene Diademe mit Kreisen, Spiralen und anderen Motiven in erhabener Arbeit. Auch sternförmig angeordnete goldene Blätter (als Kleiderschmuck), Armbänder, Ohrringe, Haarnadeln und winzige Goldfiguren von Menschen und Tieren wurden gefunden. Auf Goldperlen und Siegelringen waren kleine Szenen mit weiblichen Figuren dargestellt, die Frauen hatten schlanke Taillen, elegant frisiertes Haar und weite Faltenröcke in der Art der Viktorianischen Krinolinen; aber weiter ging die Ähnlichkeit nicht, denn die engen Mieder ließen die Brust unbedeckt.

All diese Kostbarkeiten hatten während fünfunddreißig Jahrhunderten unter dem Schutze des dürren Hügels geruht. Der Sturm von fünf Eroberungszügen war spurlos darüber hinweggegangen. Dorier, Römer, Goten, Venezianer und Türken waren gekommen, kurz geblieben und wieder fortgezogen. Mykenä hatte 3500 Jahre lang sein Geheimnis gehütet.

Bei der Entdeckung konnte Schliemann das Alter der Gegenstände nicht genau bestimmen. Für ihn waren sie unanfechtbar homerischen Ursprungs und rechtfertigten daher in triumphaler Weise seine Überzeugung. Der Höhepunkt seiner Arbeit war erreicht, und er schwelgte förmlich darin:

„Zum ersten Mal seit ihrer Eroberung durch die Argiver im Jahre 468 v. Chr.", schrieb er, „also zum ersten Mal seit 2344 Jahren, hat die Akropolis von Mykenä wieder eine Garnison, deren Wachtfeuer bei Nachtzeit in der ganzen Ebene von Argos sichtbar sind, uns an Wachtposten erinnernd, die unterhalten wurden, um Agamemnons Rückkehr von Troja zu verkünden, und an jenes Signal, welches Klytämnestra und ihren Geliebten vor seinem Herannahen warnte. Diesmal aber ist der Zweck der Besatzung friedlicher Natur, denn dieselbe soll nur dazu dienen, den Landleuten Scheu einzuflößen und sie zu verhindern, heimlich Ausgrabungen zu machen."

Sein Glaube an Homers Troja hatte ihn zur Entdeckung von „Priamos' Schatz" geführt. Und jetzt hatte ihn der Glaube an Pausanias' Zuverlässigkeit die Leichen des Agamemnon und seiner Gefährten finden lassen. Denn daß es sich um diese handelte, davon war er überzeugt, und er blieb mit dieser Anschauung nicht allein. Sogar Gelehrte, die vorher skeptisch gewesen waren, gaben jetzt zu, daß der deutsche Dilettant das Recht auf seine Seite gebracht hatte. Die nähere Untersuchung der Schätze aus den Schachtgräbern ergab in der Tat auffallende Zusammenhänge mit Homers Schilderungen. In einem früheren Kapitel wies ich auf den großen homerischen Langschild hin, den Aias „wie einen Turm" vor sich hielt, während Hektors Schild beim Gehen an Nacken und Knöchel schlug. Auf den mit Gold eingelegten Dolchklingen

Siegelring oder Gemme, Homerischer Körperschild, Schachtgräber Mykenä

waren die Löwenjäger mit Schilden in 8-Form abgebildet,
die den ganzen Leib bedeckten. (Siehe Seite 120.) Schliemann
hob ein anderes Beispiel hervor, nämlich einen Siegelring mit
Darstellung einer Kampfszene:

> „Der dritte Krieger scheint die Flucht ergriffen zu haben:
> wir sehen nur den Kopf und die Füße, der Rest des Körpers
> ist *mit einem riesigen Schilde von ganz besonderer Form verdeckt,*
> *der, wenn der Mann aufrecht stände, seinen ganzen Körper von*
> *Kopf zu Fuß bedecken würde.*"

Die homerischen Beschreibungen von Schilden, für die es
weder zu Homers eigener Zeit (900–800 v. Chr.) noch in der
klassischen Zeit Parallelen gab, hatten ganzen Gelehrtengenerationen ein Rätsel aufgegeben. Jetzt wurde es zum erstenmal gelöst.

Im vierten Grabe fand Schliemann einen goldenen Becher
von ganz ungewohnter Form: er hatte einen Fuß und zwei
Henkel, auf denen sich zwei goldene Tauben gegenübersaßen.
Der untere Teil jedes Henkels war durch eine flache Platte mit
dem runden Fuß verbunden. Bei diesem Gegenstand erin-

nerte sich der Entdecker an die Beschreibung des goldenen
Bechers, in den Nestor für Machaon und sich selbst Pramni-
schen Wein gießt (Ilias XI. Gesang):

„...aber der Henkel
Waren vier, und umher zwei pickende Tauben an jedem,
Schön aus Golde geformt..."

Das Argumentieren über „Nestors Becher" hat bis heute
kein Ende gefunden. Die Parallele ist naheliegend, und doch
bestehen bedeutsame Unterschiede, so zum Beispiel hat
Homers Becher vier Henkel und ist viel größer. Aber für
Schliemann war es der Becher des alten Pylischen Königs.

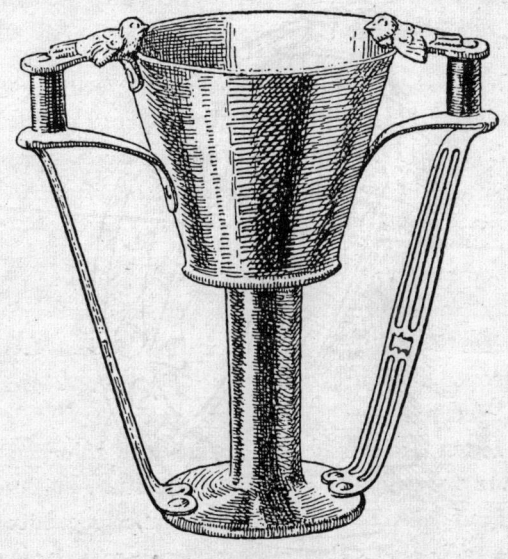

Nestors Becher

Die bemerkenswerteste Parallele, die kein Skeptiker widerlegen kann, liefert der Helm mit den Eberzähnen. Im vierten Grabe wurden sechzig Eberzähne gefunden. „... von allen ist die Wurzelseite vollkommen platt geschnitten und hat zwei Löcher, die dazu gedient haben müssen, sie an einem andern Gegenstande, vielleicht an Pferdegeschirr, zu befestigen. Wir sehen jedoch in der *Ilias* (X, 261–265), daß sie auch als Schutz oder Schmuck der Helme gebraucht wurden." Später fanden Schliemann und andere Archäologen noch viele solche Ornamente und auch Elfenbeinplättchen mit Darstellungen von Kriegern, deren Helme (wahrscheinlich aus Leder oder Haut) mit Eberzähnen geschmückt sind, genau wie die in den

Mykenä. Helm mit Eberzähnen

Gräbern vorhandenen. Nun betrachte man folgende Stelle der *Ilias*. Im X. Gesang ist die herrliche nächtliche Szene – die sogenannte Doloneia – geschildert, bei der Odysseus und Diomedes, der „Rufer der Schlacht", sich verkleiden, um das trojanische Lager zu erkunden. Ihre Gefährten leihen ihnen Waffen und Rüstung:

> „Aber Meriones gab dem Odysseus Bogen und Köcher,
> Samt dem Schwert; und bedeckte des Königes Haupt mit
> dem Helme,
> Auch aus Leder geformt: inwendig mit häufigen Riemen
> Wölbt er sich, straff durchspannt; und auswärts schienen
> *die Hauer*
> *Vom weißzahnigen Schwein, und starreten hiehin und dorthin,*
> *Schön und künstlich gereiht…"*

Offensichtlich war der Helm eine Sehenswürdigkeit sogar zur Zeit des trojanischen Krieges, denn der Dichter sagt:

> „Einst aus Eleon hatt' Autolykos diesen erbeutet,
> Stürmend den festen Palast des Hormeniden Amyntor;
> Jener gab dem Kytherer Amphidamas ihn gen Skandeia;
> Aber Amphidamas gab zum Gastgeschenk ihn dem Molos;
> Dieser gab ihn Meriones drauf dem Sohne zu tragen;
> Und nun barg er umher Odysseus Haupt zur Beschützung."

Schliemann mußte natürlich zugeben, daß viele von ihm gefundene Gegenstände einer Gattung angehörten, die bei Homer nie beschrieben wird. Es gab da drei charakteristische Arten, die Schliemann nur zugleich mit anderen aufzählt, die aber sehr bedeutsam waren im Zusammenhang mit den späteren kretischen Funden. Ich erwähne sie deshalb kurz. Im vierten Grabe fand Schliemann:

„…einen silbernen Kuhkopf mit zwei langen goldenen Hörnern. Er hat eine schön verzierte goldene Sonne von zweieinfünftel Zoll im Durchmesser auf der Stirn… Auch fand ich dort die beiden, von sehr dünnem Goldblech gefertigten Kuhköpfe, die eine doppelte Axt zwischen den Hörnern haben…"

Die dritte und meist vorhandene Art von Gegenständen waren Siegel; diese traten bald an Siegelringen auf, bald bestanden sie aus abgeflachten Kugeln aus Halbedelstein (von manchen Gelehrten „Gemmen" genannt), die häufig mit winzigen, lebendig gestalteten Szenen in Intaglio geschmückt waren. Diese Miniaturbilder waren es in der Hauptsache, die Schliemann und späteren Forschern den Schlüssel zum Leben der alten Völker lieferten. Einige Szenen hatten ausgesprochen religiösen Charakter; andere schilderten die Jagd und den Kampf. Wir haben schon festgehalten, wie Schliemann eine Darstellung des „Langschildes" beschreibt. Im folgenden handelt es sich um ein anderes Siegel, auf dem er den Kampf zwischen Hektor und Achilles zu sehen glaubt (Ilias XXII. Gesang):

„Das Intaglio auf dem folgenden kleinern Schieber stellt zwei Krieger dar, welche in mörderischem Zweikampf begriffen sind; der eine, links vom Beschauer, ist ein kraftvoller, großer, bartloser junger Mann mit unbedecktem Kopf; nur seine Hüften sind bekleidet, der übrige Körper ist nackt; er stützt das ganze Gewicht des Körpers auf seinen vorgestellten linken Fuß und hat gerade mit der emporgehobenen rechten Hand sein zweischneidiges Schwert in den Hals des Gegners gestoßen… Am Körper des verwundeten Kriegers sehen wir einen runden Schild mit einem Kreise kleiner Punkte, die wahrscheinlich den Glanz des Erzes andeuten sollen…" (Hier irrte er; die Schilde waren aus Leder.) „Ich möchte die Frage aufwerfen, ob wir hier in dem kraftvollen, schönen jungen Mann nicht Achilles, den Schönsten des ganzen griechischen Heeres, und in seinem Gegner den ‚helmumflatterten Hektor'… vorgeführt sehen, denn gerade so wie es auf diesem Schieber dargestellt ist, wurde letzterer von ersterem im Zweikampf durch einen Stoß in den Hals getötet."

Nacht für Nacht, wenn die tägliche Ausgrabungsarbeit vorüber war und die Wachtfeuer der Soldaten auf der mykenischen Akropolis leuchteten, neigten sich Heinrich und Sophia über die neuesten Entdeckungen, wogen die schweren goldenen Becher ab, bewunderten die Schüsseln aus Silber, Alabaster und Fayence, betrachteten durch Vergrößerungsgläser die bezaubernden, rätselhaften Szenen auf den Siegelsteinen und versuchten die längst verblichene Welt, die sie wiederentdeckt hatten, zu verstehen.

Für Schliemann gab es keinen Zweifel, daß er Homers Welt gefunden hatte – die Welt der *Ilias*. Waren es denn nicht die Gräber des Agamemnon, der Kassandra, des Eurymedon und ihrer Gefährten – aller jener beim verhängnisvollen Gastmahl von Ägisthos Erschlagenen, die er entdeckt hatte? Wer konnte daran zweifeln? Eurymedon war Agamemnons Wagenlenker: auf den Grabstelen waren Kampfwagen dargestellt. Pausanias hatte fünf Gräber erwähnt. Schliemann hatte fünf Gräber gefunden. Kassandra hatte Zwillingen das Leben geschenkt und war mit ihnen zusammen getötet worden: in einem der Gräber lagen zwei in Gold gehüllte Kinderleichen.

„Die Gleichheit der Begräbnisweise, die vollkommene Ähnlichkeit aller Gräber, ihre sehr große Nähe aneinander, die Unmöglichkeit anzunehmen, daß drei oder fünf unermeßlich reiche königliche Personen, die in langen Zwischenräumen verstorben waren, in einem und demselben Grabe zusammen geworfen seien, endlich die große Ähnlichkeit aller Schmucksachen, ...alle diese Tatsachen sind ebenso viele Beweise, daß die zwölf Männer, drei Frauen und vielleicht zwei Kinder gleichzeitig ermordet und gleichzeitig verbrannt worden sind..." (In den Gräbern waren Feuerspuren zu sehen.)

Mit leidenschaftlicher Überzeugung grub er das fünfte, in seinen Augen letzte Grab aus[1]. Und wie in Troja fand er, was er am glühendsten ersehnt hatte. In dem Grabe lagen drei männliche Leichen, ihre reich eingelegten Waffen an der Seite, goldene Platten auf der Brust und goldene Masken auf dem Antlitz. Als die Maske vom Gesicht des ersten Mannes abgehoben wurde, zerfiel der Schädel durch die Einwirkung der Luft; dasselbe geschah mit der zweiten Leiche.

„Aber von dem dritten, am Nordende des Grabes gelegenen Körper war das runde Gesicht mit allem Fleisch wunderbar unter der schweren goldenen Maske erhalten; man sah keine Spur von Haar, jedoch waren beide Augen deutlich sichtbar, ebenso der Mund, der unter der auf ihn drückenden großen Last weit geöffnet war und alle seine 32 schönen Zähne zeigte.

[1] Nach Schliemanns Weggang entdeckte Stamatakis ein sechstes Grab, in dem noch zwei Leichen gefunden wurden.

Aus diesen schlossen alle Ärzte, die gekommen waren den Körper zu sehen, daß der Mann im frühen Alter von fünfunddreißig Jahren verstorben sei."

Schliemann nahm die goldene Maske[1] vom Boden auf und küßte sie. An diesem Abend, während es sich durch die ganze Argolis wie ein Lauffeuer verbreitete, daß der wohlerhaltene Leichnam eines Mannes aus der Heroenzeit gefunden worden sei, setzte der Entdecker ein Telegramm an den König von Griechenland auf. Es lautete:

„Ich habe Agamemnon ins Antlitz geschaut."

Wir haben Heinrich Schliemann von der dunklen Zeit im mecklenburgischen Pfarrhause bis zu seiner glücklichsten Stunde auf der Atridenburg begleitet. Bei der Beschreibung seiner Entdeckungen habe ich mich bemüht, seiner Deutung treu zu bleiben und seine Funde so zu sehen, wie er sie sah, nicht wie wir sie jetzt im Lichte der jüngsten Wissenschaft erklären müssen. Aber dieses Buch ist die Erzählung einer Reise auf der Suche nach Wahrheit, und Schliemann hat, wie alle Pioniere, manchmal den Weg verloren. Es ist an der Zeit, ein wenig innezuhalten. Blicken wir auf den schon zurückgelegten Weg und hinüber zu den Hügeln, die noch zu besteigen sind.

Zurück denn zu unserer eigenen Zeit, zu dem kiesbestreuten Platz vor „*La Belle Hélène*", am Morgen nach meiner Ankunft. Unter den tief herabhängenden Ästen des Pfefferbaumes sitzt Orest auf einer Bank. Zufrieden stopft er seine Pfeife und wendet den Blick nach dem Tal von Argos, durch das ein zarter Meeresduft heranweht. Vor uns liegt die enggewundene Straße nach Mykenä.

[1] Siehe Tafel 14.

Fünftes Kapitel

BESINNUNG

Es war Ende Februar. Der Morgen war klar und sonnig, die Luft erfüllt von Thymianduft und dem Läuten der Schafglöckchen. An einer Straßenbiegung sah ich einen Kreis von Hirtenjungen in zerrissenen amerikanischen Militärmänteln. Sie tanzten feierlich nach den Tönen einer Pfeife.

Vor mir ragten die Zwillingsberge Kalkani und Hagios Elias in den azurblauen Himmel. Auf dem Hagios Elias haben Archäologen Überreste eines mykenischen Wachtturmes gefunden. Vielleicht hatte Klytämnestras Wächter von seiner Zinne aus das Feuerzeichen erspäht. Zwischen den beiden Gipfeln hindurch sah ich den etwas niedrigeren Hügel, auf dem die Burg steht. In dieser Entfernung enttäuschte der Anblick. Ich hatte große Mauern, die sich scharf von der grünen Erde abheben, erwartet. Aber dies hier war weder Château Gaillard noch Ludlow; statt sanfter Wiesenflächen gab es nur nackten Kalkstein. Das Gerippe des Hügels durchbrach an vielen Stellen die spärliche Oberfläche, und das junge Gras breitete nur einen schwachen Hauch von Grün über das Grau, so daß aus der Ferne Mauern, Felsen und Geröll zu einer Einheit verschmolzen schienen.

Aber beim Näherkommen begann das Wunder. Links, wo die Straße um einen Vorsprung biegt, stand, in den Berg eingelassen, ein steinernes Tor von dreifacher Mannshöhe. Ein tiefer Einschnitt mit schön ausgemauerten Seitenwänden führte darauf zu. An der dreieckigen Öffnung über dem Tor erkannte ich das größte der „Tholos-" oder „Bienenkorb"-Gräber, das berühmte „Schatzhaus des Atreus". Ich schritt durch den „Dromos" genannten steinernen Gang und blieb unter dem hohen Tore stehen, um den Türsturz anzuschauen.

Er ist aus einem einzigen Kalksteinblock herausgehauen und hat ein Gewicht von 120 Tonnen. Fünf der Länge nach aneinandergereihte Männer würden sein Maß von einem Ende zum anderen ausmachen. Er ist über 5 m breit und über 1 m hoch. Aber irgendwie hatten ihn die Mykenier auf seine steinernen Stützpfeiler hinaufgehoben, ohne Kran oder Hebel, und ihn ganz genau an der Stelle eingesetzt, an der er nun seit dreitausend Jahren liegt.

Im Innern des Grabes war es dämmerig und kühl, und jedes Geräusch widerhallte von den Wänden. Der ebenmäßige Rundbau ist aus Reihen von schön behauenen Steinen gefügt, die sich im Aufsteigen leicht zueinander neigen, bis sie im Mittelpunkt zusammentreffen wie bei einem riesigen Bienenkorb. Dieser große Raum hat in Fußbodenhöhe einen Durchmesser von beinahe 5 m, eine Höhe von 15 m und wirkt von innen sogar noch größer. Es gibt zahlreiche solcher „Tholos-Gräber" im Tal und in der näheren Umgebung, doch sind meistens die Kuppeln eingefallen, und keines ist so vollkommen erhalten wie dieses. Pausanias und andere klassische Schriftsteller nannten diese Bauten „Schatzhäuser", weil die Sage ging, die alten Herrscher von Mykenä hätten ihre Reichtümer darin aufbewahrt. Seitdem aber in andern Teilen Griechenlands ganz ähnliche Bauten gefunden wurden, die zu Bestattungszwecken dienten, dürfen sie jetzt als Gräber bezeichnet werden, wie die ägyptischen Pyramiden. Sir Arthur Evans nahm zwar an, daß sie älter als die Schachtgräber seien; doch die Ausgrabungen von Professor Wace und anderen haben abschließend bewiesen, daß sie tatsächlich jüngeren Datums sind und aus der Zeit zwischen 1500 und 1300 v. Chr. stammen.

Vor meiner Reise nach Griechenland hatte ich Wace's neuestes Buch über Mykenä gelesen. Dieses Werk ist das Ergebnis langjähriger geduldiger Forschungen und Ausgrabungen in einem Gelände, das er liebte. Ich hatte den leisen Verdacht, seine Liebe zu dieser Stätte könne ihn dazu verführt haben, die Bedeutung ihrer Bauwerke zu überschätzen. Aber jeder, der in dem herrlichen Gebäude gestanden hat, wird sein Urteil über den unbekannten Architekten teilen:

„Hier herrscht vor allem ein fester Plan, was beweist, daß ein geschulter Verstand das Problem erfaßt und gelöst hatte, ehe noch ein Stein behauen war oder die Grabarbeiten begonnen hatten. Der Plan des Grabes ist klar und zielbewußt durchdacht, zugleich aber entspringt er starker Phantasie. Außerdem ist zu sehen, daß der Schöpfer des Planes auch Gewichte, Druck und Spannungen berechnet und sie geschickt ausgeglichen hatte. Die Idee des gewaltigen, hundert Tonnen schweren Türsturzes, die schrägen Fugen des Türeinganges, die Genauigkeit im ganzen Aufbau, alles zeigt, daß hier hohe Intelligenz am Werke war. Der unbekannte Meister der Bronzezeit, der das Schatzhaus des Atreus entworfen und erbaut hat, verdient mit den großen Architekten der Welt in eine Reihe gestellt zu werden." (Siehe Tafel 11.)

Ich möchte diesen Worten noch eine persönliche Bemerkung anfügen. Durch Reisen nach Ägypten und dem Nahen Osten hatte ich mich mit vielen Werken der alten Baukunst vertraut gemacht, so daß ich unwillkürlich jedes vor 1000 v. Chr. errichtete Gebäude für orientalisch hielt. Aber hier, auf europäischem Boden, hatte ein Baumeister ungefähr tausend Jahre vor dem Parthenon ein Werk von großartiger Ausführung und anmutigen Proportionen geschaffen, das in meinen Augen untrüglich von europäischem Geiste zeugt.

Ich kehrte zur Straße zurück und wandte mich dem Burghügel zu. Beim Näherkommen sah ich die Mauern deutlicher und wußte voller Freude, daß ich hier nicht enttäuscht würde. In der Nähe zeigt sich, daß der Hügel mit der Akropolis viel steiler ist, besonders im Osten, als er aus der Ferne erscheint. Die Festungsmauern, die von den späteren Griechen "zyklopisch" genannt wurden, weil sie glaubten, nur Zyklopen (Riesen) seien imstande gewesen sie zu erbauen, fassen den Gipfel des Hügels wie die Ringmauer eines mittelalterlichen Schlosses ein. In der ganzen Welt gibt es kaum einen so erschütternden Anblick wie diesen dunklen Wall von gigantischen Blöcken, denen dreißig Jahrhunderte Wind, Regen, Erdbeben, Kämpfe und Plünderungen nichts anhaben konnten. Da stehen sie, im Westen von dem stolzen Löwentor unterbrochen, durch das Agamemnon und seine Männer schritten, als sie sich nach Troja aufmachten. Auch damals blies wohl der Wind vom Meere her, daß die Helmbüsche flatterten, während die Krieger das gewundene Tal zu den Schiffen hinabzogen und die Frauen ihnen nachsahen.

Über dem viereckigen Portal mit dem großen monolithischen Türsturz sitzen zwei aufrechte Löwen[1] und stützen von beiden Seiten eine Säule. Sie sind immer noch herrlich, obwohl die Köpfe fehlen. Vielleicht waren sie das heilige Symbol der großen Erdenmutter, zugleich Göttin der Fruchtbarkeit und Quell alles Lebens. Diese Löwen sind das älteste Bildwerk von Europa. Ich ging durch das Tor, über die von Wagenrädern ausgefahrene Schwelle, und stieg linker Hand den stei-

[1] Siehe Tafel 18.

len Pfad zur Akropolis empor. Nach wenigen Schritten blieb ich stehen und schaute auf den Raum, der sich zwischen dem südlichen und westlichen Teil der Ringmauer ausdehnt. Zu meinen Füßen lagen sechs offene viereckige Schächte, die in einer Höhe von etwa einem Meter durch einen Steinplattenkreis eingefaßt waren. Das waren die von Schliemann und Stamatakis vor achtzig Jahren entdeckten Gräber. Gras und Feldblumen überwucherten die Stelle, an der einst die Könige des „goldenen Mykenä" ruhten.

Nach mühsamem Klettern über niedere Mauern und durch Räume, die jetzt unter freiem Himmel liegen und von Stechpalmen und Asphodelos dicht bestanden sind, kam ich zum östlichen Ende der Festung. Über der steil abfallenden Schlucht ist hier die gewaltige Mauer von einem Spitzbogen durchbrochen, der offenbar als Aussichtspunkt diente und dem mykenischen Wächter einen herrlichen Blick über die Schlucht und die Ebene bis zum Meer hin gewährte. Nur ein Kriegsvolk konnte ein solches Gelände aussuchen. An dieser Seite machten es die Felswände der Schlucht uneinnehmbar, und die jenseits aufragenden Bergrücken stellten einer Zeit, die über keine anderen Waffen als Lanzen und Pfeile verfügte, ein unüberwindliches Hindernis dar. Wie konnte diese Festung je eingenommen werden, fragte ich mich. Höchstens durch Überrumpelung oder Verrat wie in Troja. Wenn sie ausreichend versorgt war, konnte sie einer langen Belagerung trotzen.

An Wasser mangelte es auch nicht. Die verborgene Zisterne, aus der die mykenische Besatzung ihren Bedarf deckte, ist noch vorhanden, und außer dem Löwentor macht dieses unterirdische Reservoir wohl größeren Eindruck als alles andere in Agamemnons Burg. Ich entdeckte seinen Eingang an der

Nordseite, nicht weit vom „hinteren Tor" – einem kleineren Zugang, der wahrscheinlich als Ausfallstor benützt wurde. Hier mögen die Wachen beim Auf- und Abgehen nach Norden zum Isthmus von Korinth hinübergeblickt haben. Unter einem spitzbogenförmigen Gewölbe führt eine steile Treppe in die Tiefe. Zunächst geht es durch die große Mauer hindurch und dann außerhalb in die Erde. Nach einem kurzen horizontalen Abschnitt macht der Gang eine rechtwinklige Wendung nach Westen und führt um zwanzig weitere Stufen abwärts, bis er plötzlich in umgekehrter Richtung senkrecht in die Tiefe taucht. Es war feucht und stockfinster, und ich zählte über sechzig Stufen, während ich mich hinabtastete. Auf dem Grunde zündete ich ein Büschel Salbeikraut an. Als die Flammen aufloderten, sah ich die feuchtschimmernden, gewölbten Wände des Tunnels und zu meinen Füßen einen viereckigen Steinschacht, der bis zum Rande mit klarem Wasser gefüllt war.

Diese beinahe 7 m tief gelegene Zisterne war die geheime Wasserzufuhr für die Bewohner in Belagerungszeiten. Sie wurde durch Tonröhren aus der Quelle Perseia gespeist, die der griechische Reisende Pausanias vor 1700 Jahren schon gesehen hatte; doch waren die Zisterne und der zu ihr führende unterirdische Gang nach Professor Wace's Schätzung schon 1500 Jahre alt, als Pausanias sie sah. Noch heute versorgt dieselbe Quelle das moderne Dorf Charvati mit Wasser.

Ich kehrte an die Oberfläche zurück und stieg den Berg immer weiter hinauf über steile, gewundene Pfade, an verfallenen Mauern vorbei, bis ich endlich atemlos den Gipfel erreichte, auf dem der Palast gestanden hatte. Leider ist von ihm nichts übrig geblieben als ein paar Mauern des „Megaron". Alles andere ist den Berg hinunter gestürzt. Es war jedoch möglich, die Grundmauern des äußeren Hofes zu erkennen, an dessen einer Seite sich das Tor zum Megaron befunden hatte. Leser der *Odyssee* werden sich erinnern, daß Telemachos im Vorhof des Palastes übernachtete, als er Menelaos besuchte, um etwas über das Schicksal seines Vaters zu erfahren.

„Führte Telemachos hin, samt Nestors glänzendem Sohne.
Also ruhten sie dort in der Halle vor dem Palaste.
Und der Atreide schlief im Innern des hohen Palastes,
Helena ruhte bei ihm, die schönste unter den Weibern.“

Genau dasselbe Tor und derselbe Vorhof lagen vor der Halle des Agamemnon, dem königlichen Bruder des Menelaos.

In der Halle selbst, die nur noch ein Steinboden unter freiem Himmel ist, fand ich die vier Sockel der Säulen, die ehemals das Dach getragen hatten. Nach Homers Beschreibung stand der Königsthron vor diesen Säulen, und auf dem Herd in ihrer Mitte brannte im Winter das Feuer.

Dieser Boden war es, so erzählt Äschylos, den Klytämnestra zum Empfang ihres Gatten mit Purpur schmücken ließ.

„...überdeckt den Weg...
Mit Purpurdecken für den Unverhofften!“

so befiehlt die Königin.

„Und ihm zur Seite geh – Gerechtigkeit!“

Am anderen Ende des Hofes sind die Grundmauern eines kleinen Raumes zu sehen, der – diese Phantasterei sei gestattet – das Badezimmer gewesen sein soll, in dem der König ermordet wurde. Wir wissen, daß in Knossos solche Badezimmer existierten. Durch die festlichen Purpurtücher getäuscht, nichts ahnend von Klytämnestras lange genährtem Haß, wurde Agamemnon erschlagen.

> „Ich habe diesen Kampf vorausgesehn
> Und längst erwartet: alter Haß gebar ihn.
> Nun ist's geschehn – als Sieger steh ich hier,
> Wo ich's vollbracht, den Todesstreich geführt...
> ...Hier dieser, der da liegt,
> Ist Agamemnon, mein Gemahl, ein Leichnam,
> Als solcher dieser meiner rechten Hand
> Gelungnes Meisterstück! – Ja wohl! so ist's!"

Mykenä, Siegelring
nach Schliemanns Ansicht: Mord an Ägisthos und Klytämnestra durch Orest

Zwischen dem Frühlingsgras und den verwitterten grauen Steinen wuchsen winzige scharlachrote Anemonen wie Blutströpfchen. Ich hatte das erste Ziel meiner Pilgerfahrt erreicht. Müde setzte ich mich nieder und schaute umher.

Berge auf allen Seiten: hinter mir ragte der Hagios Elias gewaltig in den blassen Himmel, weiter nach Süden, jenseits von vielen dazwischen liegenden Bergketten und der Bucht von Argolis, erhob sich der schneebedeckte Kamm des Parnon, eines Riesen in diesem Gebirgslande. Zu meinen Füßen senkte sich der Hang in sanften Stufen, auf denen das helle Grün der Wicken mit Streifen rostbrauner Erde abwechselte. Auf den tiefer liegenden Hängen marschierten symmetrische Reihen von Olivenbäumen auf, und stellenweise gaben die senkrechten Zypressen ihnen einen schärferen Akzent. Jenseits breitete sich die fruchtbare Ebene von Argos aus, von Homer „die Heimat schöner Frauen" oder auch die „roßenährende Argos" genannt. Die Luft war still, nur ab und zu trug ein leichter Windstoß das Lied eines Hirtenjungen oder den Ton seiner Flöte von den entfernteren Hängen zu mir her. So, beim ersten Frühlingshauch, war die Landschaft des Peloponnes am schönsten.

Während ich ruhte, ließ ich die vielgestaltige Entwicklung der griechischen Archäologie seit Schliemanns Ausgrabungen vor fünfundsiebzig Jahren an mir vorüberziehen. Er berichtigte einige seiner früheren Anschauungen im Laufe seines Lebens, andere mußten nach seinem Tode durch neu hinzugekommene Erkenntnisse ergänzt werden. Schliemann wäre der erste gewesen, der diesen Korrekturen zugestimmt hätte. Er wußte, daß archäologische Ansichten nur auf Theorien beruhen, die eine mögliche Erklärung verfügbarer Beweise darstellen.

Aber jedes Jahr werden neue Tatsachen bekannt, hier eine datierte Inschrift, dort eine Tonscherbe oder vielleicht ein wichtiges Ergebnis aus dem Studierzimmer eines Gelehrten. Ist die Theorie fest begründet, so besteht sie, wenn nicht, so wird sie verworfen oder muß geändert werden. Aber schrittweise kommt man der Wahrheit näher.

Hatte Schliemann recht, als er Agamemnon und seine Gefährten in den Schachtgräbern gefunden zu haben glaubte? Leider nicht. Wenn wir annehmen, daß Agamemnon eine historische Persönlichkeit war, so muß er um 1180 v. Chr. gelebt haben, dem überlieferten Datum des trojanischen Krieges, das seither durch die Archäologie bestätigt wurde. Aber es ist jetzt bekannt, daß die Bestattungen in den Schachtgräbern viel früher stattgefunden haben, etwa um 1600 oder 1500 v. Chr. Das steht fest, weil seit Schliemanns Zeit Entdeckungen an Dutzenden von „mykenischen" Stätten in Griechenland und den Inseln gemacht wurden, die den Gelehrten ermöglichten, ein Staffeldatierungssystem anhand von Keramiken zu entwickeln. Es würde zu viel Raum beanspruchen, diese Methode hier näher zu erläutern; aber auf die Gefahr hin, die Dinge ungebührlich zu vereinfachen und dadurch den Zorn der Gelehrten auf mein Haupt herabzubeschwören, will ich versuchen, in gedrängter Form eine möglichst wahrheitsgetreue Erklärung abzugeben.

Wie wir später sehen werden, war Mykenä vermutlich das Zentrum eines Reiches, das sich über einen großen Teil des Ägäischen Meeres ausbreitete. Viele „mykenische" und „proto-mykenische" Gebiete wurden ausgegraben. In Ländern mit alter Kultur können die Entwicklungsperioden an Töpferwaren und anderen Gegenständen aus den verschiedenen Schichten abgelesen werden; die untersten Lagen enthalten die ältesten Gegenstände, die obersten die aus späteren Zeiten. Kommt beispielsweise eine bestimmte Art von Keramik an vielen Orten immer in derselben Schicht vor und erscheint sie aber weder in einer tieferen noch in einer höheren Schicht, so gehört sie ein und derselben Periode an. Wie kann eine solche Periode nun datiert werden, da die prähistorischen

Völker Griechenlands keine datierten Inschriften hinterlassen haben? Zum Glück für die Archäologie wurden einige früh-ägäische Tonwaren in ägyptischen Gräbern gefunden, deren Datum feststellbar ist. Im Vergleich mit diesen „datierbaren" Töpferwaren aus ägyptischen Gräbern wurde es nun möglich, das Alter gewisser Schichten zu bestimmen und auch wenig-stens annähernd dasjenige der darüber, darunter oder dazwi-schen befindlichen Lagen. Doch auch so ist diese Methode weit weniger genau als die ägyptische Chronologie.

Schliemanns Irrtum zeigte sich jedoch lange bevor diese vergleichende Methode allgemein benutzt wurde. Eigentlich war es Schliemanns Assistent, der hervorragende junge Pro-fessor Dörpfeld, der den Fehler entdeckte. Er trug viel dazu bei, strengere wissenschaftliche Methoden in Schliemanns spätere Ausgrabungen zu bringen. Der Meister hätte selbst auf den Fehler kommen können, wäre er nicht so leidenschaft-lich bestrebt gewesen zu beweisen, daß alle Toten zu *gleicher Zeit* begraben worden seien. Er fand ihre Überreste auf dem Grunde der Schachtgräber auf Kies gebettet und mit einer Masse von Lehm und Steinen bedeckt, von der er selbstver-ständlich annahm, sie sei nach der Bestattung in die Gräber geworfen worden. „Die Wände waren mit einer Mauer aus kleinen Bruchsteinen und Lehm verkleidet, welche verschie-den hoch, im fünften Grabe bis 7 Fuß 8 Zoll, erhalten gewe-sen ist", so schreibt Schuchhardt. „An diese Mauer waren un-zählige Schieferplatten gelehnt, von denen auch viele kreuz und quer über den Leichen lagen. Schliemann hielt sie für die Verkleidung der Lehmmauern." Diese Steinplatten sollten später noch eine wichtige Rolle spielen.

Die Leichen lagen ziemlich dicht nebeneinander, jede von Waffen und Ornamenten bedeckt und umgeben. Schliemann folgerte daraus, sie seien alle zu gleicher Zeit bestattet worden, da es unmöglich gewesen wäre, die darüber gehäufte Erde bei späteren Bestattungen wieder aufzugraben, ohne ihre Ruhe zu stören. Dies erschien durchaus logisch.

In manchen Gräbern jedoch fand Schliemann „kleine Kistchen von starkem Kupferblech", die mit gut erhaltenem Holz gefüllt waren, das allseitig durch viele starke Kupfernägel befestigt war. Er konnte nicht ergründen, wozu sie gedient hatten, und er vermutete schließlich, es seien Kopfstützen gewesen. Sie wurden mit den übrigen Schätzen ins Museum von Athen gebracht.

Einige Jahre später, als Dörpfeld für Schliemann arbeitete, begann der junge Mann über das immer noch ungelöste Rätsel der Schachtgräber nachzudenken. Waren die Toten gleichzeitig beerdigt worden, oder handelte es sich um die aufeinanderfolgenden Bestattungen einer Dynastie? Er las immer wieder Schliemanns Berichte über die Entdeckung der Gräber. Dabei beachtete er besonders die Erwähnung der „Schieferplatten", die Schliemann an die Mauer angelehnt fand, und die er für „die Verkleidung der Lehmmauern" gehalten hatte. Ein Gedanke stieg ihm auf, und er stellte Schliemann einige Fragen.

„Wie standen diese Steinplatten", fragte er, „als Sie sie fanden?"

„An den Wänden der Gräber."

„Flach an der Seite?"

„Nein, einige lehnten an der Seite, eine lag quer über einer Leiche."

Dies bestärkte Dörpfeld in seiner Vermutung. Er ging wieder ins Museum und betrachtete die „kleinen Kistchen von starkem Kupferblech", die Schliemann für Kopfstützen gehalten hatte. Sie waren voll zerfallenen Holzes, das durch Kupfernägel zusammengehalten wurde. Nun konnte er sich erklären, um was es sich handelte. Ursprünglich hatten jene Steinplatten die Gräber, *die nicht mit Erde gefüllt waren*, überdacht. Quer über jedem Grab hatten Holzbalken gelegen, deren Kopfstücke mit Kupfer beschlagen waren – Schliemanns „Kistchen". Die Schieferplatten wurden von Balken getragen, so daß ursprünglich jedes Grab ein Familiengewölbe war, in dem später ohne weiteres noch andere Angehörige bestattet werden konnten. Jahrzehnte oder Jahrhunderte, nachdem man den Letzten der Dynastie ins Grab gelegt hatte, waren die Balken durchgefault, und unter dem Druck der aufgehäuften Erde waren die Steinplatten auf die Leichen heruntergestürzt (was auch erklärt, warum einige von ihnen zusammengedrückt waren). Schliemann war dies entgangen, weil er starr an dem Glauben festhielt, alle Toten seien gleichzeitig bestattet worden. Aber die „Kistchen" hatten seinen Irrtum aufgedeckt.

Später, als man mehr über mykenische und minoische Kunst wußte, zeigte sich, daß die Gegenstände aus den Schachtgräbern nicht alle derselben Epoche angehörten und feine Unterschiede aufwiesen, aus denen hervorging, daß die Begräbnisse nacheinander im Laufe eines Jahrhunderts stattgefunden hatten. Gewiß stammten die Toten aus königlichem Geschlecht, vielleicht stellten sie eine ganze Dynastie dar. Aber von Agamemnon – wenn er überhaupt gelebt hat – waren sie durch einen ebenso langen Zeitraum getrennt wie die Tudors von uns. Es ist eher anzunehmen, daß er in einem der großen „Tholos-Gräber" im Tal begraben war, vielleicht im schönsten von allen, dem „Schatzhaus des Atreus", das manchmal Agamemnons Grab genannt wird.

Wie steht es aber mit Pausanias' Äußerung, daß die Gräber innerhalb der Burg lagen, wo sie tatsächlich gefunden wurden? Wahrscheinlich hatte sich bei den Einwohnern von Mykenä die Überlieferung bewahrt, daß die Könige in der Burg bestattet lägen, und Pausanias berichtete davon. Doch halte ich es für ausgeschlossen, daß er je ihre Grabsteine gesehen hat. Die Schachtgräber waren über 1700 Jahre alt, als er nach Mykenä kam, und die Stadt lag schon lange in Trümmern. Überall in der Welt haben vernachlässigte Gräber Plünderer angelockt. Ist es denkbar, daß die Grabsteine in der klassischen Zeit sichtbar waren und doch verschont blieben? In der Umgebung von Mykenä lebte im Volke noch die Erinnerung an die Könige, obwohl ihre Gräber und sogar die Grabsteine unter Tonnen von Erde und Felsstücken verschüttet lagen, die von der höher gelegenen Akropolis die steilen Abhänge heruntergeschwemmt wurden.

Dieser Umstand begünstigte Schliemanns Unternehmen, wie Sir Arthur Evans in seiner Einleitung zu Emil Ludwigs Biographie des Forschers später hervorhob.

„Die Erfahrung hat gelehrt, daß Ausgräber eigentlich nur dann Aussicht haben, ein ungeplündertes Grab zu finden, wenn sie eine natürliche Schutthalde angehen, so wie sie sich am Fuß eines Abhanges durch heruntergeschwemmtes oder abgerutschtes Erdreich und Geröll bildet. Das Gelände, in das die Schachtgräber eingesenkt worden waren, erfüllte diese Bedingungen. Es lag in der Tat unmittelbar unter der Rampe der Akropolis und ihrer inneren Mauer, überragt von dem steilen Hang des Burghügels. So gelang es Schliemann, der sich von einer wirklich fruchtbaren Auffassung der alten Tradition leiten ließ, bei seinen Ausgrabungen so erschütternde Ergebnisse zu erzielen."

Hier sehen wir die zweite interessante Parallele (die erste war die Auffindung des trojanischen Schatzes) zu der von Howard Carter ein halbes Jahrhundert später gemachten Entdeckung von Tut-anch-Amons Grab. Carter fand, wie Schliemann, die Grabstätte am Fuß eines Abhanges unter der Geröllhalde, die sich bei der Ausgrabung eines höher gelegenen, jüngeren Grabmales gebildet hatte.

Nach Schliemanns Weggang stieß der unermüdliche Stamatakis auf das sechste Schachtgrab, wodurch der Ehrgeiz der Archäologischen Gesellschaft von Griechenland wieder etwas beruhigt wurde. Er ließ auch den Schutt vor dem „Schatzhaus des Atreus" wegschaffen und hinterließ es in dem Zustand, der heute noch besteht. Nach Stamatakis kamen Tsountas (1886–1902), Keramopoullos und Rodenwaldt, die alle dazu beitrugen, die Kenntnis der mykenischen Kultur zu erweitern. Von 1920 an setzte die englische Altertumswissenschaft, durch die Britische Schule in Athen vertreten, die Ausgrabungen in Mykenä bis zum heutigen Tage fort, nur durch den Krieg unterbrochen. Diese von Professor Wace geleiteten Ausgrabungen, deren Ergebnisse im Jahrbuch der Schule veröffentlicht wurden, enthüllten Tatsachen, die Schliemann und seinen Nachfolgern noch nicht zugänglich waren.

Wace wies zum Beispiel nach, daß der prähistorische Friedhof, zu dem die Schachtgräber gehören, sich ursprünglich im Westen des Löwentores bis jenseits der Zyklopenmauer erstreckte. Ungefähr zwischen 1600 und 1500 v. Chr. wurden die Prinzen und Prinzessinnen der königlichen Familie in dem

Teil des Friedhofs beerdigt, der jetzt innerhalb der Mauern liegt. Sie gehörten vermutlich ein und derselben Dynastie an und waren Zeitgenossen der Könige der frühen XVIII. Dynastie in Ägypten – Amasis und des älteren Tuthmosis.

Der Höhepunkt der mykenischen Kultur lag in der letzten Phase der Jüngeren Bronzezeit, also um 1400–1150 v. Chr. Wace sagt von dieser Epoche:

> „Alles Beweismaterial zeigt, daß Mykenä ein starker, blühender Staat war, Sitz einer mächtigen Dynastie mit ausgedehntem Herrschaftsbereich. Das entspricht durchaus unserer Vorstellung der Feste Agamemnons, des Völkerfürsten, *primus inter pares* der griechischen Fürsten vor Troja und oberster Verwalter der von Zeus erteilten Herrschaft."

In dieser Periode erbauten die Einwohner Mykenäs die Zyklopenmauern mit dem Löwentor und dem hinteren Tor. Auch wurde die als Heiligtum geltende Begräbnisstätte der Könige mit dem steinernen Plattenring umgeben, den Schliemann irrtümlicherweise für die Agora gehalten hatte. Der abschüssige Boden wurde eingeebnet, und innerhalb des Kreises wurden die Grabsteine und der runde, brunnenförmige Altar aufgerichtet, durch den das Opferblut den darunter ruhenden Helden zuströmte. Wahrscheinlich erhielten die verehrungswürdigen Toten, wie in Ägypten, regelmäßige Opferspenden. Später, als die Zitadelle in Trümmer fiel, bedeckte das von den Abhängen heruntergeschwemmte Erdreich allmählich das Gräberrund und die Grabsteine mit ihren gemeißelten Wagenlenkern und versiegelte sie für mehr als dreißig Jahrhunderte vor den Blicken der Neugierigen.

Läßt sich Schliemanns Glaube, daß die mykenische Zivilisation die von Homer beschriebene sei, durch irgendwelche Beweise stützen? Die Antwort lautet: ja und nein.

Seine Argumente über den „8-förmigen" Schild, den mit Eberzähnen geschmückten Helm, den Gebrauch von Bronzewaffen, vielleicht auch „Nestors Becher", haben immer noch Geltung, denn sie sind unwiderlegbar. Sogar der Einwand, manche homerischen Schilde seien rund, kann von denjenigen, die für den mykenischen Ursprung der Dichtungen eintreten, zurückgewiesen werden. Es ist wahr, daß die auf den Dolchklingen der Schachtgräber abgebildeten Schilde groß sind und 8-Form haben. In den Überresten eines spät-mykenischen Hauses beim Löwentor wurde jedoch ein Vasenfragment gefunden – die berühmte Kriegervase – auf dem myke-

a

Kreta. Krieger mit 8-förmigem Körperschild

Intaglio auf Nestors Ring (Mykenä)

nische Soldaten Rundschilde mit unten „abgebissenem"
Rand tragen. Diese Vase soll aus dem 12. Jahrhundert, dem
Zeitalter des trojanischen Krieges, stammen. Daran knüpft
sich die Anschauung, die bei Homer erwähnten Rundschilde
bewiesen nicht, daß er in der nach-mykenischen Zeit gelebt
habe.

Sogar Schliemann selbst bemerkte, daß viele Elemente des
mykenischen Lebens keinerlei Ähnlichkeit mit den von Homer beschriebenen aufweisen. Einige Beispiele: die Mykenier
bestatteten ihre Toten, die homerischen Helden verbrannten
sie. Die Mykenier waren ein Volk der Bronzezeit, Homer
kannte den Gebrauch von Eisen. Die mykenischen Bronzeschwerter waren Rapiere zum Stoßen, die homerischen
Schwerter jedoch Hiebwaffen mit scharfen Schneiden.

Schließlich mußte Schliemann zugeben, daß der Homer,
der die *Ilias* schrieb, nicht zur Zeit des trojanischen Krieges

gelebt haben kann. Aber Schliemann hatte eine Kontroverse in Gang gebracht, die über ein halbes Jahrhundert wütete und auch heute noch nicht zum Stillstand gekommen ist. Hunderte von Büchern und Artikeln in allen Sprachen ergossen sich aus den europäischen und amerikanischen Verlagen; die gelehrten Herren waren im Wortgefecht ebenso tapfer wie Achilles und Hektor auf dem Schlachtfeld.

Aber die entscheidende Bedeutung von Mykenä und den späteren Entdeckungen von Tiryns lag in etwas ganz anderem als in ihrer Übereinstimmung mit homerischen Schilderungen. Der zum Gelehrten gewordene Indigokaufmann hatte der Archäologie eine neue Welt erschlossen. Die von Grote's behutsamer Skepsis durchdrungenen Gemüter wurden plötzlich gewahr, daß es auf europäischem Boden eine hochentwickelte Zivilisation gegeben hatte, die tausend Jahre älter war als die griechische. Mehr noch: sie war nicht nur auf Mykenä beschränkt. Archäologen, die andere Gebiete auf dem Festland und den Inseln durchforschten, machten eine wichtige Entdeckung. Fast alle Orte, die Kontingente nach Troja gesandt hatten – bedeutende politische Zentren wie Tiryns, Orchomenos, Lakedämon, Amyklae – weisen Überreste von mykenischen Siedlungen auf. Das Verzeichnis der Schiffe in der *Ilias* schien ein wahrheitsgetreues Bild der politischen und militärischen Beschaffenheit von Griechenland in der mykenischen Zeit zu geben. Es war zum Verzweifeln. Auf der einen Seite mußten sich die Homeranhänger irregeführt, auf der andern glänzend unterstützt fühlen.

Allmählich verlor der homerische Aspekt an Bedeutung, als durch die Ausgrabungen immer deutlicher wurde, wie umfassend diese Zivilisation, sowohl räumlich als auch zeitlich, war. Aber welche Völker gehörten ihr an? Wo kamen sie her? Welches war ihre Sprache? Was konnte man von ihrer Religion und ihren Sitten erfahren? Hatten sie ein Schriftsystem und konnte es entziffert werden? In welcher Beziehung standen sie zu anderen Völkern des Mittelländischen Meeres?

Mit solchen und anderen Fragen hatten sich die Archäologen und Historiker der folgenden Jahre auseinanderzusetzen. Manche Fragen blieben unbeantwortet, andere fanden eine Teillösung, von der ich am Ende des Buches kurz berichten werde. Wenden wir uns nun wieder Schliemanns Geschichte nach dem Triumph von Mykenä zu, denn er konnte seinen Entdeckungszug noch ein gutes Stück vorwärtsbringen, ehe er ihn seinen Nachfolgern zur Weiterführung überlassen mußte.

Sechstes Kapitel

„HIER BEGINNT EIN GANZ NEUES WISSEN"

Wenige Meilen von der Stadt Argos entfernt liegt ein Dorf an der Straße nach Nauplia. Ein Kaffeehaus mit einigen wackligen, eisernen Tischchen, ein Gefängnis, aus dem ab und zu ein Trompetenstoß ertönt, niedere Lehmhäuser mit gebrannten Ziegeln, Esel, bellende Hunde, und über dem Ganzen milde Verfallsstimmung. Die Straße liegt an der Bucht von Argolis. Auf der Landseite stehen die unvermeidlichen Reihen staubiger Olivenbäume, die mit ihren alten, verkrüppelten Füßen das krümelige Erdreich umklammern. Hinter ihnen, nach Norden zu, steigt das Land stufenweise zu den mykenischen Hügeln auf.

Man klettert aus dem klapprigen Omnibus, geht ein paar Schritte über die Dorfstraße am Gefängnis vorbei und steht plötzlich vor Tiryns, der gewaltigsten Burgruine der mykenischen Zeit, die außer Mykenä noch heute zu sehen ist. Wenn auch der Ort weder den romantischen Zauber der mykenischen Landschaft noch den Bann ihrer Legende besitzt, so hat er doch eine strenge Schönheit, die Homers Ausdruck „die festummauerte Tiryns" rechtfertigt. Von weitem scheint sie wie ein Schlachtschiff auf den ruhig wogenden Feldern zu gleiten – langgestreckt, niedrig und grau, mit ihrer wie ein Geschützturm aufragenden Akropolis. Der flache Fels, auf dem Tiryns gebaut wurde, hat eine Länge von 300 m, eine Breite von 70 bis 80 m und eine Höhe von 10 bis 15 m.

In der Nähe schwinden zunächst alle übrigen Eindrücke

vor dem der wuchtigen Zyklopenmauern, die aus rohen oder wenig behauenen Blöcken (von einem Gewicht bis zu zehn Tonnen) bestehen. Die Mauern sind 8 bis 15 m dick. Einige bilden lange überwölbte Galerien, an der Außenseite von dreieckigen Nischen durchbrochen, die in einiger Entfernung wie schwarze, gähnende Rachen wirken. Die Ähnlichkeit mit einem mittelalterlichen Schloß tritt hier noch stärker hervor als in Mykenä, denn die Nischen könnten Schießscharten sein. Aber Tiryns wurde 1200 Jahre v. Chr. erbaut. Die Öffnungen waren vermutlich für Bogenschützen bestimmt, und die Galerien im Innern verbanden wohl die Rüstkammern, Wachtstuben und Türme miteinander.[1]

Wenn wir uns in das Jahr 1884 zurückversetzen könnten, würde sich uns in Tiryns ein seltsames Bild bieten: im Schatten einer Mauer sitzen zwei Männer in Hemdsärmeln und verspeisen Käse und belegte Brötchen. Der ältere, ein kahlköpfiger, bebrillter Herr mit hoher Stirn und dickem Schnurrbart, redet heftig gestikulierend auf seinen viel jüngeren Gefährten ein, der ruhig schmausend dasitzt und gelegentlich einen Schluck harzigen Weines zu sich nimmt. Hie und da schreibt sich der jüngere etwas auf oder wirft ein paar Worte in den Monolog des anderen, dann kehrt er zu seiner Mahlzeit zurück.

Der ältere von beiden war der zweiundsechzigjährige Schliemann, der jüngere war Dörpfeld, der glänzende junge Architekt, den Sir Arthur Evans später „Schliemanns größte Entdeckung" nannte. Dörpfeld war es, der schrittweise wissenschaftliche Disziplin in Schliemanns Forschungen brachte, ihn Sorgfalt und Geduld beim Ausgraben, Genauigkeit bei

[1] Siehe Tafel 19.

der Veröffentlichung und Mäßigung in der Kontroverse lehrte. Er pflegte seinem erregten Vorgesetzten zu sagen, daß „wissenschaftliche Fragen sich nicht durch Schimpfen, sondern nur durch sachliche Beweise entscheiden lassen". Es spricht sehr für Schliemanns Einsicht und Bescheidenheit, daß er Dörpfelds Genie erkannte und (mit Ausnahme einiger Zornesausbrüche) seine Führung duldete.

Wieder war Schliemann seinen antiken Schriftstellern gefolgt. Pausanias hatte die Mauer von Tiryns wie folgt beschrieben: „Sie besteht aus unbehauenen Steinen, deren jeder so groß ist, daß ein Gespann von Maultieren nicht einmal den kleinsten von der Stelle bewegen könnte..." (Eine Übertreibung, wie der behutsame Dörpfeld bemerkte.) Der Überlieferung nach war Proetus der Erbauer der Festung. Von Herakles wurde erzählt, er habe sie erobert und lange Zeit in ihren Mauern gewohnt, weswegen er manchmal „Tirynthier" genannt wurde. In der klassischen Zeit entsandte die Stadt mit Mykenä zusammen vierhundert Soldaten in die Schlacht von Platäa. Im Jahre 1876, kurz vor dem Beginn der mykenischen Ausgrabungen, hatte Schliemann ein paar Probeschächte eingesenkt und in beträchtlicher Tiefe „zyklopische" Hausmauern ans Licht gebracht, nebst ein paar Kühen aus Ton und Terrakotta – „Idolen", ähnlich den später in Mykenä entdeckten.

Aber das war vor acht Jahren gewesen, und nun war er zurückgekehrt, diesmal nicht mit Sophia Schliemann, sondern mit einem geschickten Architekten und siebzig Arbeitern. Dazu hatte er „vierzig englische Schiebkarren mit Eisenrädern, zwanzig große eiserne Hebel..., fünfzig große Schaufeln, fünfzig Spitzhauen" und andere gewaltige Geräte. Schon im nämlichen Sommer 1884 hatten sie mehrere hundert

Tonnen Erde von der mittleren und oberen Zitadelle abge-
räumt und zum erstenmal das Fundament eines homerischen
Palastes enthüllt. Mauern, Türöffnungen, Schwellen, Säulen-
sockel wurden bloßgelegt und sorgfältig von Dörpfeld vermessen und aufgenommen. Die Ausgrabungen waren noch
nicht zu Ende gekommen, doch war genug geschehen, um
Schliemann zufriedenzustellen.

Der Plan des Palastes mit seinem Megaron, der Vorhalle,
den Höfen und umliegenden Räumen, alles wies untrügliche
Ähnlichkeit mit dem in der *Odyssee* beschriebenen Palast des
Odysseus auf. Allerdings stand dieser auf Ithaka, aber der
Palast von Tiryns glich ihm so sehr, daß es mit wenigen Ab-
weichungen möglich war, sich den Kampf vorzustellen, bei
dem Odysseus die Freier erschlug. Schliemann war in seinem
Element. Der alternde Kaufmann und Gelehrte mit dem immer spärlicher werdenden Haar und den dicken Brillengläsern
empfand berechtigte Befriedigung, als er sich an die antike
Mauer lehnte und den Blick über die sonnige Ebene von
Argos schweifen ließ. Dort, am nördlichen Horizont, stiegen
die Berge auf, hinter denen Mykenä lag, der Schauplatz seines
größten Triumphes vor acht Jahren. Aber welche Jahre!

Zuerst, 1877, war es ein Triumphzug durch England, als
dreißig gelehrte Gesellschaften in Ehrenbezeigungen wett-
eiferten und er seine Bekanntschaft mit Gladstone erneuerte,
dem er 1875 zum erstenmal begegnet war. In dieser Zeit war
es noch nicht ungewöhnlich, wenn ein Premierminister
Staatskunst mit klassischer Bildung verband. Gladstones Interesse für Homer war bekannt, und Schliemann bat ihn, das
Vorwort zu dem eben erscheinenden „Mykenä" zu schreiben.
Der Führer der Liberalen konnte sich dieser Bitte kaum ent-
ziehen, doch gestand er dem Verleger Murray, nachdem er

das Werk gelesen hatte, er sei „ganz bestürzt, denn dafür bin ich nicht der geeignete Mann". Dennoch steuerte er ein ausführliches, wohlbegründetes Vorwort bei, in dem er, nach sorgfältiger Prüfung der Beweise, Schliemanns Anschauung unterstützte, daß die Schachtgräber die Leichen Agamemnons und seiner Gefährten enthielten.

Als Schliemann 1877 nach England reiste, war Sophia krank und konnte ihn nicht begleiten. Während ihrer Genesung in Athen las sie sehnsüchtig die begeisterten Briefe ihres Mannes, der ihr erzählte, wie zehn Gesellschaften ihn um Vorträge gebeten hätten und daß er am Vorabend mit Gladstone diniert hätte, der ihr Bild mitgenommen habe. – „Bitte bringe ein anderes mit..." Die Londoner Photographische Gesellschaft habe ihm vierzig Pfund bezahlt für die Genehmigung, ihn zu photographieren und sein Bild zu verkaufen; „der Maler Hodge ist seit Wochen hinter mir her, um mich in Lebensgröße malen zu dürfen für die Royal Academy..."

Im Sommer konnte Sophia ihm endlich folgen, und die ernste, schöne Frau von achtundzwanzig Jahren durfte neben ihm auf der Tribüne der *Royal Society* sitzen. Hier wurde ihnen vor einer erlesenen Zuhörerschaft von über tausend Personen ein besonderes Diplom des Archäologischen Institutes ausgehändigt. Beide hielten englische Ansprachen, und die eleganten Damen hörten gespannt zu, als Sophia ihnen erzählte, wie sie und ihr Mann fünfundzwanzig Tage lang buchstäblich in der Erde der Schachtgräber gekniet hatten, um Stück für Stück die Goldschätze der Atreiden zutage zu fördern.

Das waren herzbewegende Augenblicke, Augenblicke, die beinahe Entschädigung boten für die scharfen Angriffe der Kritiker, die Schliemann einmal zu der Äußerung veranlaßt hatten:

„In London hat man mich voriges Jahr sieben Wochen lang aufgenommen, als ob ich einen neuen Weltteil für England erobert hätte. Wie ganz anders ist es dagegen in Deutschland. Dort höre ich nur Beschimpfungen…"

Kritiken jeder Art, die einen ehrlich und unvoreingenommen, die andern von Neid und Bosheit eingegeben, sollten Schliemann sein ganzes Leben hindurch begleiten, und sie hörten nie auf, ihn zu schmerzen. Aber im Lauf der Jahre wurden die Entdeckungen des Deutschen allmählich von sachverständiger Seite immer höher geschätzt, vor allem, als er später geschulte Fachkräfte zur Zusammenarbeit heranzog. Aber das Gerede über den publikationshungrigen Marktschreier wollte lange nicht verstummen, und er hatte noch oft die voreiligen Berichte über seine früheren Funde zu bereuen.

Im folgenden Jahre, 1878, wurden die in England gefeierten Triumphe von einer noch größeren Freude übertroffen. Sophia schenkte ihm einen Sohn. Sieben Jahre vorher, im Anfang der trojanischen Ausgrabungen, wurde ihnen eine Tochter geboren, die Schliemann nach Hektors Gattin Andromache taufte. Aber jetzt war sein liebster Wunsch erfüllt. Als das Kind kaum einige Stunden alt war, schwenkte der begeisterte Vater schon ein Exemplar des Homer über seinem Kopfe und begann, einige hundert Zeilen daraus vorzutragen. Das war der romantische Schliemann. Der praktische Schliemann offenbarte sich aber bei der feierlichen orthodoxen Taufe. Als der Priester das Kind ins Wasser tauchen wollte, sprang der Vater vor, steckte ein Thermometer in das Becken und stellte die Temperatur fest.

Im selben Jahr begann er mit dem Bau eines prächtigen Hauses in Athen, in der jetzigen Universitätsstraße. Nach sei-

ner Fertigstellung, einige Jahre später, war es das palastähn-
lichste Gebäude der Hauptstadt, und seine Pracht wurde in
ganz Griechenland kaum übertroffen. Auf dem Dach ragten
Marmorgötter und Göttinnen in den blauen Himmel. Im
Innern gab es Säulenhallen und Marmortreppenhäuser,
prunkvoll aber frostig, und einen besonders reich ausgestatteten Ballsaal, in dem aufmerksamen Gästen ein Fries von Put-
ten auffiel, der an den Wänden entlang lief und dessen winzige Figuren die wichtigsten Tätigkeiten im Leben des Haus-
herrn darstellten. Einige dieser Gestalten lasen Homer und
Pausanias, andere gruben nach den Schätzen von Mykenä und
Troja. Und wer sollte wohl diese schwarzgekleidete Persönlichkeit sein, die durch eine Hornbrille die Landschaft betrachtete? Nun, Schliemann selbst.

Auf Wänden, Treppen, Türen, innen und außen am Hause
waren Aussprüche alter griechischer Autoren angebracht.
Über dem Studierzimmer des großen Mannes las man die
Worte des Pythagoras:

„Wer keine Geometrie studiert, bleibe draußen!"

Andere Wände waren mit Versen Homers und Hesiods beschrieben; auf der Vorderfront des Palastes stand in griechischen Buchstaben: „ILIOU MELATHRON" (Hütte von Ilios).
Hier pflegten Schliemann und seine Gattin die vornehmen
Gäste aus der ganzen Welt zu empfangen. Im Erdgeschoß
war „Priamos' goldener Schatz", den Heinrich und Sophia
unter Trojas Mauern hervorgeholt hatten, in Glaskästen aus-
gestellt.

Aber alle diese Dinge brauchten Zeit. Während das Haus
gebaut wurde, besuchte Schliemann zum zweitenmal Ithaka
und erforschte die Insel gründlich. Er stieg auf den Aetos,
legte an verschiedenen Stellen Probeschächte an, fand aber

nichts von Bedeutung. Im September 1878 kehrte er nach Troja zurück, denn die Schwierigkeiten mit dem *Ferman*, die eine Zeitlang aufgehört hatten, fingen wieder an. Schliemann nahm die Ausgrabung an der Stelle auf, an der er „Priamos' Schatz" gefunden hatte, das heißt bei dem großen Bauwerk im Westen und Nordwesten des Tores. Kaum einen Monat später entdeckte er einen kleineren Schatz von goldenen Gegenständen in einem zerbrochenen Terrakottagefäß. Dies war „...während der Anwesenheit von sieben Offizieren des englischen Kriegsschiffes *Monarch* in einem Gemache des nordöstlichen Teiles des Hauses..."

Der Winterregen zwang ihn, die Arbeit Ende November einzustellen. So begab er sich für einige Monate nach Europa, kehrte aber im Februar 1879 nach den Dardanellen zurück. Nach einem Monat schon gesellte sich einer der hervorragendsten europäischen Wissenschafter zu ihm, ein Mann, der während Schliemanns letzten Lebensjahren einen starken und wohltuenden Einfluß auf ihn ausüben sollte.

Professor Rudolf Virchow war Schliemanns Einladung gefolgt. Sie hatten schon manche Briefe gewechselt, aber jetzt war der Zeitpunkt gekommen, in dem ihre Zusammenarbeit eng und intim wurde. Virchow, der bedeutende Arzt, stand im selben Alter wie der Archäologe. Er war als Dreißigjähriger durch die Erfindung eines neuen Systems der Pathologie berühmt geworden. Später trieb ihn seine humanitäre und freiheitliche Gesinnung dazu, Mitglied des Reichstages zu werden, und hier tat er sich als Politiker hervor. Emil Ludwig, dem alle späteren Schriftsteller, die sich mit Schliemann befassen, für seine Schliemann-Biographie zu Dank verpflichtet sind, hat in beglückender Weise ergründet, was diese beiden so verschiedenen Geister verband.

„Beide hatten schon in der Jugend die Grenzen ihres Berufes überschritten und sich Seitenwege in die Welt geschlagen oder wenigstens gesichert... Und im Vollgefühl ihrer Stärke hatten beide sich freiwillig und ohne Eigennutz eine zweite Last aufgeladen, jener aus revolutionärem Mitgefühl, dieser aus Ehrgeiz und dem Triebe zu höheren Aufgaben... Unerschrocken, human und kühl, war Virchow der Mann, neue Erkenntnisse zu unterstützen, woher sie auch kommen mochten, und unterschied sich von anderen Lehrern an deutschen Universitäten durch eine Sachlichkeit, die personelle Fragen über Herkunft, Bildungsgang, Religion, Verwandtschaft eines selbständigen und umkämpften Geistes niemals aufkommen ließ."

Durch diese Eigenschaften war Virchow dem ungestümen Ausgräber ein unschätzbarer Freund und Mitarbeiter. Sein kühler, wissenschaftlicher Geist stellte sich Schliemanns ungebändigtem Vorwärtsdrängen mäßigend entgegen, hatte dabei aber genug Weitblick, um seine Genialität zu erkennen und ihm ermutigend zur Seite zu stehen, ohne sich durch seinen Mangel an akademischer Vorbildung beirren zu lassen. Und da Virchow begütert war, konnte niemand ihm nachsagen, seine Haltung sei durch Schliemanns Reichtum beeinflußt.

Zugleich mit Virchow erschien Emile Burnouf, der Ehrendirektor der Französischen Schule in Athen, und nun wurde den ganzen Sommer hindurch gemeinsam gearbeitet: Schliemann leitete die Ausgrabungen, Burnouf zeichnete Pläne, Virchow studierte die Flora, die Fauna und die geologische Beschaffenheit der trojanischen Ebene sowie den Zustand der freigelegten Ruinen und Schuttmassen.

Schliemann und Virchow machten auch Ausflüge in die Umgebung von Troja. Sie suchten das unwichtig gewordene Bunarbaschi auf, stellten die Temperatur der viel umstrittenen Quellen fest, und zu Heinrichs Genugtuung bestätigte sein Freund, daß die Temperaturunterschiede kaum nennenswert seien. Sie bestiegen gemeinsam den Berg Ida und fanden die Quelle des Skamander, der eine so bedeutende Rolle in der Topographie der *Ilias* spielt. Am Ende des Sommers verband den ehemaligen Indigohändler eine enge Freundschaft mit dem großen Gelehrten, und als Schliemann im darauffolgenden Jahre sein achthundert Seiten starkes „Ilios" veröffentlichte, war es Virchow, der die Vorrede verfaßte.

„Vorläufig jedoch steht der große Trümmerberg auch objektiv betrachtet als ein ebenso singuläres Phänomen da, wie dichterisch die ‚heilige Ilios'. Er hat nicht seinesgleichen. Nicht einmal ein Maßstab der Beurteilung für ihn ist in irgendeiner andern Trümmerstätte gegeben… Mit dieser Ausgrabung ist für die Arbeit der Archäologen ein ganz neuer Schauplatz eröffnet, gleichsam eine Welt für sich. Hier beginnt ein ganz neues Wissen."

Virchows Denken war unvoreingenommen, denn er war nicht wie Schliemann von dem leidenschaftlichen Wunsche beseelt, homerische Parallelen aufzufinden, und so konnte er die Bedeutung der Entdeckungen seines Freundes voll ermessen. Aber Schliemann war immer noch verwirrt durch die Tatsache, daß sich sieben Schichten in dem riesigen Krater zeigten, den er inmitten des Hügels ausgehoben hatte, und nach seiner Meinung konnten nur die unteren Lagen der homerischen Zeit angehören. Er stellte die Behauptung auf, die

dritte Schicht von unten, die sogenannte „verbrannte Stadt",
sei Priamos' Troja, aber seine Unsicherheit kommt in seinem
Buche in ergreifender Weise zum Ausdruck.

„Ich kann dieses Kapitel über die dritte, die verbrannte
Stadt nicht schließen, ohne noch einmal zu untersuchen,
ob diese hübsche kleine Stadt mit ihren Ziegelmauern, die
kaum 3000 Einwohnern Unterkunft zu gewähren ver-
mochte, identisch gewesen sein kann mit der großen
Homerischen Ilios unsterblichen Ruhmes, jener Stadt, die
zehn lange Jahre hindurch den heldenmütigen Anstrengungen des vereinigten, 110 000 Mann zählenden griechischen Heeres widerstand..."

Nur der Umstand, daß er über kein zuverlässiges Staffeldatierungssystem (auf Grund von Keramikfunden) verfügte,
ließ ihn verkennen, daß sein homerisches Troja, das heißt die
Stadt, die 1180 v. Chr. existierte, hier vor seinen Augen ausgebreitet lag. Hätte er das gewußt, so hätte er sich nicht mit
der elenden prähistorischen Siedlung abgegeben, die auf dem
Grunde seines Kraters lag. Die Mauern von Homers Troja
nahmen die oberen Schichten ein[1], und zwar waren sie ebenso
massiv wie ihre mykenischen Zeitgenossen und für Schliemanns romantische Phantasie ebenso beglückend. Er kannte
und bewunderte sie – hatte er sie nicht verschont beim Graben nach älteren Überresten? – aber er meinte, sie stammten
aus der Zeit des Lysimachos, nur 300 Jahre v. Chr.

[1] Dörpfeld bezeichnete später die sechste Lage von unten als das homerische
Troja. Dies wurde allgemein angenommen, bis zu Professor Blegens Ausgrabungen in Troja, kurz vor dem zweiten Weltkriege. Blegen stellte neun Lagen
fest, von denen Nr. 7 A heute als die Ilios des trojanischen Krieges gilt.

Virchow veranlaßte Schliemann, 1881 seine trojanische Sammlung dem deutschen Volke zu schenken, aber dies gelang erst, nachdem der geschickte Politiker alle Hebel in Bewegung gesetzt hatte, um seinem Freunde das Ehrenbürgerrecht der Stadt Berlin und unter anderen Auszeichnungen den Pour le Mérite zu verschaffen. Es fiel Schliemann nicht leicht, den Hohn der deutschen Gelehrten und die verächtlichen Äußerungen der Presse über seine ersten trojanischen Entdeckungen zu verzeihen.

Er hatte im Jahre 1881 die gute Jahreszeit mit Ausgrabungen in Griechenland und zwar in dem von Homer erwähnten Orchomenos verbracht. Dort hatte er ein mykenisches „Tholos-Grab" gefunden, das er in Anlehnung an Pausanias für ein „Schatzhaus" hielt. Im folgenden Jahre kehrte er wieder nach Troja zurück, diesmal in Begleitung des jungen Dörpfeld, der um die Ehre, mit ihm arbeiten zu dürfen, gebeten hatte. Dank seiner Architektenausbildung war Dörpfeld imstande, die komplizierten Schichtungen von Hissarlik zu unterscheiden und in Plänen niederzulegen. Es gelang ihm auch, ähnlich wie Virchow, dem vorstürmenden Schliemann etwas Einhalt zu gebieten und voreilige Veröffentlichungen auf Grund unexakter Ausgrabungspläne zu verhüten. „...nur durch einen korrekten, genau der Wirklichkeit entsprechenden Plan", empfahl er Schliemannn, „werden wir die Gegner vollständig zum Schweigen bringen können." So wurde der alte Löwe allmählich gezähmt – zu seinem eigenen Vorteil und zu dem der Wissenschaft – wenn auch etwas auf Kosten seiner ursprünglichen Begeisterung.

In dieser Zeit war Sophia nicht mehr an seiner Seite in Troja, wo sie in den ersten Jahren ihrer Ehe den antiken Schatz gefunden hatten. Sie stattete ihm manchmal kurze Besuche ab, denn sie fehlte ihm sehr, wenn er allein war. Einmal schrieb er ihr von seiner Hütte auf dem trojanischen Berge:

> „Ich brenne vier Kerzen, aber es bleibt dunkel im Zimmer, während Deine Augen alles beleuchten würden. Das Leben ohne Dich ist nicht auszuhalten."

Während er weiter mit dem ewigen Problem der trojanischen Schichten kämpfte, hinderte ihn die türkische Regierung daran, seine Forschungen fortzusetzen. Ein neues Hemmnis war ersonnen worden. In der Nähe von Hissarlik befand sich eine verfallene Festung, die niemanden interessieren konnte, es sei denn die türkische Armee. Die Regierung behauptete, Schliemann sei ein Spion, und verbot ihm, weitere Vermessungen zu machen. Er kehrte nach Athen zurück und versuchte wieder, den Beistand seiner mächtigen Freunde zu gewinnen. Deutsche, Engländer und Amerikaner sollten durch Vermittlung ihrer Gesandtschaften in Istambul an der Beseitigung der behördlichen Hindernisse arbeiten. Er schlug sogar Bismarck vor, einen andern deutschen Gesandten für die Türkei zu bestimmen, da der vorhandene sich nicht genügend für seine Belange einsetzte. In der Zwischenzeit machte er mit Sophia und den Kindern eine Reise nach Ankershagen, um ihnen seine Heimat zu zeigen. Der Müller, der einst Homer rezitierte, lebte noch und wurde der Familie vorgeführt. Auch mit Minna Meincke kamen sie zuammen. Sie war eine umfangreiche und etwas weinerliche alte Frau geworden.

Wie wir vorher gesehen haben, folgten dann zwei Arbeitsperioden in Tiryns. Dabei machte er eine Entdeckung, die zwar seinen Wissensdurst befriedigte, seinen Glauben an die

dritte Schicht aber ernstlich ins Wanken brachte. In der Zitadelle hatten er und Dörpfeld die Grundmauern eines Megaron
(Versammlungshaus) gefunden, das durch die ganze Anordnung des Raumes und der Säulen so sehr dem in der *Odyssee*
beschriebenen glich, daß es keiner andern als der homerischen
Zeit angehören konnte. Dies war etwas völlig Neues, aber es
warf ein schwieriges Problem auf. In Troja hatte Dörpfeld
in der sechsten Schicht, die Schliemann dem dritten vorchristlichen Jahrhundert zuschrieb, ein ähnliches Megaron entdeckt. Für einen Augenblick war Schliemann nahe daran, die
Wahrheit zu erfassen: nämlich, daß eine der *oberen* Schichten
Priamos' Troja enthielt.

Priamos' Troja, gewiß – aber wie stand es mit „Priamos'
Schatz", den Schliemann tief unten in der zweiten Schicht
gefunden hatte: diese Kleinodien, die in seiner Phantasie der
Helena selbst gehört hatten, diese herrlichen Gold-Diademe,
mit denen er an jenem denkwürdigen Tage des Jahres 1872
die Stirn seiner jungen Frau schmückte? Wenn Priamos'
Stadt in der sechsten Schicht lag, so konnte der gefundene
Schatz niemals Priamos gehört haben, sondern irgend einem
unbekannten Barbaren, der einige Jahrhunderte früher gelebt
hatte. Eine Zeitlang wollte er sich keine Blöße geben, sondern
versuchte, das Problem von sich fernzuhalten.

Eines stand fest: die Tonwaren und sonstigen in Tiryns
gefundenen Gegenstände glichen denen von Mykenä auffallend; es war mit Sicherheit anzunehmen, daß beide Städte
von demselben Volke bewohnt worden waren. Aber von welchem? Schliemann hielt sie für Phönizier. Andere waren nicht
damit einverstanden. Inzwischen untersuchten die Gelehrten
aufs genaueste die Kostbarkeiten aus Mykenä, Tiryns und
Troja, und wenn sie nicht zu den Originalen gelangen konn-

ten, neigten sie sich über die zahllosen Stahlstiche in Schliemanns umfangreichen Büchern. Theorien wurden aufgestellt und wieder verworfen, andere an ihre Stelle gesetzt. Ein Gelehrter behauptete, die goldene Maske „des Agamemnon" sei eine byzantinische Christusmaske. Andere Gelehrte, die sich zwar vor Schliemanns Genie beugten, bestanden darauf, daß die Gegenstände viel älter seien als Homer oder selbst als der trojanische Krieg.

Diese Ansicht teilte auch ein einunddreißigjähriger Engländer, der Schliemann im Jahre 1882 in Athen aufsuchte. Er hatte vor kurzem geheiratet und war nun mit seiner Gattin nach Athen gekommen, um sich von seinem Vater, einem namhaften Altertumsforscher, den Schliemann aus England kannte, bei ihm einführen zu lassen. Der Engländer hörte höflich zu, als Schliemann von Homer sprach, schien aber nur oberflächlich interessiert. Was ihn viel mehr fesselte, waren die goldenen Gegenstände aus Mykenä, vor allem die fein gravierten Schieber und die Siegelringe, die er eingehend mit seinen prüfenden, kurzsichtigen Augen betrachtete. Er liebte die klassische Kunst nicht, und deshalb bezauberten ihn diese Gegenstände um so mehr. In manchem erinnerten sie ihn an assyrische und ägyptische Gemmen, und doch erschien hier das Tintenfisch-Motiv, was der Ägäis angehörte. Es war rätselhaft.

Der Name des jungen Mannes war Arthur Evans.

Im Jahre 1886 suchte der jetzt vierundsechzigjährige unermüdliche Schliemann nach weiteren homerischen Landschaften, die er durchforschen konnte. Wohin sollte er sich wenden? Er hatte den Berg von Hissarlik weit aufgerissen. Mykenä hatte sein Gold hergegeben. Orchomenos war erforscht. Was blieb noch zu tun? Da war Kreta mit seinen „hundert

Städten", das Reich des Minos, von dem der Historiker Thukydides sagte:

> „... Minos war der erste, von welchem die Überlieferung meldet, daß er eine Flotte in See gehabt; wie er denn das jetzt sogenannte griechische Meer größtenteils beherrschte, auch die zykladischen Inseln unter seiner Botmäßigkeit standen, von welchen er die meisten zuerst angebaut hat, indem er die Karier daraus vertrieb und seine Söhne als Häupter... einsetzte. Und damit seine Einkünfte um so eher einlaufen könnten, säuberte er auch, wie leicht zu erachten, das Meer so viel als möglich von den Seeräubern."

Thukydides gab nur eine Legende wieder, aber Schliemann setzte großes Vertrauen in Legenden und volkstümliche Überlieferungen. Homer hatte den mutigen Speerträger Idomeneus, Führer der Kreter vor Troja, besungen:

> „Kretas Volke gebot Idomeneus, kundig der Lanze:
> Alle, die Gnossos bewohnt, und die festummauerte Gortyn,
> Lyktos auch, und Miletos, und rings die weiße Lykastos,
> Phästos und Rhytios auch, die volkdurchwimmelten
> Städte..."

Auch die *Odyssee* enthält viele Erzählungen von Kreta. Im Jahre 1883 wandte Schliemann sich an die türkische Regierung, der Kreta damals unterstand, und bat um Genehmigung für Ausgrabungen. Natürlich begegneten seinem Gesuch zunächst Widerstände, aber drei Jahre später, als er seine Arbeit in Tiryns zu einem Abschluß gebracht hatte, traf er in Kreta ein.

Sir John Myres erzählte mir eine kleine Geschichte, die ihm

und Sir Arthur Evans in Kreta mitgeteilt wurde: nachdem Schliemann auf den Weg nach Knossos, König Minos' legendärer Hauptstadt, gebracht worden war, sank er auf die Knie und dankte dem Idäischen Zeus für das schützende Geleit auf dem Wege. Damit hatte er die frommen Moslem zutiefst schockiert, und es gab wieder einen triftigen Grund, dem überschwänglichen Deutschen Schwierigkeiten in den Weg zu legen. Sir John will sich nicht für die Richtigkeit dieser Geschichte verbürgen, aber sie könnte in den Rahmen von Schliemanns Charakterbild passen.

Wenige Meilen von Herakleion, in einem Tale, das in das gebirgige Innere von Kreta hineinführt, erhebt sich die Anhöhe von Kephala, auf der die Überlieferung das ehemalige Knossos sieht. Im Jahre 1877 hatte der Konsul von Spanien hier fünf Probeschächte einführen lassen, die das Vorhandensein eines Gebäudes von 60 m Länge und 48 m Breite in einer beträchtlichen Tiefe ergaben. Dieses Gelände wollte Schliemann nun erwerben. Die Verhandlungen waren verwickelt; erschwerende Umstände traten ein, deren Schilderung zu weit führen würde. Der Eigentümer lehnte es ab, einen Teil des Grundstückes zu verkaufen. Wollte der Millionär es haben, so sollte er den ganzen Besitz, einschließlich aller Olivenbäume, für 100 000 Franken kaufen. Das war zu viel. Schliemann wußte, daß er in jedem Falle sämtliche Funde den griechischen Behörden überlassen mußte, und so kehrte er nach Athen zurück und ließ den bäuerlichen Besitzer im Ungewissen.

Dann tauchte der große Archäologe wieder in England auf, um in London in einer öffentlichen Debatte den Kritiken eines Engländers namens Penrose entgegenzutreten. Dieser behauptete, Schliemann habe Tiryns falsch datiert: es gehöre einer viel späteren Zeit an. Penrose mußte nachgeben und nahm seine Behauptungen zurück. Dann folgten zwei Reisen nach Ägypten. Auf der zweiten Fahrt im Jahre 1888 begleitete ihn Virchow. Ein Jahr später bot der kretische Grundbesitzer das Gelände für 40 000 Franken an. Schliemann war erfreut, sah sich aber vor, als ihm mitgeteilt wurde, seine Anwesenheit sei nicht erforderlich, um den Kauf abzuschließen, eine Anzahlung würde genügen. Dies forderte den Argwohn des ehemaligen Kaufmannes heraus. Er traf überraschend in Kreta ein und entdeckte, daß der Landeigentümer ihn betrügen wollte – es waren nämlich 1612 Olivenbäume weniger als ursprünglich festgesetzt. Das Gelände von Knossos war zwar inbegriffen, aber diesmal triumphierte das geschäftliche über das archäologische Interesse bei Schliemann. Er brach die Verhandlungen für immer ab.

Ein Jahr nach diesen Ereignissen mußte er sich in Halle einer Ohrenoperation unterziehen und wollte nun in aller Eile die Heimreise quer durch Europa antreten, um Weihnachten in Athen zu sein. Der Winter war sehr kalt, die Ärzte hatten ihn vor der Reise gewarnt. Aber Schliemann sehnte sich nach seinem Heim in Athen, nach Sophia und den Kindern. Trotz der Schmerzen reiste er weiter, unterbrach mehrmals die Fahrt, weil ärztliche Hilfe vonnöten war, und setzte die Reise wieder fort. Er hatte einen großen Teil seines Lebens auf Schiffen und Zügen verbracht und betrachtete das Reisen als lästige Notwendigkeit, aber er hatte nun einmal die Vorliebe der Deutschen für das Weihnachtsfest. Er *mußte* rechtzeitig zu Hause sein.

In Neapel wurde er von so fürchterlichen Schmerzen befallen, daß er gezwungen war, Sophia telegraphisch zu bitten, mit dem Fest bis zu seiner Heimkehr zu warten. Ein Arzt verschaffte ihm einige Erleichterung. Da sein Zustand sich gebessert hatte, beschloß er, die Ruinen von Pompeji zu besichtigen, die sein Vater ihm vor sechzig Jahren geschildert hatte. Das Wetter war kalt, und auf dem Heimweg fingen die heftigen Schmerzen wieder an. Am folgenden Tage, es war Weihnachten, wollte er sich zum Arzt begeben und brach dabei auf der Straße zusammen. Er war gelähmt und konnte nicht sprechen. Die Polizei brachte den unbekannten Fremden ins Spital, doch da sich kein Geld in seinen Taschen fand, wurde ihm die Aufnahme verweigert.

Schließlich wurde der Arzt durch einen Zettel in der Rocktasche des Kranken auf eine Spur geführt, und man brachte den immer noch bewußtlosen Schliemann in ein Hotel. Der herbeigerufene Chirurg stellte fest, daß die Entzündung vom Ohr auf das Gehirn übergegriffen hatte. Am ersten Weihnachtsfeiertage entschlief Heinrich Schliemann sanft, während die Ärzte im Nebenzimmer berieten, wie Hilfe zu schaffen sei.

Seine Reise war zu Ende. Aber seine Entdeckungen, deren Tragweite ihm selbst nicht zum Bewußtsein gekommen war, regten andere suchende Menschen zu einer Reise an, die sogar er kaum erahnt hatte. Einer dieser Suchenden, vielleicht der bedeutendste, war der junge Engländer, den Schliemanns mykenische Schätze so tief beeindruckten, als er ihn mit seiner Gattin besuchte. Viele Jahre später, als er selbst Triumphe feierte, schrieb Sir Arthur Evans über seinen großen Vorgänger:

„Ich hatte das Glück, ihm auf den Feldern seines Ruhmes zu begegnen, und ich erinnere mich noch an das Echo seiner Besuche in England, die ihm wohl die größten Huldigungen seines Lebens eintrugen. Etwas von der Romantik seiner früheren Jahre schien seiner Persönlichkeit anzuhaften, und ich selbst habe noch ein fast unheimliches Bild von dem mageren, feingliedrigen Mann mit dem bleichen Gesicht über dem dunklen Anzug und der Brille von fremdländischer Machart, durch die er – wie ich mir einbildete – tief in die Erde hineinsehen konnte."

Siebentes Kapitel

DIE SUCHE GEHT WEITER

„Kreta ist ein Land im dunkelwogenden Meere,
Fruchtbar und anmutsvoll und rings umflossen. Es wohnen
Dort unzählige Menschen, und ihrer Städte sind neunzig…
Ihrer Könige Stadt ist Knossos, wo Minos geherrscht hat,
Der neunjährig mit Zeus, dem großen Gotte, geredet…"

Mit diesen Worten läßt Homer den Odysseus Kreta beschreiben, und zwar in jener berühmten Szene, als der „Erfindungsreiche" vor Penelope steht, der er glaubhaft machen
will, daß er ein Enkel des Minos sei. Homer kannte Kreta
sicherlich, denn er sagt mit seiner charakteristischen Genauigkeit:

„In des Amnisos gefährlicher Bucht entrann er dem Sturme
Kaum und ankerte dort bei der Grotte der Eileithya."

Ich sah diese Grotte, kurz nachdem ich mit den de Jongs
in Kreta gelandet war. Piet de Jong, der ehemalige Architekt
von Sir Arthur Evans, war in Knossos Konservator am Palaste des Minos und kehrte nach einem Urlaub im Ausland
dahin zurück. Wir hatten uns nach meinem Aufenthalt in
Mykenä und Tiryns in Athen getroffen, und ich wurde freundlichst eingeladen, in der Villa Ariadne zu wohnen, Sir Arthurs
früherem Heim in Knossos, das er dann der Britischen Schule
von Athen vermacht hatte. De Jong, ein gemütvoller, etwa
fünfzigjähriger Mann aus Yorkshire, mit schmalem, sonnen-

gebräuntem Gesicht und festem Blick, ist zunächst schweigsam, bis er sich über sein Gegenüber klar geworden ist, dabei aber freundlich und immer bereit, seine umfassende Kenntnis des Palastes jedem zur Verfügung zu stellen, dessen Interesse über das Touristenniveau hinausgeht. Seine Frau Effie ist Schottin. Sie ist ebenso gesprächig und lebhaft wie er zurückhaltend. Witzig, gut beobachtend, aufgeweckt und klug, verfügt sie über einen unerschöpflichen Vorrat von Geschichten über Archäologie und Archäologen, über Kreta und die Kreter und über Sir Arthur Evans, den großen Gelehrten und Entdecker des Palastes von Knossos, den beide gut kannten und tief bewunderten.

Als wir über die vielen Inseln der Ägäis nach Süden flogen, kam mir zum Bewußtsein, wie ungerne ich mich von Schliemanns Geist trennte. In Mykenä und Tiryns hatte ich seine Anwesenheit fast physisch zu spüren geglaubt, so stark war seine Persönlichkeit mit diesen Orten verbunden. In Athen nahm ich von seinem lebendigen Schatten an recht geeigneter Stelle Abschied, als ich mich vor seinem phantastischen Palaste *Iliou Melathron* in der Universitätsstraße befand, wo wir beim Luftverkehrsbureau auf den Autobus zum Flughafen warteten. Schliemanns Marmorstatuen geistern immer noch vor dem atheniensischen Himmel, obwohl sie jetzt auf ein Gewimmel von glänzenden amerikanischen Automobilen und die geräuschvollsten Straßenbahnen der Welt herunterschauen. Und sogar als unser Flugzeug über dem Strand von Phaleron aufstieg, mußte ich an Schliemann denken, wie er noch im Alter, bei kältestem Wetter, vor dem Frühstück zu baden pflegte. (Rotnackigen, beleibten Männern rief er dann zu: „Geht spazieren! Badet! Der Schlag wird euch treffen!")

Ich sollte nun in den Bereich einer anderen Persönlichkeit

eintreten, die zwar ebenso bedeutend war wie Schliemann, doch viel umfassender und komplizierter. Als Sir Arthur Evans 1941 im Alter von neunzig Jahren starb, hatte er etwas vollbracht, das noch keinem vor ihm gelungen war: er hatte der Kulturgeschichte ein neues Kapitel hinzugefügt. Seine Forschungen ergänzten gewissermaßen Schliemanns Werk. Er baute auf der von Schliemann errichteten Grundlage auf. Und bei allen Charakter- und Temperamentsunterschieden hatten die beiden Großen dreierlei Dinge gemeinsam: beide waren sehr reich; beide waren geniale Egoisten, gewohnt zu tun und zu lassen, was ihnen beliebte, und ihren Reichtum für große Ziele zu verwenden; und beide waren erst in mittlerem Alter Archäologen geworden, nachdem sie auf anderen Gebieten eine erfolgreiche Laufbahn hinter sich gebracht hatten. Als das Flugzeug ruhig über das Meer brummte, warf ich einen Blick auf meine Notizen und versuchte, mir Evans' Lebenslauf zu vergegenwärtigen.

Arthur Evans wurde 1851 geboren, im selben Jahre, als der neunundzwanzigjährige Schliemann von den „Neunundvierzigern" in Kalifornien Goldstaub kaufte. Das Kind wuchs in der Nähe der stillen, kleinen Stadt Hemel Hempstead in Hertfordshire auf, an einem Ort namens Nash Mills. Hier stand die alte Papierfabrik von John Dickinson & Co. John Evans, Arthurs Vater, hatte seine Cousine Harriet Anne Dickinson geheiratet, deren Vater, John Dickinson, der Firma vorstand. Die Evans und Dickinsons waren durch Heiraten eng verkettet und hatten eine Anzahl bedeutender Gelehrter hervorgebracht. Die Familie hatte eine starke Gelehrtentradition. Arthurs Urgroßvater, Lewis Evans, war Mitglied der *Royal Society*, ebenso sein Großonkel, John Dickinson. Sein eigener Vater, John Evans, war ein ausgezeichneter Geologe, Altertumskenner und Sammler, dazu *Fellow*[1] und Schatzmeister der *Royal Society* und, wie Sir John Myres sagte, „ein, führendes Mitglied jener Lubbock, Tylor, Francis Galton und Pitt Rivers vereinigenden Gruppe, die den neuen archäologischen und prähistorischen Studien in England eine wissenschaftliche Basis gab".

Arthur verbrachte Kindheit und Jugend in einer von viktorianischer Gelehrsamkeit durchdrungenen Atmosphäre. Im Studierzimmer seines Vaters, in Nash Mills, standen Kästen mit neolithischen Werkzeugen. Die gelehrten Freunde John Evans' versammelten sich oft in dem gemütlichen, unschönen Hause am Fluß und berieten über die Abhandlungen, die sie wissenschaftlichen Vereinigungen unterbreiten wollten. Im Sommer machten Arthur und seine beiden Brüder, Lewis und Norman, mit dem Vater Ausflüge in England oder Frankreich, um Flintsteine zu sammeln. Arthur hatte mehr Ähnlichkeit mit Lewis als mit Norman, der heiter, unzuverlässig und liebenswürdig war und eines Tages, nach einem Zusammenstoß mit dem Vater, für einige Zeit nach Amerika ging. Sowohl Lewis wie Arthur hatten die Neigungen des Vaters geerbt, und Arthur gewöhnte sich das Sammeln schon in frühen Jahren an. Seine Vorliebe für Münzen wurde durch eine physische Behinderung bis zu einem gewissen Grade bestärkt. In *Time and Chance*, Dr. Joan Evans' verständnisvollem Lebensbilde ihres Halbbruders, finden wir folgende Schilderung:

„Evans war äußerst kurzsichtig und trug nur ungern eine Brille. Ohne Gläser konnte er kleine Gegenstände, die

[1] Mitglied.

er dicht vor seine Augen hielt, mit erstaunlicher Genauigkeit erkennen, während alles übrige in unbestimmtem Nebel verschwamm. *Infolgedessen hatten die Einzelheiten, die er ungestört durch die Außenwelt mit mikroskopischer Exaktheit wahrnahm, größere Bedeutung für ihn als für andere Menschen."*

Dieses scheinbare Hemmnis der Kurzsichtigkeit führte Arthur Evans schließlich nach Kreta und befähigte ihn, eine Zivilisation zu enthüllen und zu deuten, die ebenso hochentwickelt war wie die ägyptische. Er erreichte dies dank seiner fast mikroskopisch genauen Beobachtung der winzigen kretensischen Schieber und Siegelringe, deren Studium ihn auf die Spur des Palastes von Minos brachte.

Es wäre jedoch ein Irrtum, sich den jungen Evans als einen schüchternen, kurzsichtigen Jüngling vorzustellen, dessen Interesse nur der Anthropologie und der Numismatik galt. Er war untersetzt und kurzsichtig und hatte in Harrow nichts für den Sport übrig (er verunglimpfte die Sportfanatiker in seiner satirischen Zeitschrift *The Pen-Viper*, die nach Erscheinen der ersten Nummer verboten wurde), aber seine Konstitution war zäh und widerstandsfähig. Er war ein guter Schwimmer und Reiter und liebte körperliche Anstrengung, solange sie nicht in Form von organisierten Spielen auftrat, denn das langweilte ihn. Er reiste gern, vor allem in unwegsamen Gebieten, und in der Jugend und im mittleren Alter bereitete es ihm besondere Freude, wandernd oder reitend durch die weniger zivilisierten Teile von Osteuropa zu ziehen. Er besaß Mut und Hartnäckigkeit, ein heftiges Temperament und einen festen Willen.

In Harrow wetteiferte er mit Frank Balfour um den Naturgeschichtspreis, bei dessen Erteilung Huxley als Assessor wirkte. In Oxford studierte er Geschichte am Brasenose College und verbrachte die großen Ferien teils mit abenteuerlichen Fahrten durch Osteuropa, teils mit intensiven Studien, für die er sich auf den Broadway Tower in Worcestershire zurückzog. Dieses außergewöhnliche Lustschloß eines Grafen von Coventry aus dem 18. Jahrhundert steht am nordwestlichen Saum der Cotswold Hills und überblickt sieben Grafschaften. Arthur hauste mit einem Freunde im oberen Teil des Turmes, und der unten wohnende Hausmeister und seine Frau versorgten die beiden jungen Leute.

Als Evans bemerkte, wie sehr die Geistesart seines Vaters seiner eigenen glich, gab er sich bezeichnenderweise die größte Mühe, diese Ähnlichkeit auszutilgen. Beide waren Altertumskenner, beide waren Sammler. Mit zunehmendem Alter unterschieden sich Arthurs Interessen auf diesem Gebiet aber immer stärker von denen des Vaters. Als in späteren Jahren der alte John Evans seinem Sohne eine umfangreiche Sammlung von Werkzeugen und Waffen aus der Steinzeit schenkte, war der junge Mann eher verlegen als dankbar. In jener Zeit galt sein Hauptinteresse den Balkanländern, und nach seiner Reise nach Bosnien und der Herzegowina[1] im Jahre 1871 steigerte sich dieses Interesse zu glühender Leidenschaft.

Es ist nicht übertrieben zu behaupten, Arthur Evans habe sich in die südslawischen Länder verliebt. Die Landschaft, besonders die herrliche dalmatinische Küste, die reizvolle Vermischung der Kulturen – römisch, byzantinisch, venezianisch, mohammedanisch – aber vor allem das eigenwillige, freiheitsliebende Volk, all das hatte sein junges Herz gewonnen. Zu jener Zeit litten Bosnien und die Herzegowina unter

[1] Nach dem Ersten Weltkriege in den neuen Staat Jugoslawien eingegliedert.

der brutalen Herrschaft der Türken. Es gab im Balkan Aufstände, blutige Unterdrückung, Plünderungen, Brände, Foltern, Flüchtlingsströme – das traurige Bild, das wir auch heute kennen. Für junge, liberalgesinnte Intellektuelle von Evans' Art waren solche Zustände eine Herausforderung zur Tat. Arthur wurde mit zwanzig Jahren überzeugter Liberaler, Anhänger von Gladstone – den sein konservativer Vater haßte – und Vorkämpfer für die unterdrückten Minoritäten von Osteuropa. Bei seiner Ankunft in Paris bestand seine erste Tat darin, sich einen prächtigen schwarzen Rock mit scharlachrotem Seidenfutter zu kaufen. Da jedoch der Pulverdampf des preußisch-französischen Krieges noch kaum verflogen war, hörte Evans auf den wohlgemeinten Rat eines Zollbeamten, der ihm erklärte, in diesem Aufzuge liefe er Gefahr, als Spion erschossen zu werden. Der Rock wurde weggelegt, sollte sich aber später einmal nützlich erweisen.

In den Ferien des folgenden Jahres machte er mit seinem Bruder in Rumänien Bergtouren und begab sich von da aus nach Bulgarien. 1873 bereiste er einige skandinavische Länder: Schweden, Finnland und Lappland. Er empfing keine besonderen Eindrücke, was Joan Evans folgendermaßen begründet:

„Um sich in fremder Umgebung zu Hause zu fühlen, mußte er eine vollständige Zivilisation und Spuren von historischer Vergangenheit vorfinden. In Lappland aber ergingen sich keine Gespenster..."

oder vielleicht besser gesagt, keine von der Art, die Evans' Sympathie erweckten.

Im Jahre 1879 war er wieder in seinem Adlerhorst auf dem Broadway Tower; im Anblick der sommerlichen Fülle des

Evesham-Tales bereitete er sich auf die Abschlußprüfungen vor. Ein Jahr später errang er einen „First" (bestmögliche Note beim Abschlußexamen) in moderner Geschichte, worauf er noch ein Jahr in Göttingen studierte, ehe er daran dachte, einen Beruf zu ergreifen. Für Papierfabrikation hatte er nichts übrig; eine akademische Laufbahn schien das Gegebene. Seine Versuche, freigewordene *Fellow*[1]-Stellen in *Magdalen* und *All Souls* (den Colleges der Oxford-Universität) zu bekommen, scheiterten; dies beruhte wohl zu einem gewissen Grade darauf, daß die konservativeren Elemente der Oxforder Gesellschaft sich nicht mit seinem strengen Wesen befreunden konnten. Denn damals entwickelte Arthur Evans sich zu einem von Balkanpolitik erfüllten *enfant terrible*.

Er reiste wieder mit seinem Bruder Lewis nach Bosnien. In Brod wurden beide als russische Spione verhaftet, eine Situation, die durch Arthurs Kampflust nicht verbessert wurde. Während des Aufstandes von 1875 war er in Bosnien; als die Herzegowina sich gegen die Türkei auflehnte, hielt er sich in Serajewo auf. Sowohl die mohammedanischen als auch die christlichen Aufständischen liebten und achteten ihn, und in seinen Briefen nach Hause kritisierte er aufs schärfste die laue Haltung der britischen Regierung gegenüber dem Freiheitsproblem der Balkanländer. Begreiflicherweise zögerten die britischen und anderen europäischen Staatsmänner, den Frieden Europas zugunsten der unterdrückten Völker von Bosnien und der Herzegowina aufs Spiel zu setzen, mochten diese noch so heldenhaft und der Unterstützung würdig sein. Aber Evans, der Leben und Leiden dieser Völker aus der

---

[1] Mitglied eines College, das dieselben Rechte wie die Dozenten genießt und ein regelmäßiges Stipendium für wissenschaftliche Arbeiten erhält.

Anschauung kannte und leidenschaftlich gewillt war, ihre Sache zu seiner eigenen zu machen – dieser junge Feuerkopf hatte keine Geduld mit den diplomatischen Subtilitäten der Großmächte.

Er brachte ein Buch über Bosnien und die Herzegowina heraus, sandte ein Exemplar an Gladstone (der seine Anerkennung aussprach) und war begeistert, als der „Grand Old Man" seine Beschreibungen türkischer Greueltaten zitierte. Im Jahre 1877 mischten die Großmächte aufs neue die Karten, und Evans' unglückliches Bosnien wurde von Österreich besetzt. C. P. Scott, der Herausgeber des *Manchester Guardian*, der pro-Gladstone und anti-türkisch eingestellt war, sandte Arthur als Spezialberichterstatter in den Balkan, mit Operationsbasis in Ragusa. Das war ein Auftrag nach seinem Herzen. Voller Freude zog er aus, mit Geld und Hilfsmitteln versehen, die von britischen Gleichgesinnten für die Flüchtlinge gespendet worden waren.

Die nächsten Jahre stellten Höhepunkte in Evans' Jugend dar, deren ausführliche Schilderung in Joan Evans' *Time and Chance* gelesen werden sollte. Wir müssen uns hier damit begnügen, Schlaglichter auf die bedeutendsten Szenen zu werfen: Arthur erforscht unter Lebensgefahr das von Aufständischen besetzte Land; er lernt Abgründe des Grauens in den bedrohten Flüchtlingslagern kennen; er macht den Führer des Aufstandes in seiner Festung ausfindig und interviewt ihn; er schwimmt nackt durch einen angeschwollenen Fluß, Notizbuch und Bleistift unterm Hut befestigt; er besucht eine moslemitische Feste und trägt dabei seinen rotgefütterten Rock mit der Innenseite nach außen, um möglichst orientalisch auszusehen; und bei all dem schickt er seinem entzückten Redaktor einen glänzenden Bericht nach dem andern.

Später wurden diese Berichte in einem Buch zusammengefaßt.

Inmitten dieser politischen und journalistischen Tätigkeit fand er Zeit, römische Bauten auszugraben, mittelalterliche Schlösser zu untersuchen, alte bosnische Inschriften abzuschreiben und einem mit abenteuerlichen Geschichten gespickten Briefe an die Seinen folgende Nachschrift anzufügen: „Sagt Pa, daß ich einen flachen Steinmeißel gefunden habe." Archäologie und Numismatik ließen ihn immer noch nicht los. Nach seinen Abenteuern im Hinterland kehrte er nach Ragusa zurück – mehr denn je in den Balkan verliebt. Er wurde bald zu einer beliebten, exzentrischen Figur in der hübschen Stadt. Wegen seiner schwachen Augen führte er sein Leben lang einen Spazierstock bei sich, den die Familie „Prodger" (Stocherer) taufte. Die Ragusaner waren bald mit Evans und Prodger vertraut, sprachen nur von dem „verrückten Engländer mit dem Spazierstock" und meinten, er habe immer einen Goldbeutel in der Tasche.

In dieser Zeit begann ein persönlicher Konflikt zwischen dem jungen Journalisten und dem Britischen Konsul in Serajewo, Holmes, welcher der Regierung nahelegte, keine Berichte über türkische Greueltaten entgegenzunehmen. Evans zog aus, um Beweismaterial zu sammeln. Auf einer dieser gefährlichen Reisen durchschwamm er einen eiskalten, von Regen und Schneeschmelze angeschwollenen Fluß, um einen Vorposten der Aufständischen zu treffen. Bald darauf erhielt der *Guardian* Berichte eines Augenzeugen über ausgebrannte Dörfer, mit Namenslisten der Opfer. Die Echtheit dieser Beweise konnte auch der britische Konsul nicht anzweifeln, und Evans gewann seine Schlacht.

Dann brach der Krieg zwischen der Türkei und Montenegro aus. Wieder machte der junge Korrespondent sich auf den Weg, teils zu Fuß, teils zu Pferd, und immer brachte er anschauliche Berichte zurück. Während Evans im Bergland von Montenegro umherstreifte, erfuhr er, daß ein alter Freund aus Oxford, der Historiker Freeman, für kurze Zeit mit seinen beiden Töchtern nach Ragusa gekommen war. Arthur hegte große Bewunderung für diesen Mann, der bei der Organisation der Balkanhilfe in England eine führende Rolle gespielt hatte. Auch war seine Eile, Ragusa noch vor Abreise der Freemans zu erreichen, vielleicht nicht ganz ohne Zusammenhang mit Margaret Freemans Anwesenheit.

Wie dem auch sei, der fünfundzwanzigjährige Evans ritt sieben Stunden ohne Unterbrechung, versäumte im entscheidenden Augenblick die Fähre zum Dampfer, nahm ein kleines Boot und ruderte über den Seekanal, bestieg am andern Ufer ein Pferd und ritt den ganzen nächsten Tag, um rechtzeitig nach Ragusa zu gelangen.

Seine Schwester schrieb in dieser Zeit: „er hat einen leicht aufständischen Gesichtsausdruck bekommen..." Margaret Freeman, die den jungen Gelehrten in Oxford kennengelernt und mehrere Jahre nicht gesehen hatte, fand sich einem geschmeidigen, tatkräftigen, sonnengebräunten jungen Mann gegenüber, „welchem", wie seine Schwester vorsichtig schrieb, „ein gewisser Charme nicht mangelte". Margaret verliebte sich in ihn, und im Februar 1878, als sie beide wieder in England waren, verlobten sie sich. Es war bezeichnend für die beiden (Margaret war auch Akademikerin), daß sie zur Feier ihrer Verlobung die Ausstellung trojanischer Altertümer besichtigten, die von jenem außergewöhnlichen Manne, Dr. Heinrich Schliemann, nach London gebracht worden war.

Wir waren ungefähr auf halbem Wege zwischen Athen und Kreta. Unser Flugzeug brummte einschläfernd über dem winterlichen Blau des Ägäischen Meeres. Ein kleines Schiff zog eine allmählich breiter werdende weiße Bahn durch die dunstbedeckte, sonnerhellte Wasserfläche. Schliemann war, wie Homer, mit einem Schiff nach Kreta gefahren. Aber Evans — war Evans geflogen? Ich drehte mich in meinem Sitz nach hinten, um Piet de Jong zu fragen.

„Oh ja, er flog gerne. Er machte regelmäßig Flugreisen, sogar schon in den zwanziger Jahren, als es noch viel weniger sicher und gebräuchlich war als heute. Er probierte gern alles Neue aus –"

„Jedenfalls machte ihn jede Meerfahrt furchtbar seekrank", fügte Effie hinzu, „eine längere Fahrt bedeutete ihm eine wahre Qual. Aber Fliegen regte ihn nicht auf."

Ich zeigte ihnen in meinen Notizen die Stelle über Evans' Spazierstock „Prodger". Sie lächelten bei dieser Erinnerung.

„Dieser Stock", lachte Piet, „war ein Stück von ihm selbst. Er ging nie ohne ihn aus. Es war eine Art Amtsstab, und man kann sich Sir Arthur ohne ihn überhaupt nicht vorstellen. Ich sage Ihnen –", hier lehnte er sich vor, um seinen Worten mehr Gewicht zu geben, „ich bin mit Sir Arthur über Piccadilly gegangen, mittags, als der Platz von Wagen wimmelte, und kaum sah er einen Freund auf der anderen Straßenseite oder ein interessantes Schaufenster, war er schon weg, mitten im Verkehr, schwang den verwünschten Stock und meinte, die Wagen müßten ihn durchlassen! Und das taten sie auch."

„Wie wenn er in Herakleion wäre", ergänzte Effie.

„War er so etwas wie ein Autokrat?" fragte ich.

„Nennen Sie es so, wenn Sie wollen... Nein, eigentlich nicht. Aber er war eine Art wohlwollender Despot, ein Grand

Seigneur – einige Kreter hatten Angst vor ihm – und er liebte Kreta."

„Allerdings", fuhr Piet fort, „lernten wir ihn erst in seinem späteren Leben richtig kennen, als er reich war, Fuß gefaßt hatte und ausgeprägte Eigenschaften besaß. Aber er muß schon als junger Mensch einen eisernen Willen gehabt haben. Vor allem liebte er den Kampf. Schauen Sie, wie er die Österreicher bekämpft hat, seinen Bosniern zuliebe – bis er ausgewiesen wurde. Und was tat er dann anderes, als nach Hause zu gehen, um ein anderes Gefecht anzufangen – mit den Universitätsbehörden, wegen dem Ashmolean Museum. Und das war alles lange bevor er nach Kreta kam."

„In diesem Punkt war er wie Schliemann", sagte Mrs. de Jong. „Sie hatten beide eine erfolgreiche Laufbahn, lange bevor sie sich der Archäologie zuwandten."

Die beiden sahen wieder in ihre Bücher. Ich schaute eine Zeitlang aus dem Fenster, halb hypnotisiert von den sich dauernd verwandelnden Linien der Wellen auf Homers purpurnem Meer. Dann kehrte ich mit einiger Anstrengung zu meinen Notizen und in die Welt zurück, in der Evans gelebt hatte.

Achtes Kapitel

VORSPIEL ZU KRETA

Nach seiner Heirat mit Margaret Freeman im Jahre 1878 nahm Arthur die junge Frau mit nach seinem geliebten Ragusa. Sie kauften ein besonders schönes venezianisches Haus, die *Casa San Lazzaro*, und richteten sich ein. Er arbeitete weiter als Korrespondent des *Manchester Guardian*, widmete sich aber hauptsächlich der Geschichte, den Altertümern und der Politik der südslawischen Völker und Länder. Außerdem beschäftigte er sich ständig mit Archäologie. Er legte Grabhügel frei, erwarb griechische und römische Münzen, studierte dalmatinische Geschichte und besang in lyrischen Briefen an seine Familie die prachtvollen venezianischen Bauten von Ragusa und die illyrische Landschaft. Aber obwohl Margaret ihren Mann sehr liebte, konnte sie sich nicht in Ragusa einleben. Sie hatte nicht viel Sinn für Malerisches, und Schmutz beelendete sie. Das Klima, die fremdartige Ernährung, die Mücken, Flöhe und Moskitos, alles quälte sie und untergrub langsam ihre Gesundheit. Andere Sorgen kamen noch hinzu. Im Jahre 1880 kehrte sie nach Hause zurück, um sich einer Operation zu unterziehen, die ihr ermöglichen sollte, Kinder zu bekommen, doch der Erfolg blieb aus.

Im folgenden Jahre brach ein neuer Aufstand gegen die Österreicher aus. Evans begab sich unverzüglich nach der Zitadelle von Crivoscia, dem Hauptsitz der Aufständischen, und bald darauf tauchten im *Manchester Guardian* wieder die hervorragenden Berichte aus seiner Feder auf, die jeden österreichischen Rückschlag freudig begrüßten.

Es war ein offenes Geheimnis, daß Evans und seine englischen Freunde, die leidenschaftlich an die revolutionäre Bewegung glaubten, eine Erhebung sämtlicher slawischen Völker erhofften. Das war zuviel für die österreichischen Behörden von Ragusa. Evans wurde unter Aufsicht gestellt; sein Haus, seine Frau, seine Hausangestellten, alle wurden überwacht, und als es sich herausstellte (Evans war nicht geschickt im Verbergen), daß in der Casa San Lazzaro Zusammenkünfte von Personen stattfanden, die mit den Aufständischen sympathisierten, erhielten Evans und seine Frau eine Verwarnung. Da er sich nicht fügte, wurde er schließlich verhaftet und in das Gefängnis von Ragusa gebracht. Am 23. April 1881 wurde er verhört, schuldig befunden, freigelassen und samt seiner Frau fristlos ausgewiesen. Sie kehrten nach England zurück, wo die erleichtert aufatmende Familie sie empfing. Ein Familienmitglied schrieb:

> „Arthur ist den ganzen Tag mit dem Prodger bewaffnet in Haus und Garten herumgeturnt und hat dabei die Himbeeren probiert."

Ein anderer Brief sagt:

> „Diese Lektion wird ihn zu Hause halten – hoffe ich."

Die ängstliche Familie hoffte, daß Arthur endlich einen gesetzteren Lebenswandel begänne. Doch bald sah sie sich darin getäuscht. Ruhelos und unbefriedigt, sehnte er sich nur danach, wieder ins Ausland zu gehen. Nach wie vor war sein Herz in Ragusa, doch mußte er vorübergehend ein Plätzchen im akademischen Oxford finden.

Aber der durch vieles Reisen und Studieren geförderte Forschungsdrang, verbunden mit einer gewissen Abenteurerlust, machte es Arthur Evans schwer, sich in die Enge einer Universitätsprofessur zu begeben. Er war zwar Archäologe, schätzte aber weder die Art, wie in Oxford Archäologie gelehrt wurde, noch den „klassischen" Standpunkt von Männern wie Vizekanzler Jowett. Seinem Freunde Freeman, der seine Anschauungen teilte, schrieb er:

„... hier wird ein Lehrstuhl für Archäologie eingerichtet, und man hat mir geraten, mich dafür zu melden. Ich werde es wohl kaum tun, es sei denn, ich hätte wirklich Aussicht, ihn zu bekommen; und, ehrlich gesagt, halte ich es für unwahrscheinlich. Dieser Lehrstuhl soll Professur für klassische Archäologie heißen, und ich nehme an, daß die ausschlaggebenden Persönlichkeiten, inklusive Jowett und Newton vom Britischen Museum (die früher verhinderten, daß ich das Reisestipendium für Archäologiestudenten bekam), die Archäologie auf die Erforschung der vorchristlichen Zeit beschränken wollen. Wie dem auch sei, es scheint mir ebenso vernünftig, eine Archäologieprofessur in die Grenzen der klassischen Zeit zu bannen, wie einen Lehrstuhl für Insular-Geographie oder Mesozoische Geologie zu errichten."

In seiner verständnisvollen Antwort auf diesen Brief riet Freeman ihm, sich trotzdem zu bewerben, schrieb aber warnend:

„Man wird irgendeinen engherzigen *Balliol*[1]-Narren holen, der jedes vernünftige Studium an seiner krummen

---

[1] College in Oxford (d. Übers.).

Nase aufhängen und Ihnen gegenüber die selbstzufriedene Unwissenheit vertreten wird, aber ich würde doch den Versuch machen, und sei es nur, um den Leuten einiges zu sagen."

Den Lehrstuhl bekam schließlich Percy Gardner, ein „klassischer" Archäologe nach Newtons Herzen.

Ende April 1883 unternahmen Arthur und Margaret eine Reise nach Griechenland. Bei dieser Gelegenheit besuchten sie das Ehepaar Schliemann, wie schon erwähnt. Evans war bezaubert von den mykenischen Gemmen, Waffen und Ornamenten aus den Schachtgräbern, aber nicht weil er sie wie Schliemann als homerisch ansah. Er hielt sie für viel älter. Irgend etwas an diesem Stil – der weder hellenisch, noch ägyptisch, noch orientalisch zu nennen war – sprach seinen hochfliegenden Geist sofort an. Er betrachtete die Gegenstände stundenlang, während Margaret sich mit Sophia Schliemann unterhielt.

Wie seine Bemerkungen über die Universitätsbehörden zeigen, verweigerte Arthur Evans die übliche Verbeugung vor der „klassischen" griechischen Kunst. Er verabscheute die enge akademische Geistesart, die jeder Ästhetik abhold war und keinen anderen als den hergebrachten Standpunkt gelten ließ. Er tanzte gewissermaßen außer der Reihe, war individualistisch und fein empfindend, und die sogenannte „mykenische" Kunst – kraftvoll und doch gebändigt, hoheitsvoll und menschlich zugleich – übte eine starke Anziehungskraft auf ihn aus. Sie beglückte ihn und war ihm zugleich ein Rätsel. Wo war ihr Ursprung zu finden? Zu welcher Kultur oder Kulturengruppe hatte sie eine Beziehung? Dieses Problem war für Evans' umfassende Intelligenz weit wichtiger als

Schliemanns Bestrebungen, die mykenische Kunst mit Homers Welt in Einklang zu bringen. Während der folgenden Jahre kehrte er immer wieder zu dem Problem zurück, doch sollte ein Jahrzehnt verstreichen, ehe er die Lösung fand.

Er besuchte Tiryns und Mykenä, die Schauplätze von Schliemanns Triumph, und war besonders gefesselt vom Löwentor, dessen mittlere Säule von zwei Löwen ohne Kopf gestützt wird. Wie verschieden war diese Architektur von derjenigen der griechischen Klassik! Wo war ihr Ursprung? In Mykenä? In Griechenland? Oder in einem anderen Lande? Evans war voller Fragen.

Nach seiner Rückkehr bezog Evans in Oxford ein Haus in der Broad Street; die dunklen viktorianischen Räume wurden durch bunte dalmatinische Gewebe aufgehellt, die an den Sonnenschein und die Farbenpracht von Ragusa erinnerten.

Ein Jahr darauf bekam Arthur endlich eine Anstellung bei der Universität, doch erschien das neue Amt dem ungestümen Geist zunächst nicht sehr verlockend.

Er wurde im Alter von dreiunddreißig Jahren Leiter des Ashmolean Museums. Das Museum wurde im 17. Jahrhundert von Elias Ashmole gegründet. Im Jahre 1884 befand es sich durch die schlechte Behandlung, die ihm zuteil geworden war, in einem so vernachlässigten Zustande, daß es eigentlich keinen praktischen Wert mehr besaß. Diese Tatsache war ein treues Spiegelbild der Gleichgültigkeit, die Vizekanzler Jowett und andere hohe Universitätsbeamte der Archäologie gegenüber an den Tag legten. John Myres schrieb darüber:

„Das Museum wurde lange vernachlässigt. Die Bodleian Bibliothek beraubte es seiner Münzen und Manuskripte, das Neue Universitätsmuseum eignete sich seine naturwissenschaftlichen Sammlungen an. Dann wurden Modelle der ‚Oxforder Gesellschaft für das Studium der gotischen Architektur' hineingestopft; Unordnung und Vernachlässigung herrschten darin. Es lag so eingeengt zwischen anderen Gebäuden, daß an Vergrößerung nicht zu denken war. Dazu hatte es in der Universitätsgalerie eine Rivalin gefunden, seit Ruskins Übernahme des Slade-Lehrstuhls für Schöne Künste."

Für Arthur Evans waren all diese Umstände eine Herausforderung. Mit seiner üblichen Streitlust schickte er sich an, dem Ashmolean die Stellung eines neuen Zentrums archäologischer Studien zu erkämpfen. Hatte nicht die Bodleian Bibliothek die Münzen an sich genommen? Schön, sie sollte sie jetzt zurückerstatten. War die Galerie des alten Tradescant nicht ausgeplündert und in einen Prüfungssaal verwandelt worden? Er, Arthur Evans, würde ihr wieder zu ihrer eigentlichen Bestimmung verhelfen. Aber nicht genug: er kannte einen vornehmen Sammler von Renaissancekunst, Drury Fortnum, der nur darauf wartete, seine prächtige Sammlung der Universität zu stiften – vorausgesetzt, daß diese einen würdigen Rahmen dafür böte. Aber was war würdiger als die Tradescant-Galerie?

Im Keller des Ashmolean fand er die Totenmaske des alten Tradescant im Staube liegend, ebenso die von Bethlen Gabor, einem anderen hervorragenden Gönner des Museums. Beide wurden wieder an einem Ehrenplatze aufgestellt. Endlich entwarf er einen Plan mit allen Einzelheiten für ein verbessertes, modernisiertes, restauriertes und glanzvolles Ashmolean Museum. In gehobener Stimmung begab er sich zu Jowett, um seine Zustimmung einzuholen. Doch der Vizekanzler ließ sich entschuldigen. Er habe alle Hände voll zu tun und könne sich jetzt nicht mit den Plänen befassen, weil er im Begriff sei, Oxford für einen Monat zu verlassen. Auf jeden Fall könne die Universität augenblicklich keine Geldmittel für das Ashmolean aufbringen, da sie für die neuen Lehrstühle beträchtliche Summen brauche. Arthur kehrte rauchend vor Zorn in sein Haus in der Broad Street zurück.

Die Familie hielt den Atem an. Ein Gefecht stand bevor, und Arthur war nichts lieber als das. „Ich sehe ihn schon die zwistbeladene Luft einziehen und höre ihn wiehern wie ein Schlachtroß…" schrieb ein Verwandter.

Der Kampf war lang und zäh. Evans, der sich wider Willen gezwungen sah, Politiker zu werden, erzog sich zum Warten, Manövrieren und Feilschen. Drury Fortnum bot Oxford seine Sammlung wieder an, nebst einer schönen Stiftung, sofern die Universität die Einrichtung eines Zentralmuseums für Kunst und Archäologie in Erwägung zöge, und zwar unter der Leitung des Ashmolean. Das Kuratorium des Museums hatte sich leicht überreden lassen, doch Jowett blieb beharrlich, bis er schließlich nachgeben mußte, da er – als einziger – in der Minorität war. Evans' Vorschlag wurde angenommen. Zur Feier dieses Ereignisses gab er eine Gesellschaft mit zweihundert Gästen in der von Kalklichtern erhellten Oberen Galerie des Museums.

Trotz allem mußte er noch jahrelang für die Beschaffung der nötigen Geldmittel kämpfen, um das Ashmolean neu einzurichten. Aber die Universitätspolitik und die Verwaltungsfragen langweilten ihn; er verschaffte sich Erleichterung, indem er archäologische Forschungen betrieb (in Aylesford grub er ein spätkeltisches Urnenfeld aus) und mit seiner Frau Auslandsreisen unternahm. Sie besuchten die Krim, Yalta,

Kertsch, Batum, Tiflis, Griechenland und Bulgarien, wo sie wegen Spionageverdacht an der Grenze festgenommen wurden, und Margaret schrieb: „Ich weiß nicht, was aus mir geworden wäre ohne meinen ‚Wanzen-Berechner'. ...In zwei Nächten erlegten wir 221 plus 118 plus 90, gleich 429..." Das war im Jahr 1890. Ob unsere jungen Studentinnen – mit oder ohne Sportkleidung – Margarets Gelassenheit einer solchen Situation gegenüber aufbrächten, bleibe dahingestellt.

Arthurs anderes Interesse galt der Numismatik – dem Studium alter Münzen. Seine Phantasie belebte die scheinbar trockene Seite dieser Wissenschaft. Durch seine Fähigkeit, kleinste Zeichen zu entziffern, gelang es ihm, auf sizilianischen Münzen die Unterschriften der Künstler zu erkennen und auf dieser Grundlage eine Art Chronologie der Stile und der politischen Beziehungen unter sizilianischen Städten aufzustellen. Dank diesem hochentwickelten Stilempfinden war er später in der Lage, Einzelheiten der minoischen Zivilisation zu deuten, die sich bei der Untersuchung miniaturartiger, kretischer Siegel herausstellten. Sir John Myres schrieb:

„Das Ashmolean Museum bietet seinem Leiter besondere Vorzüge: die Arbeitsbedingungen sind so großzügig, daß Reisen möglich und sogar erwünscht sind; andererseits wird von dem Leiter erwartet, daß er von Zeit zu Zeit öffentliche Vorträge hält über die Entwicklung des Wissenschaftszweiges, mit dem das Museum in Zusammenhang steht. Für einen Mann von Evans' Fähigkeiten und Veranlagung war dieser Posten wie geschaffen, und Evans schrieb seine meisten wissenschaftlichen Werke in jener Zeit. Doch das Jahr 1894 schiebt sich als Krisenperiode zwischen seine früheren und späteren Tätigkeiten, denn zu

Beginn dieses Jahres machte er seine erste Reise nach Kreta."

Während ich Material für mein Buch sammelte, hatte ich das Glück, in Oxford mit Sir John Myres zusammenzutreffen, der damals über achtzig Jahre alt war. Ich bekam dabei endlich über eine Frage Aufschluß, die mir bisher ein Rätsel gewesen war. Wie kam es eigentlich, daß Sir Arthur Evans, bei seiner Vorliebe für die Balkanländer und seinem Interesse für Numismatik, sich so eng mit Kreta verband?

„Während mehr als einer Generation", sagte mir Sir John, „herrschte bei den Wissenschaftern des Kontinents die Anschauung, daß die Hauptmerkmale der griechischen Kultur unter ägyptischen und mesopotamischen Einflüssen zustande gekommen seien. Aber im Jahre 1890 begann die Reaktion auf diesem Gebiete. 1893 brachte Salomon Reinach ein Buch heraus, *Le Mirage Oriental*, das allen orientalisierenden Theorien den Krieg erklärte. Reinach behauptete, der Westen besäße in hohem Maße eigene Originalität und geistige Selbständigkeit. Evans, der sich ausgiebig mit keltischer Archäologie abgegeben hatte, war von dieser Auffassung zutiefst beeindruckt."

„Zu dieser Zeit", fuhr Sir John fort, „war ich noch Nichtgraduierter, und da Evans sich meistens auf Auslandsreisen befand, hatte ich keine nähere Beziehung zu ihm, bis ich meine Studien beendet hatte. Ich sah ihn zum erstenmal bei einer Gesellschaft in Nord-Oxford. Wir unterhielten uns ein wenig, und ich erzählte ihm von meiner Absicht, nach Griechenland zu gehen, um dort die prähistorische Zivilisation zu studieren.

Er spornte mich sehr zu dieser Arbeit an und sagte, er wolle nach meiner Rückkehr wieder mit mir sprechen. Im

Juli und August 1892 fuhr ich nach Kreta und bereiste den größten Teil der Insel."

Während ich mit Sir John im Studierzimmer seines stillen, altmodischen Hauses in der Nähe der Woodstock Road saß und sein edles, weißbärtiges Gesicht betrachtete (er sah aus wie ein altnordischer König), mußte ich unwillkürlich an den „jungen, schwarzbärtigen Ulysses" denken, mit dem der nur zehn Jahre ältere Arthur Evans 1892 unter der „pelasgischen" Mauer der Akropolis von Athen nach mykenischen Überresten grub. Evans schrieb seiner Frau damals über den jungen Myres:

„Ich bin froh, den jungen Myres hier zu finden, der sowohl das Craven wie das Burdett Coutts Stipendium[1] innehat und in nützlicher Weise Geologie und Archäologie zu verbinden weiß. Wir haben mykenische Ringe betrachtet, unter der ‚pelasgischen' Mauer der Akropolis gewühlt und Stücke von vormykenischen Vasen aufgesammelt. Wir haben einen Vortrag von Dörpfeld gehört, über seine Entdeckung des Brunnens von Enneakrunos, aber er scheint ihn monatelang an verschiedenen Stellen gefunden zu haben…"

Tempora mutantur… Schliemanns glänzender Assistent hatte nicht mehr sein ehemaliges Format.

Im folgenden Jahr starb Margaret. Nach ihrem Zusammenbruch in Ragusa hatte sie sich nie mehr ganz erholt. Wie schon oft, begleitete sie ihren Mann auf einer seiner Mittelmeerreisen. In Alassio wurde sie plötzlich von entsetzlichen Schmerzen befallen und starb innerhalb weniger Stunden, Arthurs Hand haltend.

[1] Ehrenstipendien für Wissenschafter (der Übers.).

„Ich glaube nicht, daß irgendein Mensch ermessen kann, was Margaret mir bedeutet hat", schrieb er seinem Vater. „Alles ist so finster und trostlos... Ich will versuchen, ihre tapfere, lebenstüchtige Art in mir zu erwecken, aber es braucht Zeit, wieder zu Kräften zu kommen."

Das tragische Jahr 1893 war ein Wendepunkt in Arthur Evans' Leben. Durch seinen Aufenthalt in Athen, im Februar und März, hatte sich sein Interesse für mykenische Kunst verstärkt. Beim Studium der kleineren Gegenstände, die Schliemann in Mykenä und Tiryns gefunden hatte, kam ihm eine plötzliche Erleuchtung. In demselben Jahre 1893 waren Evans und Myres einmal in der Schuhgasse in Athen und durchsuchten die Kästen der Antiquitätenhändler. Dabei stießen sie auf kleine drei- und vierflächige Steine mit durchbohrter Achse, auf denen Symbole eingraviert waren, die einem Hieroglyphensystem anzugehören schienen. Damals waren die meisten Antiquitätenhändler mit ägyptischer Hieroglyphenschrift vertraut, aber es schien undenkbar, daß jemals in Europa ein derartiges System existiert habe. Doch hier, auf diesen zierlichen Schriftsiegelsteinen und Siegelringen, zeigten sich Evans' mikroskopischem Blick kleine Symbole, die möglicherweise eine Schrift darstellen konnten. Evans fragte den Händler, woher sie kämen.

„Von Kreta", lautete die Antwort.

Er brütete lange über dem Problem. Es war nicht ausgeschlossen, daß Kreta, das wie eine Art Schrittstein in gleicher Entfernung von Europa, Asien und Ägypten lag, eine Zwischenstufe in der Ausbreitung hieroglyphischer Schrift bedeutete. Evans dachte auch an die Möglichkeit, daß gewisse altägyptische Reliefs, mit Invasionsszenen im Niltal, vielleicht

unter den Eindringlingen Völker der ägäischen Inseln darstellten. Er hatte den liebenswürdigen italienischen Archäologen Federico Halbherr kennengelernt, der ein Jahr früher
in Kreta mit Ausgrabungen begonnen hatte. Auch kannte er
Stillman, einen amerikanischen Journalisten, und Joubin,
von der Französischen Schule in Athen, die beide den Wunsch
hegten, in Kreta zu graben, jedoch durch die türkischen
Behörden daran gehindert worden waren. Aber mit Vorsicht
und Geduld und der diskreten Anwendung von Bestechungs-
geldern konnte vielleicht etwas erreicht werden.

Im Frühjahr 1894 setzte Arthur Evans zum erstenmal den
Fuß auf kretischen Boden.

Vom Augenblick seiner Landung in Herakleion an fühlte
er sich zu Hause. In Ragusa hatte er die venezianische Architektur bewundert. Hier in Herakleion stand der Löwe von
San Marco auf den Zinnen der großen venezianischen Stadtmauer. Es gab edle venezianische Bauten, und da Kreta unter
türkischer Herrschaft war, standen Moscheen Seite an Seite
mit christlichen Kirchen. Hier hatten europäische und orien-
talische Völker sich vermischt. Hier war eine dramatische
Landschaft mit zackigen Kalksteingipfeln, steil abstürzenden
Schluchten, Tälern, die im Frühling idyllisch grünten, und
weißen Sandküsten, die durch das tiefblaue Meereswasser
schimmerten. Und alles war durchdrungen von geschicht-
licher Atmosphäre. Kreter, Hellenen, Römer, Franken, Venezianer, Türken – alle hatten dieser Insel ihre Spuren einge-
prägt.

Homer hatte sie gekannt. Hier war die sagenhafte Heimat
des Königs Minos und seiner Tochter, der Prinzessin Ariadne,
die dem Helden Theseus den kostbaren Faden schenkte, der
ihn, nach seinem Sieg über den Minotauros, in ihre Arme

zurückführte. Im Norden der Insel erhob sich der schnee-bedeckte Ida, wo angeblich noch heute die heilige Grotte zu sehen ist, in der Zeus, der Göttervater, geboren wurde. Und nördlich vom Hafen von Herakleion lag der Berg Iuktas, das sagenhafte Grab des Gottes. Die Kreter behaupteten, wenn man vom Meere aus nach dem Berg schaue, könne man Zeus' bärtiges Profil liegen sehen.

Evans begab sich auf demselben Wege wie Schliemann nach dem legendären Knossos, wenige Meilen von Herakleion entfernt. Hier hoffte er, weitere Beispiele seiner „Pictographien" auf Siegelsteinen zu finden – oder noch mehr: vielleicht sogar gravierte Tafeln in der Art des ägyptischen Rosetta-Steines, mit zweisprachiger Inschrift, die den Schlüssel zur kretischen Ursprache liefern würde.

Ein Kreter, mit dem passenden Namen Minos, hatte bereits in Knossos Gräben gezogen und massive Mauern freigelegt, nebst einem Lager von riesigen *Pithoi* (steinerne Krüge). Das war mehr als genug, um Evans' Appetit zu reizen. Er verkündete beherzt, er handle im Auftrag des „Kretischen Forschungs-Fonds" (den es damals gar nicht gab), und kaufte dem mohammedanischen Grundbesitzer einen Teil des Geländes ab. Zunächst konnte er gar keinen Nutzen daraus ziehen, doch erhielt er – und dies war entscheidend – nach osmanischem Gesetz das Recht, gegen andere Ausgrabungen Veto einzulegen. Fünf Jahre später, als die türkischen Streitkräfte Kreta verließen und Prinz Georg von Griechenland Hoher Kommissar der drei Mächte (Großbritannien, Frankreich und Rußland) wurde, kehrte Evans zurück, erwarb das übrige Gelände und bereitete die Ausgrabung vor. Diesmal wurde der Kretische Forschungs-Fonds Wirklichkeit, und zwar unter der Schirmherrschaft von Prinz Georg von Griechenland; „die Britische Schule für Archäologie in Athen beteiligte sich ebenfalls an der Arbeit", schrieb Myres, „vertreten durch ihren Direktor, D. G. Hogarth, der auf dem Gebiet der Ausgrabung über unschätzbare Erfahrungen verfügte; Subskriptionen kamen hinzu, und die Ausgrabung begann im Winter."

Noch vor dem ersten Spatenstich im Erdreich von Knossos war Evans überzeugt, daß er in Kreta, dessen Landschaft, Traditionen und Volk er liebgewonnen hatte, den Schlüssel zu jener vor-hellenischen Welt finden würde, zu der Schliemanns Funde von Mykenä den Weg gewiesen hatten. In den Jahren vor Beginn der Ausgrabungen war er immer wieder nach Kreta zurückgekehrt und hatte allein oder mit seinem Freunde Myres die Insel in ihrer ganzen Ausdehnung durchforscht. Bei einem dieser Streifzüge, erzählte mir Sir John, bestiegen sie das Hochland von Lasithi und besichtigten die heilige Zeusgrotte von Psychro. „Von da aus", erzählte er, „verfolgten wir eine lange, prähistorische minoische Straße mit Dämmen, Brücken und Festungen und kehrten dann auf einem anderen Wege zurück, wobei wir durch Dörfer kamen und überall nach Schriftsiegelsteinen fragten. Sie wurden ihrer Zauberkraft wegen von den kretischen Frauen hoch geschätzt und beim Stillen der Säuglinge getragen – sie hießen „Milch-Steine".

Diese „Milch-Steine" – von denen das Ashmolean Museum schöne Beispiele enthält – sind linsenförmig, oft auch rund, manchmal oval und der Länge nach durchbohrt, um auf eine Schnur aufgereiht zu werden. So trug man sie schon im alten Kreta um den Hals oder am Handgelenk; offenbar waren sie damals eine Art Erkennungszeichen. Auf jedem war etwas eingraviert, meist in Bildform oder auch mit hieroglyphischen

Zeichen. Sie waren das Merkmal ihres Besitzers, das er auf seinem Eigentum anbringen konnte. Evans war von diesen Siegeln mit ihren Miniaturszenen gefesselt und suchte sie in den entlegensten Teilen der Insel. Und überall fand er Spuren einer einst blühenden Zivilisation: Überreste von Palästen und Städten, manche an den wildesten und unerreichbarsten Plätzen. Aber fast nirgends fand er Zeugnisse hellenischer oder „klassischer" Kultur. Schon bevor er in Knossos grub, schrieb er:

„Die große Zeit von Kreta spiegelte sich noch in Homers Schilderungen der mykenischen Kultur, die wir wenigstens hier gerne ‚minoisch' nennen würden... (nach Minos). Nichts ist für den archäologischen Forscher auffallender als die Spärlichkeit und Unwichtigkeit der Überreste aus der historischen Zeit... Kretas goldenes Zeitalter liegt weit hinter den Grenzen der historischen Periode; seine Kultur breitet sich im Bereich der drei Meere nicht nur mit einer Gleichförmigkeit aus, die später nie wieder erreicht wurde, sondern sie ist praktisch identisch mit der des Peloponnes und eines großen Teiles der ägäischen Welt."

Im März 1899 kehrte Evans nach Kreta zurück, während eines der schlimmsten Stürme seit Menschengedenken. Er wurde von D. G. Hogarth begleitet, der elf Jahre jünger war, aber weit größere Erfahrung in der Ausgrabungstechnik besaß. Dazu kam Duncan Mackenzie, ein stiller Schotte „mit rotem Haarschopf, wechselnden Launen, großen Sprachkenntnissen und reicher Erfahrung im Verfassen von Ausgrabungsberichten". Sie warben unverzüglich kretische Arbeiter an und ließen sie den Hügel von Kephala in Knossos in Angriff nehmen. Gleich zu Beginn kam ein großes Labyrinth von Bauwerken zum Vorschein. Am 27. März schrieb Arthur Evans in sein Notizbuch: „Ein außerordentliches Phänomen – nichts Griechisches – nichts Römisches – vielleicht eine einzige Scherbe von später, schwarzglasierter Tonware unter zehntausenden. Sogar Keramik aus der geometrischen Zeit (7. Jahrhundert v. Chr.) fehlt uns – wenn auch die *Tholoi* (Gräber), die bei der Hauptstraße gefunden wurden, zeigen, daß ein blühendes Knossos weiter unten existiert hat... Nein, seine große Periode reicht mindestens bis in die frühmykenische Periode zurück."

Evans war gekommen, um ein Schriftsystem zu entziffern, aber ehe ein Monat vergangen war, erkannte er, daß er eine Zivilisation entdeckt hatte.

Neuntes Kapitel

DIE SAGENINSEL

Die Grotte der Eileithya öffnet sich wie ein schwarzer Schlund in dem kahlen Hügel, wenige Meilen von Herakleion. Sie liegt nahe an der Straße, die mit vielen Windungen in die Berge hineinführt, und ihr niedriger, etwas vorspringender Eingang ist halb unter einem Feigenbaum versteckt, so daß wir ihn ohne Hilfe des Chauffeurs wohl nicht gefunden hätten.

Die beiden de Jongs und ich ließen uns auf dem Abhang über der Grotte nieder und schauten über den mit Farnkräutern bewachsenen Hang in die Tiefe, wo die Wellen sich am Strande brachen. Der Nachmittag war so still, daß das Gemurmel des Wassers wie leises Flüstern zu uns herauf tönte; und die Atmosphäre war so durchsichtig, daß die kleine Insel der Dia – einer von Zeus begünstigten Nymphe, welche die eifersüchtige Hera in ein Seeungeheuer verwandelt hatte – von unserer Höhe nur einen Steinwurf entfernt schien.

Ein kleiner Fluß, der Amnisos, kam aus einem Seitental und mündete gelassen ins Ägäische Meer. Vor Tausenden von Jahren lag ein Hafen an dieser Mündung, denn von Odysseus heißt es:

„In des Amnisos gefährlicher Bucht entrann er dem Sturme kaum und ankerte dort bei der Grotte der Eileithya…"

– doch seither war alles längst verschlammt, und Herakleion wurde der wichtigste Hafen von Nordkreta. Nur die heilige

Grotte der Eileithya – der göttlichen Geburtshelferin – war immer noch zu sehen, und als Piet und ich ihre Tiefen beim Licht eines Reisigbündels durchsuchten, erhob sich ein flatterndes, quiekendes Heer von Fledermäusen aus den Rissen der Wölbung. Ich hatte solche Mengen dieser Geschöpfe zum letztenmal gesehen, als ich, fünf Jahre zuvor, das Innere der Snofru-Pyramide in Ägypten besuchte. Und Homer hatte sie vor 2500 Jahren ebenso erlebt. Er verglich sie mit den schnatternden Schatten der erschlagenen Freier, die Hermes in die düsteren Hallen des Hades führte:

„…Hiermit scheucht' er sie fort, und schwirrend folgten die Seelen.
So wie die Fledermäus' im Winkel der graulichen Höhle
Schwirrend flattern, wenn eine des angeklammerten
Schwarmes
Nieder vom Felsen sinkt, und drauf aneinander sich
hangen…"

Es gibt noch viele heilige Grotten in den kalkigen Hügeln von Kreta; sie zeugen noch heute von den unzähligen Pilgern, die sie in früheren Jahrhunderten aufsuchten. Ihr Fußboden ist meist mit Tonscherben bestreut – Überreste von Gefäßen, die Gläubige den Göttern weihten. Bei dem sogenannten heiligen Stalagmit, einem winzigen Säulchen in der Grotte der Eileithya, zeigte de Jong mir Reste von der Mauer eines Heiligtums, und auch hier lagen Tonscherben in großen Mengen. Er nahm eine vom Boden auf und hielt sie gegen das Licht des brennenden Büschels: „Römisch", kommentierte er und warf sie weg. Er suchte wieder im Schlamm und zog ein Stück eines dünnwandigen Bechers heraus, wie ich ähnliche in Mykenä gesehen hatte. „Mykenisch" sagte er. Ich steckte die Scherbe in die Tasche, und wir kletterten hinauf ans Tageslicht.

In einer derartigen Atmosphäre ist es nicht schwer, die Gegenwart zu vergessen. Das Flugzeug, das uns vor etwa einer Stunde hergebracht hatte, die griechischen Soldaten bei ihren Kampfübungen am Flugplatz, die wimmelnden, lauten, staubigen, freundlichen Läden im baufälligen Herakleion, wo man Effie wie eine alte Bekannte begrüßte – all das war vergessen, und ganz andere Erinnerungen stiegen in der Seele auf. Die Geschichte der unglücklichen Dia verband sich mit den vielen Mythen und Sagen, die sich in Kreta, der größten griechischen Insel, abgespielt hatten. Kreta war dreitausend Jahre lang der Treffpunkt und auch das Schlachtfeld vieler Kulturen – der minoischen, hellenischen, römischen, fränkischen, venezianischen, türkischen – und trotzdem hat es durch seine Lage tief im Süden, mitten im dunkelblauen Meere, in gleicher Entfernung von Europa, Asien und Afrika, eine Atmosphäre von Entrücktheit behalten.

Als Schliemann in Troja und Mykenä Ausgrabungen machte, wurde er von seinem unerschütterlichen Glauben an den Wirklichkeitsgehalt der homerischen Dichtungen geleitet. Wahrscheinlich entsprang diesem Glauben auch seine Absicht, in Kreta zu graben, denn Homer erwähnt Kreta oft, vor allem in der *Odyssee*. Doch was Arthur Evans zu der Insel hintrieb, war viel eher wissenschaftliche Neugier als sein Glaube an Legenden. Bis nach Kreta hatte er die Spur der geheimnisvollen Hieroglyphenschrift verfolgt, die weder ägyptisch noch babylonisch war, und er setzte seinen ganzen Ehrgeiz in ihre Entzifferung, um seine These beweisen zu können. Diese lautete:

„In dem ganzen heute zivilisierten Gebiet von Europa müssen einst Bilderschriftsysteme existiert haben, wie sie heute noch bei den primitiven Völkern erhalten sind."

Zugleich war er gründlich vertraut mit allem, was Homer und die klassischen Autoren über Kreta erzählt hatten. Da diese Legenden für das Folgende von großer Bedeutung sind, sollen einige von ihnen hier angeführt werden.

Die älteste Überlieferung betraf Zeus, den Göttervater der Griechen, dessen Geburtsort die Sage in eine Grotte des südlichen Kreta versetzte. Einige erzählten, die Grotte sei auf dem höchsten Gipfel des Ida-Gebirges, andere, sie befinde sich auf einem etwas niedrigeren, aber doch majestätischen Berge im Osten, dem Lasithi, den die alten Kreter Dikte nannten.

Rheia, Kronos' Gattin, gebar ihm mehrere Töchter, Hestia, Demeter und die „goldgeschuhete" Hera, aber jedesmal, wenn sie einen Sohn geboren hatte, verschlang ihn der eifersüchtige Kronos.

„... daß nicht der erhabenen Uranionen
Einst ein anderer nähme die Königswürde der Götter.
Denn ihm vertraut' einst Gäa und Uranos' sternige Gottheit,
Daß von dem eigenen Sohne bevor ihm stände Bezwingung,
Ihm, wie gewaltig er war, durch Zeus' des erhabenen Ratschluß...
... Aber da Zeus nun nahte, der Götter und Sterblichen Vater,
Zu der Geburt, jetzt bat sie mit Flehn die trautesten Eltern,
Beide, die Gäa zugleich, und Uranos' sternige Gottheit,

Auszusinnen den Rat, wie geheim sie möchte gebären
Ihren Sohn...
Jene vernahmen sie aufmerksam, und gehorchten der
Tochter.
...Sandten sie dann gen Lyktos, in Kretas fruchtbares
Eiland,
Als ihr die Stund' annahte, den jüngsten Sohn zu gebären,
Zeus, den erhabenen Gott..."

Und Hesiod fährt fort:

„Jetzt hintragend das Kind durch der Nacht schnell-
fliehendes Dunkel,
Kam sie gen Lyktos zuerst; und sie nahm mit den Händen,
und barg es
Unter dem hohen Geklüft, im Schoß des heiligen Landes,
An dem ägäischen Berg voll dichtverwachsener Waldung."

Dem Kronos gab Rheia einen Stein, welchen der Gott für
seinen neugeborenen Sohn hielt:

„Den mit den Händen umfaßt' er, und sandt' in den Bauch
ihn hinunter:
Rasender, welchem der Geist nicht ahndete, daß für die
Zukunft
Statt des Gesteins sein Sohn, unbeschädiget und
unbesiegbar
Nachblieb..."

So kam es, sagten die Griechen, daß Zeus am Leben blieb,
seinen Vater überwand und als König der Götter herrschte.
Minos, der König von Kreta, war laut einer alten Über-

lieferung „der Sohn des Zeus" oder, nach einer anderen Fassung, sein Freund und bevorzugter Gefährte. Auch wurde erzählt, er sei ein bedeutender Gesetzgeber gewesen und habe die erste große Seemacht im Mittelmeer begründet. Es gab keine sichtbaren Zeugnisse dieser Taten, doch die mündliche Tradition war stark und wurde sogar von einem Historiker wie Thukydides anerkannt.

Die Berichte über Minos sind sehr verschiedenartig und enthalten gewisse Widersprüche. Aus allen geht eindeutig hervor, daß er eine mächtige Flotte besaß, die das östliche Mittelmeer beherrschte; einige schildern ihn als weisen Gesetzgeber, andere stellen ihn als Tyrannen hin, und so lebte er auch in der berühmten Legende von Theseus und dem Minotauros. Wir geben sie hier in der von Apollodorus überlieferten Form wieder.

König Minos hatte Athen erobert und verlangte jährlich einen Tribut von zwölf edlen athenischen Jünglingen und Jungfrauen, um sie dem Minotauros zu opfern. Dieses Ungeheuer war die Frucht von Minos' Gattin Pasiphaë, deren entartete Triebe nur durch einen Stier befriedigt werden konnten. Minos ließ von dem kunstfertigen Daedalos ein Labyrinth unter dem Palast von Knossos erbauen und hielt den Minotauros darin gefangen. Das geheimnisvolle Bauwerk war durch seine zahlreichen verschlungenen Gänge, Sackgassen und Scheinwendungen so verwirrend, daß keiner, der sich bis hinein gewagt hatte, jemals ohne Hilfe wieder hinausfinden konnte. Und im Innern lauerte der Minotauros gierig darauf, seine Opfer zu verschlingen. Jedes Jahr, so erzählt die Legende, fanden zwölf blühende athenische Jünglinge und Mädchen auf diese Weise den Tod.

Dann geschah es, daß auch auf Theseus das Los fiel, den

Sohn des athenischen Königs Ägeus. Doch, schreibt Apollodorus[1]:

> „Manche behaupten... er habe sich freiwillig angeboten. Und da das Schiff ein schwarzes Segel hatte, so schärfte Ägeus seinem Sohne ein, ein weißes Segel aufzuziehen, falls er lebend zurückkäme. Und als Theseus nach Kreta gekommen war, verliebte sich Minos' Tochter Ariadne in ihn und bot ihm ihre Hilfe an, wenn er sie dafür nach Athen bringen und zum Weibe nehmen würde. Theseus bekräftigte seine Einwilligung durch einen Eid, und so flehte sie Daedalos an, ihr den Weg aus dem Labyrinth zu verraten."

Daedalos, der große Schmied der griechischen Sagen, war zugleich Künstler, Handwerker und Ingenieur, und Minos hatte ihn gewissermaßen zum Leiter der königlichen Unternehmungen gemacht. Daedalos hatte auch die Kuh angefertigt, in der Pasiphaë sich versteckte, um den Stier anzulocken. Es wird nicht erzählt, welche List die „braunhaarige Ariadne" anwandte, um den erfinderischen Schmied zu seiner Hilfeleistung zu überreden; jedenfalls erreichte sie, was sie wollte, und Apollodorus fährt fort:

> „Auf seinen Wink gab sie Theseus ein Fadenknäuel, als er hineinging. Theseus befestigte den Faden an der Türe und wickelte das Knäuel im Gehen ab. Und nachdem er den Minotauros im entlegensten Teile des Labyrinthes gefunden hatte, erschlug er ihn mit seinen Fäusten; dann folgte er dem Faden und fand den Weg zum Ausgang. Bei

[1] Nach der englischen Ausgabe übersetzt (der Übers.).

Nacht erreichte er Naxos mit Ariadne und den Kindern. (Vermutlich sind die zwölf athenischen Jünglinge und Mädchen gemeint, die geopfert werden sollten.) Hier verliebte sich Dionysos in Ariadne und entführte sie; er brachte sie nach Lemnos, wo sie ihm vier Söhne, Thoas, Staphylos, Oenopion und Peparethos, gebar." „In seinem Kummer über den Verlust der Ariadne", fährt der Dichter fort, „vergaß Theseus bei der Heimfahrt, das weiße Segel aufzuspannen, und als sein Vater Ägeus von der Akropolis aus das Schiff mit dem schwarzen Segel erblickte, glaubte er, Theseus sei umgekommen; da stürzte er sich hinab und starb..."

Aber die Geschichte war noch nicht zu Ende. Als König Minos erfuhr, daß Daedalos heimlich Ariadnes Flucht begünstigt hatte, setzte er den schuldigen Baumeister samt seinem Sohne Ikaros im Labyrinth in Gefangenschaft. Darauf erfolgte die Erfindung der ersten Flugmaschine, dreitausend Jahre vor Leonardo da Vinci...

„Daedalos fertigte für sich selbst und seinen Sohn Flügel an, und als sie in der Luft waren, befahl er Ikaros, weder zu hoch zu fliegen – aus Furcht, der Leim könne an der Sonne schmelzen und die Flügel abfallen – noch zu dicht über dem Wasser, weil sich sonst die Flügel durch die Feuchtigkeit ablösen könnten. Doch der eitle Ikaros hörte nicht auf die Warnung seines Vaters. Er stieg immer höher hinauf, bis der Leim anfing zu schmelzen; dann stürzte er in das Meer, das nach ihm das Ikarische genannt wird, und fand den Tod."

Einem erfahrenen Techniker wie Daedalos konnte ein derartiger Fehler nicht unterlaufen. Er hatte schon genug gelitten durch seine Nachsicht gegenüber der dunkelhaarigen Königstochter und ihrem schönen, wenn auch nicht scharfsinnigen athenischen Freier. Er flog unbeschadet weiter bis zum Hofe des Königs Kokalos in Sizilien. Aber, sagt Apollodorus:

> „Minos verfolgte Daedalos, und überall trug er eine spiralförmige Muschel bei sich und versprach dem, der einen Faden hindurchzuziehen vermöchte, eine hohe Belohnung. Auf diese Weise hoffte er, Daedalos zu finden."

Minos war offenbar ein Kenner der menschlichen Seele.

Wer jemals die Eitelkeit und Selbstzufriedenheit gewisser moderner Erfinder erlebt hat, wird leicht erkennen, wie scharfsinnig der König den Köder für seinen Angelhaken wählte.

> „Als er nach Camicus in Sizilien gekommen war", schreibt Apollodorus, „ging er an den Hof des Königs Kokalos, bei dem Daedalos sich verborgen hielt, und zeigte die Muschel vor. Kokalos (der Herrscher von Sizilien) nahm sie an sich, versprach, sie einzufädeln, und gab sie Daedalos."

Einer solchen Herausforderung konnte Daedalos nicht widerstehen. Er schien für den Nichtfachmann eine ähnliche Verachtung zu empfinden wie der moderne Konstrukteur für den glatten jungen Mann vom Handelsministerium. Er wußte wohl, daß sein neuer Gebieter Kokalos nicht imstande war, die Kurven und Drehungen der Muschel mathematisch zu berechnen – ebensowenig wie damals Theseus, Ariadnes schöner, aber törichter Geliebter, die Windungen und Verschlingungen des Labyrinthes seinem Gedächtnis einprägen konnte. Und ebenso, wie er einst Theseus das Fadenknäuel gegeben hatte, dessen Gebrauch unmißverständlich war, so lehrte er jetzt den König von Sizilien, die Muschel einzufädeln. Die Methode war genial in ihrer Einfachheit.

„Kokalos nahm sie an sich, versprach sie einzufädeln... und Daedalos band den Faden an eine Ameise, und nachdem er ein Loch in die Muschel gebohrt hatte, ließ er die Ameise hindurchgehen. Als Minos die eingefädelte Muschel sah, erriet er, daß Daedalos sich bei Kokalos aufhielt, und verlangte seine Übergabe. Kokalos versprach, ihn auszuliefern, und veranstaltete ein Fest für Minos..."

Und nun folgt eine der sonderbarsten Aussagen der Chronik:

„doch nach seinem Bade wurde Minos von Kokalos' Töchtern ums Leben gebracht..."

Aber warum? Und auf welche Weise?
Hier schweigt sowohl die Geschichte wie die Legende. Welches auch sein Tod war, der große König von Kreta geriet in Vergessenheit, umgebracht von den jungen Töchtern des sizilianischen Königs Kokalos... Und ein sagenhaftes Kapitel in der Frühgeschichte des östlichen Mittelmeeres endet so geheimnisvoll, wie es begonnen hat...

Die Sonne sank hinter dem Vorgebirge zu unserer Linken, als wir uns auf den Weg machten. Wir fuhren die holprige gewundene Straße entlang, kamen durch Herakleion mit seinen engen alten Gassen, ließen die finsteren, venezianischen Festungsmauern hinter uns und folgten der Talstraße, die mit Biegungen auf Knossos zuführt. Es war überraschend, den Ausdruck „halb so alt wie die Zeit" auf dem baufälligen kretischen Omnibus zu lesen, der in einer Staubwolke an uns vorbei ratterte.

Die Häuser lagen hinter uns. Die Talseiten wurden steiler, und zur Linken begleitete uns ein kleiner Fluß, von vielen alten Brücken überwölbt. Während einiger Meilen stieg und fiel die Straße, bis bei einer Senke Mrs. de Jong auf ein paar zusammengedrängte Häuser am Fuß des Abhanges wies.

„Das ist unser Dorf", sagte sie, „und das" – sie zeigte auf schmucke Weinranken, die an den Hängen hinaufkletterten – „sind unsere Reben."

„Meine Frau meint", warf de Jong dazwischen, „daß dies die Reben der Schule sind. Das Grundstück, das den Palast umgibt, wurde von Sir Arthur Evans der Britischen Schule von Athen gestiftet, und wir pflegen es."

Der Wagen hielt vor einem freundlichen, weißgetünchten Landhaus, das durch eine Steinmauer geschützt war.

„Aber wo ist der Palast?" fragte ich.

„Dort, links, hinter den Bäumen", sagte Piet, „Sie werden ihn morgen früh sehen."

„Sie möchten sicher ein Bad nehmen", sagte seine Frau. „Hier ist Manoli", begrüßte sie einen dunkelhäutigen, lächelnden kretischen Diener und ergoß eine Flut von Griechisch über ihn. „Er wird Sie zur Villa führen. Ihr Zimmer steht bereit."

„Villa?" fragte ich. „Ist das ein Hotel?"

„Nein, nein, nein", gab Mrs. de Jong zurück. „Die Villa Ariadne ist Sir Arthur's ehemaliges Heim. Er ließ sie 1912 als ständige Arbeitsstätte bauen und beherbergte seine Freunde darin. Er verbrachte während vielen Jahren Frühling und

Sommer in der Villa. Als er dann zu alt war, um regelmäßig zu kommen, übergab er das Haus der Schule, als Erholungsheim für Studenten. Dies" – sie wies auf das geduckte, gemütliche Landhaus – „ist unser Haus, wir nennen es *Taverna*. Aber Sie sollen in der Villa wohnen – dort oben. Können Sie sie sehen ?"

Sie zeigte auf eine stattliche Fassade hinter einem Schirm von Palmen und Oleandern. Ein kleiner Weg schlängelte sich hinauf unter Büscheln von Bougainvillea. Ich hatte England in der Umklammerung des Februarfrostes verlassen; hier war es schon mild, und ich fühlte den nahenden Frühling.

„Wohnt noch jemand dort?"

„Nein", sagte Mrs. de Jong. „Im Februar ist es noch zu früh für die Studenten. Sie haben das ganze Haus für sich allein. Aber seien Sie unbekümmert, es gibt keine Gespenster; oder höchstens freundliche! Schau, Piet, dieser herrliche Mond." Sie plauderte ohne Atempause weiter und rief mir zuletzt nach: „Das Abendessen ist um acht Uhr!" als ich Manoli durch die duftende Dämmerung zur Villa Ariadne folgte.

Zehntes Kapitel

DIE HERAUSFORDERUNG DES SCHICKSALS
WIRD ANGENOMMEN

Kreta ist eine lange, schmale Insel. Ihre westöstliche Ausdehnung ist viel größer als die nordsüdliche. Öde, fast baum-
lose Bergketten von großer Schönheit durchziehen wie
Rippen das Land. Der höchste Gipfel mißt 2470 m. Die Ge-
birge folgen der westöstlichen Längsrichtung der Insel. Vom
Norden zum Süden werden sie von tiefen Klüften zerteilt. Im
Küstengebiet sind es noch flache Mulden, doch gewinnen sie
an Steilheit, je mehr sie in den Höhenzug einschneiden. In
einem dieser Täler bei der Nordküste, wenige Kilometer von
Herakleion (früher Candia) entfernt, liegt Knossos.

Als Evans im ersten Jahr unseres Jahrhunderts hier mit
Ausgrabungen begann, hatte er folgendes vor sich:

a) ein ziemlich ebenes Tal, mit Hauptrichtung Nord–Süd,
   im Norden die Stadt Herakleion;

b) eine moderne Straße, der westlichen, beziehungsweise
   rechten Talseite folgend (Blick nach Süden);

c) links von der Straße, im Osten, ein großer, abgeflachter
   Hügel, der *Kephala*, auf der östlichen (d. h. linken) Seite
   jäh in das tiefe Bachbett des Kairatos abfallend;

d) im Süden trennt ein anderes abschüssiges Bachbett den
   Kephala von der nach Süden führenden Straße, die auf
   einer Brücke den Wasserlauf überquert.

Das Gelände von Knossos muß als ein beinahe viereckiger
Hügel gedacht werden, der an zwei Seiten – Osten und Süden

– steil abfällt, an den anderen Seiten jedoch ungefähr die gleiche Höhe wie die Umgebung hat. Wir haben es hier nicht mit einer stolzen, bergkrönenden Burg zu tun wie in Mykenä. (Für Leser, die, wie ich selbst, topographische Einzelheiten wenig ansprechend finden, sei gesagt, daß ein klares Bild des Geländes – steil im Süden und Osten, flacher im Westen und Norden – sehr zum Verständnis und hoffentlich auch zum Genuß des folgenden Kapitels beiträgt.)

Als Virchow dreißig Jahre früher über Schliemanns Entdeckungen berichtete, tat er den Ausspruch: „Hier beginnt ein ganz neues Wissen." Nun sollte Evans neunundvierzigjährig – im selben Alter wie Schliemann, als er Troja ausgrub – einen neuen, gewaltigen Beitrag zu diesem Wissen leisten. Aber als er und sein schweigsamer schottischer Assistent mit dreißig einheimischen Arbeitern den ersten Schacht aushoben, ahnten sie kaum, was der Hügel barg. Sie wußten, daß an einer Stelle massive Mauern standen, denn ein kretischer Amateur, Kalokairinos, war vor einigen Jahren darauf gestoßen. Sie wußten auch, daß es einige riesige Tongefäße gab, *Pithoi* genannt – ähnlich denen, die Ali Babas vierzig Räuber geborgen hatten. Außer diesen Tatsachen waren nur Mythen und Legenden aus der nebelhaften Vorgeschichte Europas bekannt.

Aber kaum hatte die Ausgrabung begonnen, so offenbarte der große Hügel seine Geheimnisse – diesmal nicht Schätze von Gold und Edelsteinen, wie Schliemann sie in Mykenä gefunden hatte – sondern Zeugnisse einer reifen, vielseitigen Kunst, die eine Meisterschaft der Planung und des architektonischen Aufbaues verrieten, wie nur eine hochentwickelte Zivilisation sie hervorbringen kann. Der sogenannte „mykenische" Stil war vorherrschend. Der Name kam auf, weil in

Mykenä zuerst Gegenstände gefunden wurden, die weder ägyptisch noch orientalisch zu nennen waren und jene sonderbare frühhellenische Eigenart besaßen, die Evans so faszinierte, als Schliemann ihm seine Schätze zeigte. Und doch war es hier anders. Die kretische Kunst war sozusagen schmelzender, virtuoser, mit einem Anflug von Dekadenz. Und das Ganze trug den Ausdruck ungeheuren Alters und sprach von dauernder, stetiger Entwicklung – anders als die rauhe Burg von Mykenä, das trotzige, freiherrliche Bollwerk auf dem Hügel!

Trotzdem waren hier in Knossos die vertrauten „mykenischen" Charakteristiken, die glockenförmigen Krinolinen der Frauen auf Siegeln und Fresken, sogar der berühmte 8-förmige Schild, den Schliemann triumphierend für homerisch erklärt hatte. Im Vergleich mit diesem Volk erschien Homer (700–900 v. Chr.) fast modern. Die Schätze der Schachtgräber von Mykenä stammten ungefähr von 1600 v. Chr. Es erwies sich jetzt mit immer größerer Eindringlichkeit, daß jene Könige und Königinnen, mit ihren goldenen Brustdecken und herrlichen Kleinodien, lange nach den Erbauern des ersten Palastes von Knossos gekommen waren. Evans und seine Mitarbeiter folgten geduldig dem Faden der Ariadne, doch jede Entdeckung brachte neue, unergründliche Geheimnisse herauf. Der Ausgang des Labyrinthes war nicht zu finden.

Allmählich wurde es zur Gewißheit, daß der Hügel von Kephala einen großen Palast von fast drei Hektar Ausdehnung barg oder – besser gesagt – die Überreste von mehreren Palästen. Sie lagen nicht in säuberlichen Schichten einer unter dem andern, sondern waren ineinander verzahnt, weil spätere Erbauer einige Gebäude ihrer Vorfahren benutzt, andere dagegen abgerissen und neu aufgebaut hatten. Doch war alles lange und verhältnismäßig ununterbrochen bewohnt gewesen. Über zwanzig Jahrhunderte lang hatte sich menschliches Leben auf diesem Stück Erde abgespielt. Arthur Evans, der wohl zunächst vom Umfang seiner Entdeckung etwas benommen war, suchte vorerst weiter nach seinen Hieroglyphen – und mit Erfolg.

Er schrieb damals in einem Brief:

„Wir haben eine Art Barren aus gebranntem Ton gefunden, ähnlich geformt wie ein Steinmeißel, aber an einem Ende abgebrochen, mit Schriftzeichen darauf und etwas wie Zahlen. Ich wurde dabei an eine Tontafel unbekannten Alters erinnert, die ich in Candia kopiert hatte und die aus Knossos stammte und auch zerbrochen war. Die Zeichen sehen aus wie eine Kursivschrift…"

Evans fand, was er gesucht hatte. Es wurden noch mehr Arbeitskräfte herbeigeholt, und endlich gruben über hundert Leute unter der umsichtigen Leitung von Evans, Duncan Mackenzie und dem neu dazugekommenen Theodore Fyfe, der an der Britischen Schule für Archäologie in Athen Architekt war. Evans war einer der ersten Archäologen, der dauernd einen Architekten beschäftigte; andere hatten sich meist damit begnügt, gegen Ende der Ausgrabungen Architekten heranzuziehen, um Pläne zu zeichnen. Evans zog von vornherein einige erstklassige Fachleute zu. Der erste war Theodore Fyfe, dann folgten Christian Doll und zuletzt Piet de Jong.

Wenn auch die architektonischen Werke von Knossos Evans in Staunen versetzten, so galt sein Hauptinteresse doch fürs erste der Bilderschrift, der er auf die Spur zu kommen suchte. Immer zahlreicher wurden die kostbaren Tontafeln mit der mysteriösen hieroglyphischen Schrift, die er auf den Siegelsteinen entdeckt hatte, und er schrieb beglückt an seine Familie:

„Die große Entdeckung besteht für mich in den mehr oder weniger vollständigen Lagern von Tontafeln, die den babylonischen gleichen, jedoch mit der prähistorischen Schrift von Kreta bedeckt sind. Ich habe jetzt etwa siebenhundert Stücke gesammelt. Diese Tatsache ist sehr beglückend, denn um ihretwillen kam ich vor sieben Jahren nach Kreta, und sie ist die Krönung von allem, was ich bisher zusammengetragen habe."

Später schrieb er seinem Vater:

„Was die prähistorischen Inschriften betrifft, so sind sie immer noch ‚im Anrücken‘. Eben bin ich auf das bisher größte Lager gestoßen, einige hundert…"

Und der Korrespondent der *Times* in Athen schrieb am 10. August 1900:

„…die bedeutendste Entdeckung ist die prähistorische kretische Schrift, die beweist, daß das Schreiben bekannt war…"

Das war zu Beginn auch Evans' Ansicht. Doch als sich allmählich immer mehr von der Herrlichkeit des Palastes offenbarte, fing er an zu begreifen – gleichgültig ob es ihm gelänge die Schrift zu entziffern oder nicht –, daß sich ihm wie bisher keinem Forscher die Gelegenheit bot, ganz alleine die Geschichte von zweitausend Jahren europäischer Zivilisation zu schreiben. Er nahm die Herausforderung an und zeigte sich ihr gewachsen.

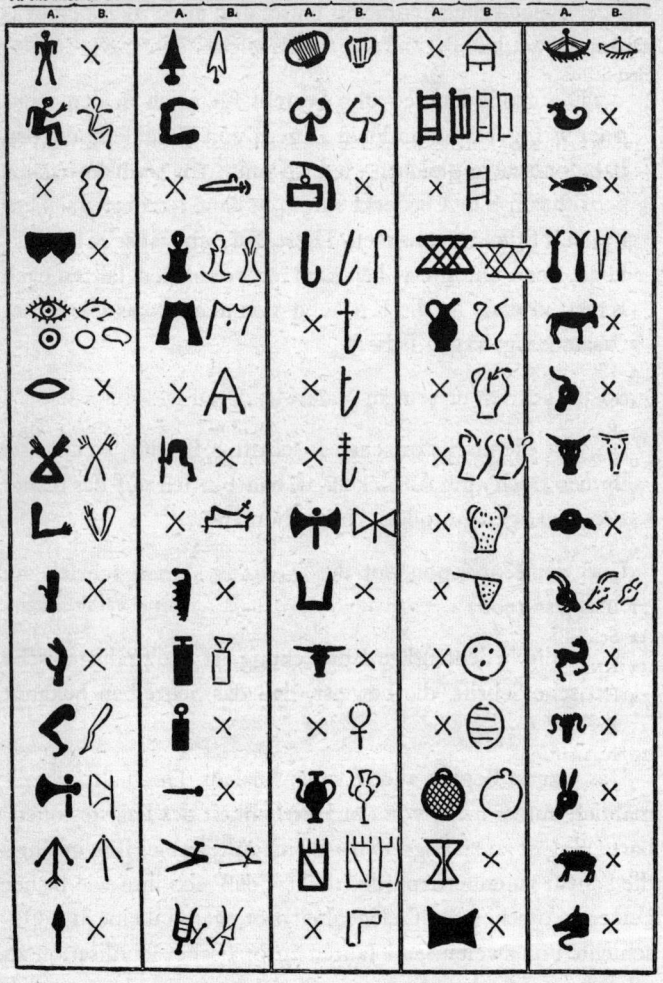

Prähistorische Kretische Schrift, wurde bis heute nicht entziffert

Diskus aus Ton, gefunden im Palast von Phaistos, mit Hieroglyphen auf beiden Seiten.

Auf Strichätzung der Schriften mit der Numerierung von 1 – 45 sind die beiderseitigen Hieroglyphen vereinfacht dargestellt. Die Legende dazu:

Die Zeichen bedeuten vermutlich (nach Evans):

1	Laufender Mann	21	Doppelkamm oder Rechen
2	Männerkopf mit Federschmuck	22	Unbestimmt
3	Kopf mit Ohrringen	23	Schlegel
4	Gefangene	24	Pagodenähnliches Bauwerk
5	Kind	25	Schiff mit Bogen auf dem Bug
6	Frau in kurzem Kleid	26	Stierhorn
7	Weibliche Brust	27	Tierhaut
8	Umwundene Faust	28	Ochsenfuß
9	Tiara	29	Katzenkopf
10	Pfeil	30	Widderkopf
11	Bogen	31	Fliegender Adler mit Schlange
12	Schild	32	Taube
13	Keule	33	Fisch
14	Handschellen	34	Falter
15	Axt	35	vielleicht Rebe
16	Messerform	36	Olivenbaum
17	Ungewiß	37	Pflanze
18	Winkelmaß	38	vielleicht Styrax
19	Hobel ?	39	Safranblüte
20	Vase	40 bis 45	Unbestimmt

Kreta, Trauerszene, Siegelring

Am 5. April wurde eine wichtige Entdeckung gemacht. Das erste Bild eines „Minoers" tauchte auf, eines jener geheimnisvollen Menschen, die den Palast von Knossos vor mehr als 1500 Jahren v. Chr. bewohnt hatten. (Evans hatte den Namen Minoer geprägt, nach Minos, dem sagenhaften Herrscher von Kreta.) Es war ein großer Tag für den Entdecker, und seine Tagebuchaufzeichnungen lassen seine Freude erkennen:

„...frühmorgens, beim allmählichen Abheben der Erdschicht, die den Korridor zur Linken des ‚Megaron' am Südende bedeckte, kamen zwei große Stücke eines mykenischen Freskos zum Vorschein... Eines zeigte den oberen Teil des Kopfes und die Stirn, das andere die Taille und einen Teil der Gestalt einer weiblichen Figur (später stellte sich heraus, daß es ein Mann war), welche ein langes mykenisches ‚Rhyton' in der Hand hielt, das heißt ein hohes, trichterförmiges Gefäß... Die Figur ist lebensgroß, die

Haut hat einen tiefroten Ton, wie man ihn bei Figuren auf etruskischen Gräbern sieht, oder bei den *Keftiu* auf ägyptischen Malereien. Das Profil ist edel; volle Lippen, die untere hat eine eigentümliche Biegung nach abwärts. Das Auge ist dunkel und leicht mandelförmig... Die Arme sind schön geformt. Die Taille ist übermäßig schlank... Es ist weit und breit die bemerkenswerteste menschliche Gestalt der mykenischen Zeit, die bisher ans Licht gekommen ist..." (Siehe Tafel 31.)

Wie gern hätte Schliemann dieses Fresko gesehen!
Zum erstenmal war ein wohlerhaltenes Gemälde gefunden worden, das einen Menschen jener fernen Zeit darstellte, die ungefähr dem mittleren Reich in Ägypten entsprach. Die Entdeckung wirkte in Kreta und weit über dessen Grenzen hinaus wie eine Sensation. Die Presse der ganzen Welt berichtete davon, und auch die Einwohner von Knossos waren tief beeindruckt, obwohl sie die Figur für einen christlichen Heiligen hielten. Nachts wurden Wachen aufgestellt.

Evans schrieb in sein Tagebuch: „Manoli muß nachts das Fresko bewachen, in dem er einen Heiligen mit Heiligenschein sieht. Er hat verworrene Träume. Zorniger Heiliger. Manoli erwacht und hört Muhen und Wiehern. Irgend etwas ist da, etwas Gespenstisches..."

Die Figur schien zu einem Wandgemälde zu gehören, einer Prozession junger Männer, von denen jeder in kultischer Darbringung ein hohes, konisches „Rhyton" trug. Die Gestalt hatte breite, bronzefarbene Schultern, lockiges schwarzes Haar, eine unnatürlich schlanke Taille mit engem Gürtel, muskulöse Oberschenkel und war ausgesprochen stilisiert. Zum erstenmal seit mindestens zweitausend Jahren durften Menschenaugen hier das Bild eines jungen Kreters der prähistorischen Zeit erblicken. Die Ägyptologen waren außer sich, denn sie sahen hier, in seiner eigenen Heimat, einen jener *Keftiu* oder Inselbewohner, die auf den Bildern ägyptischer Gräber den Pharaonen und ihren Würdenträgern Tribut bringen. Wer mit ägyptischen Inschriften vertraut war, kannte schon lange das „Inselvolk" vom „großen, grünen Meere", mit dem die Pharaonen abwechselnd in Krieg oder Frieden lebten. Auf den Wandgemälden der ägyptischen Gräber waren sie an ihren blaugoldenen Lendentüchern von nichtägyptischer Machart kenntlich und an den schönen fremdartigen Gefäßen, die sie in den Händen trugen. Jetzt endlich wurden diese *Keftiu* im eigenen Lande angetroffen, und die von Evans und seinen Assistenten aus den Tiefen des Kephala geförderten Töpferwaren waren zweifellos Fragmente von Vasen, „Rhyta" und anderen Kultgefäßen, wie sie auf den Grabgemälden im ägyptischen Theben abgebildet waren.

Handelte es sich wirklich um die geheimnisvollen Keftiu? Waren es Kreter?

Bald darauf erfolgte die dramatische Entdeckung des sogenannten „Thronsaales". Evans hatte an der Westseite des Hügels gegraben. Was er zuerst freilegte, schien das Erdgeschoß des Palastes zu sein. Es war ein langer Korridor mit Zugang zu den Magazinen oder Lagerräumen, in denen je ein riesiges Tongefäß für Öl (*Pithos*) stand. Ein Stockwerk tiefer lagen enge, ausgemauerte Kästen, wie moderne Safes, in denen Stücke von Goldfolien gefunden wurden, was vermuten ließ, daß hier Wertgegenstände aufbewahrt wurden. (Siehe Tafel 23.) Der ganze untere, westliche Teil des weit-

«Keftiu», vermutlich Kreter
Darstellung auf ägyptischen Grabwänden, vergleiche den Gefäßträger

schweifigen Gebäudes schien, wenigstens während der späteren Periode des Palastes, der Verwaltung gedient zu haben. Man denke sich eine Art kretische „Whitehall", voll von Schreibern und Beamten verschiedener Rangordnungen. Hier wurde das königliche Vermögen gehütet (das Öl stellte einen großen Teil davon vor), und hier lebten diejenigen, die es einzubringen und zu verwalten hatten.

Dann (es empfiehlt sich ein Blick auf den Plan) lag im Osten des Ganges und der Magazine ein großer Zentralhof auf dem Gipfel des Hügels. Er war von Gebäuden verschiedener Größe umgeben, und seine Ost- und Westseiten waren viel länger als die Nord-Südseiten. An der westlichen Seite dieses Hofes schien zunächst der östliche Eingang des Palastes zu liegen (was sich als Irrtum erwies). Und hier fanden Evans und seine Freunde ziemlich bald den Thronsaal.

Sie hielten ihn anfänglich für ein Badezimmer. Zuerst kam ein Vorzimmer mit Ausgang auf den Zentralhof, dann ein weiteres Zimmer mit Sitzen an drei Seiten über einem viereckigen, vertieften Raum, zu dem breite Stufen hinunter führten. Zunächst sah es wie ein Bad aus, bis sich herausstellte, daß nicht für Wasserabzug gesorgt war. Doch der Raum über dem sogenannten „Bad" interessierte Evans und seine Kollegen, Duncan Mackenzie und Theodore Fyfe, am meisten. Hier ist Sir Arthur's Tagebuchnotiz vom 13. April 1900:

„Das Hauptereignis des Tages war das Ergebnis der weiteren Ausgrabungen im Badezimmer. An der Brüstung des Bades zeigte sich am östlichen Ende ein weiterer kreisförmiger Ausschnitt, und da er mit verkohltem Holz – Zypresse – gefüllt war, gehörte die Öffnung vermutlich zu einer Säule. An der anderen Seite der nördlichen Mauer war

Knossos, Rekonstruktion des Palastes

eine kurze Bank, ähnlich wie die des äußeren Raumes, und in kurzem Abstand davon ein einzelner Ehrensitz oder Thron. Er hatte eine hohe Rückenlehne, aus Gipsstein wie der Sitz, teilweise in den Stuck der Wand eingebettet. Der Thron stand auf einer viereckigen Basis und hatte unten ein merkwürdiges plastisches Ornament mit Krabben (beinahe gotisch)."

Dieser Raum, den Evans in seinem Bericht an die *Times* den „Sitzungssaal des Minos" nannte, diente – wie sich später erwies – kultischen Zwecken. Aber hier stand und steht heute noch auf seinem ursprünglichen Platz der edle Thron des Minos, der zweitausend Jahre älter als jeder andere Thron in Europa ist.

Je länger Evans und seine Mitarbeiter das Gelände durchforschten, desto umfassender und komplizierter wurde das Bild.

„Eine Entdeckung folgte auf die andere", schrieb Joan Evans. „Eine ägyptische Dioritstatue, ein großer gepflasterter Hof mit Treppen, ein Fresko mit blühenden Olivenzweigen, ein anderes mit einem Knaben (später als Affe erkannt), der Safran pflückt, ein Fresko mit einer feierlichen Prozession, *ein großes Relief aus bemaltem Stuck mit einem angreifenden Stier*..." (siehe Tafel 9.)

Letztere Entdeckung begeisterte Evans am meisten. Unter den Gegenständen, die Schliemann in den mykenischen Schachtgräbern gefunden hatte, war ihm ein schöner silberner Stierkopf aufgefallen, mit einer Rosette zwischen den Hörnern. Nun fand sich hier in Knossos wieder dasselbe Tier, und zwar auf einem prachtvollen Stuckrelief, das offenbar einmal das Nordportal des Palastes geschmückt hatte. Nicht nur hier, sondern auch an anderen Stellen erschien der Stier, auf Fresken und Reliefs und häufig auf Siegeln. Immer wieder drängte sich Evans die Legende von Theseus und dem Minotauros auf.

„Welche Rolle spielen diese Geschöpfe hier!" schrieb er. „War nicht das eine oder andere in den Tagen der Dorier auf dem Ruinenfeld gesehen worden und hatte Anlaß zu der Tradition des minoischen Stieres gegeben?"

Später folgte die bedeutendste von allen in Knossos gemachten Entdeckungen, nämlich die Überreste eines eindrucksvollen Freskos, das zweifellos einen jungen Mann *beim Salto über einen angreifenden Stier zeigte*, während ein junges Mädchen, ebenfalls in Toreador-Kleidung, hinter dem Tier bereit stand, um ihn aufzufangen. (Siehe Tafel 36.)

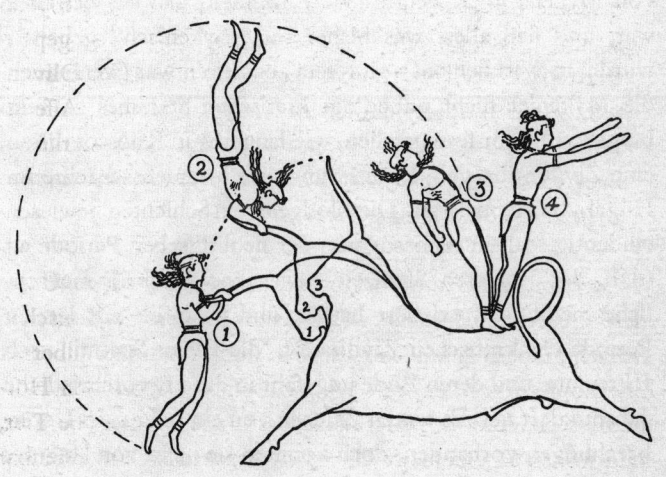

Bald tauchten andere Beispiele solcher Szenen auf und bewiesen, daß bei diesem alten Volk eine Art von Spielen existiert hatte, in denen dem Stier eine bedeutende Rolle zukam. In keiner dieser Szenen war ein Streiter mit Waffe oder ein getöteter Stier zu sehen. Aber wieder und wieder, auf Wandmalereien und Siegelsteinen, auf einer zarten Elfenbeinplastik, überall trat dieselbe unglaubliche Szene auf: die schlanke, geschmeidige Figur des jugendlichen „Stier-Springers" beim Überspringen der Hörner des angreifenden Tieres. Hatte es dennoch eine Art kultischen Opfers gegeben? Waren diese Jünglinge und Mädchen die athenischen Geiseln, die nach der Sage jedes Jahr dem Minotauros als Tribut dargebracht wurden?

Welchem Volke gehörten sie an? Waren es „Mykenier" – Zeitgenossen jener Menschen, deren Leichen Schliemann in den Schachtgräbern gefunden hatte? Oder waren sie sogar noch älter? Obwohl die in Knossos entdeckte Zivilisation der von Mykenä glich, zeigte jede Einzelheit, daß sie viel älter war, und daß alles, was bisher für „mykenisch" gehalten wurde, in Wirklichkeit von Kreta abzuleiten war (wenn auch die Mykenier nicht unbedingt kretischen Stammes zu sein brauchten). Um festzustellen, wie lange es in Knossos schon eine Zivilisation gab, legte Evans tiefe Versuchsschächte im Hügel von Kephala an. Die bloßgelegten Schichten bewiesen eindeutig, daß in Knossos von der neolithischen Periode an (d. h. der Jüngeren Steinzeit, etwa 3000 v. Chr.), menschliche Siedlungen existiert hatten, und zwar bis zur letzten Periode der kretischen Zivilisation, die Evans Spätminoisch III nannte, und deren Ende ungefähr in das 11. vorchristliche Jahrhundert fiel. Es waren Zeichen von ein oder zwei Unterbrechungen vorhanden, doch konnten sie nicht von längerer

Dauer gewesen sein. Die kretische Zivilisation verlief nicht in der üblichen Kurve von primitivem Anfang über einen langen Aufstieg zur Blütezeit und zum Verfall. Evans erfaßte bald die Ursache dieses Phänomens. In der fernen Zeit, in der es noch keine Seemacht gab, lag Kreta völlig isoliert inmitten einer Wasserwüste und blieb daher von Invasionen verschont. Der nächste Nachbarstaat, Ägypten, besaß keine große Flotte. Ägypten und Kreta pflegten nur kulturelle und kommerzielle Beziehungen.

Langsam baute Kreta seine Seemacht auf. Evans und seine Mitarbeiter fanden überall Zeugnisse der engen Verbindung, die zwischen den Herrschern von Knossos und den Randstaaten des Mittelmeeres bestanden hatte. An Wänden und Säulen, auf gemalten Fresken und gravierten Siegeln, überall erschien der Dreizack – das Symbol der Seemacht. Die Schöpfer der schönen kretischen Töpferwaren, hauptsächlich in der mittleren und späteren Epoche, verwendeten immer wieder Meeressymbole – Tiere wie den Polyp, den Delphin, den Seeigel, den Seestern. (Siehe Bild.) Im Gegensatz zu den grimmigen Burgen von Mykenä und Tiryns war Knossos beinahe nicht befestigt. Es brauchte keine Mauern – das Meer bot ausreichenden Schutz. Wieder schien die alte Überlieferung recht zu behalten: König Minos war der Begründer der ersten großen Seemacht des Mittelmeeres. War Kreta der Ausgangspunkt der ägäischen Zivilisation? War dies die Antwort auf das Rätsel, das der alte Heinrich Schliemann zu lösen versucht hatte?

Arthur Evans glaubte die Lösung zu sehen und war entschlossen, es zu beweisen. Mit kühnem Gedankenflug, der jede gelehrte Pedanterie ausschloß, verkündete er in der *Times* im August desselben Jahres:

Minoische Vasen mit Meeresmotiven

„...das Reich des sagenhaften Minos, des großen Eroberers und Gesetzgebers, der am Ende seiner zeitlichen Herrschaft das Richteramt in der Unterwelt übernahm, der Wohnsitz des Daedalos, des Vaters der architektonischen und bildenden Künste, das Land der geheimnisvollen Daktylen, jener frühesten Bildner von Eisen und Erz, die Zufluchtsstätte der Europa und der Geburtsort des Zeus: alles das war Kreta, das in fernen Zeiten eine hochentwickkelte Kultur beheimatete, die noch vor dem Aufdämmern der geschichtlichen Zeit dahinschwand... Unter den prähistorischen Städten von Kreta wurde Knossos, Minos' Hauptstadt, von der Legende als die bedeutendste bezeichnet. Hier verkündete Minos seine Gesetzgebung, welche, wie die von Moses und Numa Pompilius, göttlichen Ursprungs war; hier wurde eine Seemacht begründet, die das Seeräubertum austilgte, die Inseln des Archipels eroberte und das besiegte Athen tributpflichtig machte. Hier erbaute Daedalos das Labyrinth, die Höhle des Minotauros, und verfertigte die Flügel – oder Segel –, mit denen er und Ikaros über das Ägäische Meer flogen..."

Es war für die ganze Welt eine glückliche Fügung, daß der Mann, dem das Los beschieden war, die tiefsten Wurzeln der europäischen Geschichte bloßzulegen, nicht nur die Geduld und Wahrheitsliebe eines Gelehrten besaß, sondern außerdem Intuition, Eindrucksfähigkeit und dichterische Phantasie. Teils durch Zufall, vorwiegend aber durch gesunde Urteilskraft, hatte Evans in der Mitte seines Lebens eine Aufgabe gefunden, für die er hervorragende Voraussetzungen mitbrachte. Er wußte jedoch, daß er ganz alleine damit fertig werden mußte, ungehemmt durch Komitees und offizielle

Körperschaften, einzig und allein sich selbst gegenüber verantwortlich. Zu Anfang waren die Ausgrabungen teilweise vom „Kretischen Forschungs-Fonds" finanziert worden, aber die Ausgrabungskosten für ein so umfangreiches Gelände waren hoch, und durch den Ausbruch des südafrikanischen Krieges blieb nicht viel Geld für Archäologie übrig. Es wurde vorgeschlagen, einen neuen Aufruf für Bereitstellung von Geldmitteln ergehen zu lassen, und zwar unter der Leitung von George Macmillan, dem berühmten Verleger, dessen Familie seit Generationen mit den Evans' befreundet war. Aber in einem Brief an seinen Vater, im November 1900, gab Evans unzweideutig zu verstehen, wie er die Lage beurteilte.

„Der Palast von Knossos", schrieb er, „war meine Idee und mein Werk, und es stellt sich heraus, daß der Fund die Hoffnungen eines oder mehrerer Lebensläufe übertrifft. Daß der ‚Fonds' mir helfen sollte, ist etwas anderes. Wenn Du mir das Geld persönlich geben wolltest, so wäre es recht angenehm. Und könnten wir nicht ein bißchen Knossos in der Familie behalten! Ich bin aus verschiedenen Gründen fest entschlossen, die Sache nicht irgendeiner Gesellschaft anzuvertrauen, hauptsächlich aber, weil ich allein die Kontrolle über das behalten muß, was ich persönlich unternehme. Es mag anderen Leuten anders ergehen, aber bei mir ist es so, und wenn meine Art auch nicht die beste ist, so ist sie doch die einzige, die für meine Arbeit taugt..."

John Evans kannte seinen Sohn und willigte ein. Glücklicherweise war er ein reicher Mann. Von diesem Augenblick an wurden die Kosten für die Ausgrabung und Rekonstruktion des Palastes von Knossos sowie für die Publikationen während mehr als dreißig Jahren zuerst aus John Evans' und nachher aus Arthur Evans' Privatvermögen bestritten. Es ist schwer, die Höhe der Gesamtkosten genau abzuschätzen, aber sie betrugen annähernd eine Viertelmillion englische Pfund.

Evans war nicht der einzige, der im Frühjahr 1900 in Kreta große Entdeckungen machte. Während er in Knossos ausgrub, gelang es einem englischen Archäologen, der an der anderen Seite der Insel arbeitete, in eines der furchtgebietendsten Heiligtümer der Welt einzudringen: in die Geburtshöhle des Zeus.

Elftes Kapitel

DIE GEBURTSHÖHLE DES ZEUS

„Rheia, gesellt zum Kronos, gebar hochherrliche Kinder,
Hestia, und, mit Demeter, die goldgeschuhete Here,
Dann des Aides Macht, der in unterirdischer Wohnung
Haust, unerbarmendes Sinns, und den brausenden Länder-
      erschüttrer,
Auch den waltenden Zeus, der Götter und Sterblichen
      Vater,
Dem, wenn er Donner entschwingt, das gebreitete Land
      weit aufbebt.
Diese verschlang nun Kronos, der schreckliche, so wie
      ein jeder
Aus der Gebärerin heiligem Schoß auf die Kniee gesetzt
      ward:
Dessen besorgt, daß nicht der erhabenen Uranionen
Einst ein anderer nähme die Königswürde der Götter."

So schrieb der Dichter Hesiod etwa siebenhundert Jahre
vor Christus und legte damit in erschütternden Versen die
Mythen fest, die er von einer viel früheren Zeit ererbt hatte.
Einige Jahre bevor Arthur Evans die endgültige Ausgra-
bungskonzession für Knossos erhielt, hatte er den Berg
Lasithi erforscht, den die Alten Dikte nannten und wo Zeus'
Geburtsstätte liegen sollte. Obwohl Evans im Frühjahr 1900
ganz mit dem neuentdeckten Palast von Knossos beschäftigt
war, hatte er doch die große Berghöhle auf den Höhen des

Lasithi nicht vergessen. Er hatte da im Jahre 1896 eine Liba-
tionstafel mit Inschrift gefunden, aber abgestürzte Felsen hatten
ihn verhindert, tiefer in die Höhle einzudringen. Doch jetzt
betrat der gestrenge D. G. Hogarth den Schauplatz der Ereignisse. Er war damals Direktor der Britischen Schule für Archäologie in Athen und hatte sich durch Ausgrabungen im
Mittleren Osten Erfahrungen erworben (die Evans fehlten).
Im Mai 1900, während Evans und Mackenzie am Hügel von
Kephala arbeiteten, machte Hogarth einen entschlossenen
Angriff auf die Diktäische Höhle oder – wie sie auch genannt
wird – „das Höhlenheiligtum von Psychro". Er hatte alle Vor-
teile auf seiner Seite, denn endlich herrschte Frieden auf der
Insel, und die Einwohner, die sich vorher mißtrauisch gegen
Fremde gezeigt hatten, waren den Engländern jetzt gewogen,
weil sie ihnen geholfen hatten, sich von den Türken zu be-
freien.

Hogarth vereinigte, wie Evans, bildhaftes Vorstellungs-
vermögen mit kultivierter Sensibilität. Als er anfing, Zeus'
Geburtsstätte zu erforschen, war er sich ihrer mythologischen
Bedeutung voll bewußt. In seinem Artikel in der *Monthly
Review*, Januar bis März 1901, schrieb er:

„Hierher wurde die schwangere Königin (Rheia) von
der vorsorglichen Erdenmutter zuerst gesandt, und von
hier aus brachte sie ihr neugeborenes Kind auf den benachbarten Berg. Dieses Kind wuchs dann zu dem Unsterblichen (Zeus) heran, vor dem die Zeit selbst sich beugen
mußte, und der später seine Geburtsstätte wieder aufsuchen
sollte. Denn, sagte uns Lucian in seiner formvollendeten
Weise, hierher brachte Zeus die errötende und ahnungs-
volle Jungfrau Europa, und hier suchte ihr Sohn Minos,

den sie an jenem Tage empfangen hatte, seinen Vater auf, als er, wie Moses, den Kretern ein Gesetz geben wollte. Während die Kreter am Eingang warteten, sagt die Legende, stieg Minos in die Grotte hinab, und als er endlich mit der Gesetzestafel wieder erschien, erklärte er, sie aus Zeus' eigener Hand erhalten zu haben..."

Das war also die heilige Höhle, die noch nie voll erforscht worden war und in die Hogarth und seine Assistenten jetzt eindringen wollten. Er wußte, wie begünstigt er vom Schicksal war, denn er schrieb:

„...die Höhenfesten von Kreta waren in den vergangenen Jahrhunderten kein Arbeitsgebiet für die Forschung; und die Lasithi-Region, die einmal die Venezianer ausschloß und einmal die bewaffneten Türken duldete, ist unbekannter als jeder andere Teil der klassischen Welt. Wachsame und energische Behörden an der Küste und wachsame und stolze Bergbewohner im Landinnern haben in der Tat den größten Teil von Kreta bis auf unsere Tage jungfräulich erhalten."

Natürlich hatte Hogarth Vorgänger. Federico Halbherr, der große italienische Archäologe und Freund von Evans, und Dr. Joseph Hazzidakis, der Leiter des *Candia Syllogos* (Archäologische Gesellschaft in Kreta) hatten Versuche gemacht, die Höhle zu erforschen. Von dort ansässigen Bauern waren ihnen einige Bronzegegenstände, Miniatur-Doppeläxte (das Symbol des Zeus), Messer und andere Waffen abgeliefert worden, aber im Innern der Höhle konnten sie wenig oder nichts ausrichten, weil der obere Teil von Geröll versperrt war.

Als die Insel endlich befreit war, schrieb Hogarth: „Im Mai 1900 überließ ich Mr. Arthur Evans seinen erfolgreichen Unternehmungen im knossischen Palaste des Minos und begab mich nach Psychro mit ein paar Facharbeitern, Steinhämmern, Brecheisen, Sprengpulver und sonstigen Ausgrabungswerkzeugen."

Dann beschreibt er die Höhle.

„Rechts ist eine niedrige Halle und links eine abgrundtiefe Kluft. Letztere hat in Kreta nicht ihresgleichen an Größe und verdient, einen Platz in der Reihe berühmter Kalksteingrotten der Welt einzunehmen. Der Felsen stürzt zuerst senkrecht ab, macht dann aber eine Wendung nach außen und fällt, immer noch steil, über 70 m in pechschwarze Finsternis. Hat man sich bis dahin vorgetastet, dann hält man inne und entzündet ein mächtiges Blitzlicht. Es zeigt sich ein eisiges Gewässer, das von den Sockeln der phantastischen Stalaktitsäulen bis zum Herzen der Grotte reicht. Eine Halle löst die andere ab, von zerklüftetem Gewölbe überdeckt, und der ebenmäßige, schwarze Boden wirft das Licht der Fackeln zurück, die Besucher und Führer tragen müssen. Ein wegloses Labyrinth von Fels und Wasser; vom Eingang her, hoch oben, dringt ein schwacher Lichtschein. Ein würdiger Rahmen für Minos' geheimnisvolles Gespräch mit seinem Vater Zeus und für den Kult einer chthonischen Gottheit..."

Wenn wir heute den Werken der großen Archäologen des 19. Jahrhunderts, wie Hogarth, gegenübertreten, so erfüllt uns ihr markanter Stil mit besonderer Bewunderung. Hogarth, Petrie, Evans, Breasted – sie alle konnten schreiben. Aber auch an Tatkraft und Entschlußfähigkeit mangelte es ihnen nicht, wie aus Hogarths weiteren Ausführungen deutlich hervorgeht:

> „Unsere Pulverladungen machten kurzen Prozeß mit dem Geröll im oberen Teil, und zum Glück hielt das Gewölbe stand. Brecheisen und Steinhämmer vollendeten das Werk des Pulvers... und dann begann die eigentliche Ausgrabung..."

Über die Einstellung von Arbeitskräften hatte er amüsante Ansichten. Er gab viel auf die Vermischung der Geschlechter, denn er stellte fest, „daß die Männer besser arbeiten, wenn sie mit den Frauen wetteifern...", doch diese Methode, die in Zypern und der Türkei erfolgreich war, schien in Kreta zuerst fehlzuschlagen.

> „Zuerst waren die Mädchen von Lasithi sehr scheu und schauten aus der Ferne zwei Mädchen zu, die in Knossos angelernt worden waren und fleißig mit ihren Sieben hantierten. Aber ein etwas kosmopolitischer Dorfbewohner, der 1870 als Volontär auf französischer Seite gekämpft oder geplündert hatte, sandte am dritten Morgen eine ältere Frau mit ihrer Tochter herauf, um seinem Sohn zu helfen, und da brach das Eis. Die lachende Menge schwang Sandsiebe durch die Luft, und alle wollten zugleich eingeschrieben werden. Zusammen mit Schwestern, Basen und Tanten, die das Mittagsmahl heraufbrachten, machten sie die Terrasse vor der Höhle zum heitersten Platz von Lasithi..."

Mit dieser malerischen Arbeitsmannschaft machte Hogarth eine der sensationellsten Entdeckungen in Kreta. Wie er beschrieben hatte, gab es zwei Räume in der heiligen Grotte. In der oberen Halle, die teilweise von den Bauern ausgeraubt worden war, wurden kleinere Bronzegegenstände gefunden, kleine „Doppeläxte", Messer, Armbänder und ähnliches, Reste von hellenischer Keramik, alles ursprünglich Votivgaben für die Gottheit. Diese Dinge stammten aus späteren Zeiten, das heißt aus der „klassischen" griechisch-römischen Epoche, von 500 v. Chr. aufwärts. Aber dann folgte die Erforschung der links gelegenen „abgrundtiefen Kluft", die unzugänglich geblieben war, bis Hogarth mit Sprengpulver und Brecheisen ankam.

„Widerwillig und ohne jede Erwartung stiegen die Männer zu ihrer letzten Aufgabe in die Tiefe. Sie trennten sich ungern von der warmen Sonne, zu der sie von der niedrigeren oberen Mauer leicht zurückkehren konnten, und die Mädchen murrten nicht wenig, als sie den feuchtkalten Schlamm sahen, in dem sie nun suchen sollten..."

Die widerstrebenden Ausgräber arbeiteten sich immer weiter in die Dunkelheit hinein, bis ihre fernen Lichter den obenstehenden Männern nur noch wie Glühwürmchen erschienen, und dann begannen sie im Schlamm, den das Wasser zurückgelassen hatte, zu tasten. Und jetzt geschah etwas Wunderbares.

„Ein eifriger Sucher, der beide Hände für die Arbeit frei haben wollte, steckte seine tropfende Kerze in den Spalt einer Stalaktitsäule und erspähte die Schneide einer Bronzeklinge, die senkrecht darin eingekeilt war. Mit einer Feuerzange aus dem oberen Lager wurde sie herausgezogen und erwies sich als ein echt ‚mykenisches' Messer.

Aber sie konnte schwerlich anders als durch menschliche Tätigkeit in den Spalt hineingekommen sein..."

Die Neuigkeit verbreitete sich wie ein Lauffeuer; Männer und Frauen hörten auf, im Schlamm herumzutasten, und suchten statt dessen in den Zerklüftungen der Stalaktiten – jener schwebenden Säulen von glitzerndem Kalk, die von der Decke der Höhle herabhingen – Ergebnisse äonenlangen, natürlichen Wachstums. Und hier, in Spalten und Rissen, steckten Hunderte und Aberhunderte von Votivgaben: Messer, Miniatur-Doppeläxte, Frauenschmuck, *Fibulae* – dem Gotte von Anbetenden dargebracht, die vor zwei, drei, vielleicht viertausend Jahren in die dunkle Höhle hinabgestiegen waren. Dies war das Allerheiligste, das innerste Heiligtum von Zeus selbst, das vielleicht seit zweitausend Jahren kein menschliches Auge erblickt hatte.

Siegelring oder Gemme mit dem Symbol der Doppelaxt

„In diesem ehrfurchtgebietenden Teile der heiligen Grotte", schrieb Hogarth, „erhoffte man sich am meisten davon, wenn man die Gaben in Nischen unterbrachte, die die Natur selbst geschaffen hatte. Die Gegenstände waren entweder eigens für den Dienst der Gottheit hergestellt, wie die Äxte und Statuetten, oder sie waren persönliche Angebinde der Gläubigen, zum Beispiel Messer, Nadeln und Ringe. Die Tatsache ist ein würdiges Zeugnis für die Phantasiekraft der alten Kreter. In diesen Säulenhallen, von unbekanntem Ausmaß und abgründiger Finsternis, sahen sie den Schauplatz des sagenhaften Gespräches von Minos und Zeus. Und in der Tat bildet die untere Grotte einen wunderbaren Rahmen für die Sage, wie der sinnige Dionysius sie erzählt: der Urherrscher von Kreta begab sich in die Tiefe der Grotte, während sein Volk am Eingang harrte, und erschien erst wieder, nachdem er ein Gespräch mit dem Gotte selbst geführt hatte. Es steht außer Frage, daß es sich hier um die ursprüngliche Geburtshöhle des Zeus handelt. Die vor wenigen Jahren erforschte Höhle auf dem Ida enthielt zwar eine Fülle von Weihgeschenken, doch barg sie kein annähernd so geheimnisvolles Heiligtum. Von allen heiligen Grotten der Welt nimmt die von Psychro durch ihre untere Halle einen einzigartigen Platz ein..."

Zwölftes Kapitel

WUNDER OHNE ENDE

Hogarth hatte wiederum bewiesen, wie fest begründet die alten Überlieferungen waren. Inzwischen hatten Evans und Mackenzie die Ausgrabungen in Knossos fortgesetzt, bis sie am 2. Juni 1900 die Arbeit einstellen mußten. Die Hitze war unerträglich geworden, außerdem gab es in dem Tale Malaria. Im Februar 1901 kehrte Evans jedoch nach Herakleion (damals Candia genannt) zurück, wo er ein türkisches Haus als ständige Operationsbasis pachtete.

„Jeden Tag", schreibt Joan Evans, „ritten Evans, Mackenzie und Fyfe auf Maultieren nach Knossos. Der Weg führte durch ein tunnelartiges Tor über der Befestigungsmauer, an den Aussätzigen vorüber, welche vor der Stadt in Scharen bettelten... Arthur Evans ritt gerne schnell, sogar auf einem Maultier, und beneidete Halbherr um sein edles Roß, bis er endlich selbst ein rasches türkisches Pferd erwarb."

In dieser Zeit fing Evans an zu ermessen, was für eine Aufgabe seiner harrte. Hier war für ein ganzes Leben Arbeit, die weder Hast noch Oberflächlichkeit duldete. Auch war er sich bewußt, daß die Weltöffentlichkeit ihn seit seinem ersten Bericht in der *Times* scharf ins Auge gefaßt hatte. Den alten John Evans, der selbst Altertumskenner war, überwältigte schier die Freude über die Leistungen seines Sohnes, und im Jahre 1901 brachte er es fertig, mit seinen siebenundsiebzig Jahren noch nach Kreta zu fahren. Vater und Sohn machten eine anstrengende und abenteuerliche Reise durch die Insel nach Gortyna, wo sie von dem italienischen Archäologen Federico Halbherr, Evans' treuem Freunde, aufs wärmste empfangen wurden. Halbherr war im Begriff, einen andern minoischen Palast in Phaistos, im Süden, auszugraben, der an Schönheit und Größe nur Knossos nachstand und die Herrlichkeit seiner Lage womöglich noch übertraf. Mehr nach Osten zu, in Gurnia, gruben zwei amerikanische Gelehrte, Miß Boyd und Mr. R. B. Seager, eine minoische Stadt aus. Später förderte Halbherr die schöne „Königliche Villa" von Hagia Triada zutage, während die französischen Gelehrten ihren Beitrag durch die Ausgrabung des kleinen, aber prächtigen „Palastes" von Mallia leisteten.

Arthur Evans' größte Entdeckungen im Jahre 1901 fanden erst statt, als sein Vater im April nach England zurückgekehrt war. Er fand kleine Tonziegel, die er dank seiner phänomenalen Sehkraft enträtseln konnte...

„Aus fünf übereinanderliegenden Prägungen gelang es mir, eine wunderbare religiöse Szene wiederherzustellen: eine Göttin auf einem geheiligten Felsen oder Bergesgipfel, an den Seiten zwei Löwen in heraldischer Stellung, ein Tempel im Hintergrund, vorn ein Anbetender..."

Auch der Laie kann den Reiz dieser Entdeckung empfinden, denn zweifellos sind die beiden Löwen auf dem winzigen Siegel identisch mit denjenigen am Löwentor in Mykenä, und über ihnen steht die Göttin mit ihrem typisch minoischen Falbelrock und nackten Brüsten. Es ist nicht ausgeschlossen, daß eine ähnliche Figur ursprünglich die Säule zwischen den mykenischen Löwen krönte. Wie wir sehen werden, konnte

Kreta, Löwengöttin

Evans später eine zutiefst schöpferische Deutung der minoischen Religion abgeben, deren Göttermutter wahrscheinlich Rheia, Zeus' Mutter, war.

Im Beginn dieser zweiten Ausgrabungsperiode fand Evans auch den schönen Spieltisch, der mit Kristall- und Elfenbeinmosaik und goldenen Fassungen geziert war. Vielleicht hatte er König Minos in seinen Mußestunden zum Zeitvertreib gedient. „Er läßt außerordentliche Pracht vermuten...", schrieb Evans.

Auf architektonischem Gebiet erschloß der Palast immer neue Wunder. Evans begann jetzt, den östlichen Teil des Zentralhofes (siehe Plan) auszugraben, wo das Gelände steil zum Bett des Kairatos abfällt. Hier legte er das große Treppenhaus frei, jenes eindrucksvollste architektonische Werk, das uns von der viertausendjährigen Zivilisation geblieben ist. Aber er begnügte sich nicht damit, es zu entdecken, sondern bewahrte es durch seine geschickte und phantasievolle Restaurierung vor dem unvermeidlichen Zerfall.

„Offensichtlich", schrieb er, „stoßen wir eben erst zu dem wirklichen Kern des Palastes vor. Wir haben bis jetzt eine Halle mit zwei Säulenbasen, zu der eine vierfache Flucht von Treppen führt. Zwei davon, die unter den andern lagen, mußten gestützt werden. Eine Galerie mit hölzernen Säulen umgab den westlichen Teil dieses Raumes. Jenseits der Halle befindet sich ein größerer, erst teilweise ausgegrabener Raum mit etlichen Säulenbasen. Wahrscheinlich handelt es sich dabei um das Haupt-*Megaron* (Halle) des Palastes... Oberhalb der Treppen sind Spuren einer weiteren, höheren Treppenflucht, und außerdem finden wir Anzeichen von zwei über dem Fundament errichteten Stockwerken. Es ist beispiellos und unerwartet."

Es wurde Evans klar, daß die um den oberen Hof gruppierten Gebäude, auf dem Gipfel des Hügels, hauptsächlich Verwaltungszwecken dienten, während die ausgedehnten Privaträume der königlichen Familie viel weiter unten lagen, auf einer Terrasse, die in den steilen östlichen Abhang über dem Bachbett eingelassen war. Daher die Notwendigkeit eines monumentalen Treppenhauses mit ursprünglich fünf Fluchten, von denen drei noch existieren. Mit dem „Großen Treppenhaus", wie Evans es nannte, und der Reihe vornehmer Appartements, zu denen es führt, setzten sich auch Evans und seine hervorragenden Architekten ein Denkmal. Als sie in den schützenden Abhang hineingruben, mußten sie die hohen, überhängenden Mauern stützen, verstärken und zum Teil wieder aufbauen, sonst wären sie zu einem einzigen

Knossos, Rekonstruktion des Palastes

Knossos, Palastrekonstruktion

Trümmerhaufen zusammengestürzt. Wie dies bewerkstelligt wurde, soll später beschrieben werden.

Im Verlauf der Ausgrabungen kamen immer zahlreichere Fragmente von gemalten Fresken ans Licht, aber die meisten waren so klein, daß die Restaurierung des Originals ein wahres Geduldspiel darstellte. Dazu kam noch die Schwierigkeit, daß viele Teile des Spieles fehlten und erraten werden mußten. Das war gerade die Art phantasievoller Restaurierung, die Evans liebte. Er hatte hierfür einen bedeutenden schweizerischen Künstler, M. Gilliéron, zugezogen, der die außerordentliche Fähigkeit besaß, die winzigen Fragmente geduldig zusammenzusetzen und mit feinem künstlerischem Empfinden und großer Genauigkeit das Fehlende wiederherzustellen. Aus diesen Bestandteilen schuf er seine Reproduktionen, die, soweit dies möglich war, an der Stelle der Originale angebracht wurden. Letztere wurden der zweifelhaften Obhut des Museums von Candia anvertraut. Selbstverständlich waren alle Funde Besitz der kretischen Behörden, bis auf die wenigen Stücke, von denen es Duplikate gab. Diese konnte Evans nach England bringen, wo sie mit einigen von Gilliérons schönen Reproduktionen im Ashmolean Museum in Oxford zu sehen sind.

In Kretas Glanzzeit erstrahlten die Gänge, Hallen und Empfangsräume des minoischen Palastes in reichen, lebhaften Farben. Zartes Blau und Grün und rötliches Braun waren auf dem glatten Stuck aufgetragen. Es kann sein, daß die Minoer diese Technik von den Ägyptern übernommen hatten, doch stilistisch besteht nicht die geringste Ähnlichkeit zwischen der steifen, streng stilisierten Kunst der meisten ägyptischen Wandmalereien und dem üppigen Naturalismus der minoischen Fresken. Ich sage ausdrücklich, die „meisten ägyptischen Wandmalereien", denn es gibt eine – aber nur eine einzige – Periode ägyptischer Kunst, die eine bemerkenswerte Ähnlichkeit mit der kretischen aufweist. Es war dies die berühmte „Ketzerzeit" unter Echnaton, als zum ersten und einzigen Male die steifen, hierarchischen Regeln der ägyptischen Kunst durchbrochen wurden und die königlichen Künstler (vermutlich unter Echnatons Anleitung) Menschen, Vögel, Tiere und Blumen nicht gemäß einer religiösen Tradition malten, sondern so, wie sie sie sahen.

Es ist bedeutsam, daß diese Wende um das Jahr 1400 v. Chr. eintrat, dem allgemein angenommenen Zeitpunkt der Katastrophe, die, in Form eines Erdbebens, einer feindlichen Invasion oder beidem zugleich, die kretischen Paläste und damit auch Knossos ereilte. Obwohl es keinerlei Beweise dafür gibt, so drängt sich doch leicht die Vermutung auf, kretische Künstler könnten in dieser Zeit an Echnatons Hof geflüchtet sein.

Einige Fresken stellten menschliche Handlungen dar, andere waren mit reizvollen Naturmotiven geschmückt: Blumen und Gräser, dazwischen gaukelnde Schmetterlinge. Das Symbol der Doppelaxt, das wir von den mykenischen Grabschätzen kennen, trat häufig auf, ebenso der 8-förmige Schild. In Mykenä hatte Schliemann ihn auf winzigen Siegeln und Siegelringen gefunden, hier erschien er in voller Größe als Wandschmuck. (Siehe Bild auf Seite 120.) Nun zeigte sich endlich, woraus der Schild angefertigt war: aus Stierhaut, wie ihn Homer beschrieben hat, und mit Querleisten verstärkt, die wahrscheinlich aus Holz waren. Evans glaubte, die wirklichen Schilde hätten als Wandschmuck in einem der Empfangsräume gehangen, den er „die Halle der Doppeläxte" nannte. Er ließ Wiedergaben aus bemaltem Metall anfertigen und an Ort und Stelle aufhängen. (Sie sind auf Tafel 42 zu sehen.)

Die faszinierendsten unter den farbigen Fresken waren jedoch die Darstellungen minoischer Männer und Frauen – hauptsächlich Frauen. Als sie entdeckt und von Gilliéron restauriert wurden, erregten sie in der ganzen Welt Staunen und Bewunderung. Und mit Recht – denn sie hatten nirgends ihresgleichen, weder bei den klassischen Griechen, noch bei den Ägyptern und Babyloniern, noch bei irgendeinem alten Volk, dessen Malereien oder Skulpturen uns aus ferner Vergangenheit erhalten blieben. Was die minoischen Frauen betraf, ihre Kleidung und den Stil ihrer Haartracht, so war der einzige Vergleich, den die erstaunten Gelehrten ziehen konnten, der mit den eleganten Damen ihrer eigenen Zeit – 1900! Ein französischer Gelehrter brach bei ihrem Anblick in den ungläubigen Ruf aus: *„Mais, ce sont des Parisiennes!"*

Die Tafeln 24 und 25 sowie 27 werden sein Erstaunen verständlich machen. Diese vornehmen minoischen Damen vollziehen offenbar irgendein Hofzeremoniell, vielleicht den Empfang eines ausländischen Gesandten, oder sie genießen eine Darbietung jenes eigentümlichen, grausamen Sportes, bei dem die jungen „Stierspringer" ihre todesmutige Geschicklichkeit zu Schau stellten. Die Gestalten sind auf einer Art Tribüne gruppiert, im Hintergrund staut sich eine Menge von Gesichtern, die im Stil moderner Karikaturen nur skizziert sind: schwarzes Haar, weiße Punkte statt Augen, und weiße Kragen. Rostrote und bräunliche Töne herrschen vor. Den Gegenstand im Mittelpunkt der Tribüne hielt Evans für den Schrein der minoischen Gottheit, denn sein Dach war mit den sakralen „Doppelhörnern" geschmückt. Auf beiden Seiten des

Schreines sind Frauengruppen in viel sorgfältigerer Darstellung. (Siehe Tafel 43.)

Evans untersuchte diese Szenen bis in jede Einzelheit.

„...auf jeder Seite des Miniaturschreines sitzen Gruppen von plaudernden Damen. Sie sind nach der neuesten Mode gekleidet, kunstvoll frisiert und so ins Gespräch vertieft, daß sie gar nicht bemerken, was um sie herum vorgeht... Auf den ersten Blick erkennt man Hofdamen in großer Toilette. Sie kommen frisch vom Friseur, anmutige Locken umwallen Kopf und Schultern. Das Haar wird über der Stirne von einem Band zusammengehalten und fällt dann in langen, mit Perlen- und Steinketten durchflochtenen Zöpfen über den Rücken... Die Puffärmel, eingeschnürten Taillen und Falbelröcke erinnern an unsere heutige Mode. Ein schmales Band liegt über der Brust, wie der Abschluß einer durchscheinenden Bluse, doch die darunter sichtbare Brust läßt eher ein Décolleté vermuten. Die Kleider haben fröhliche Farben. Blaue, rote und gelbe Zonen werden von weißen und schwarzen Streifen belebt... Die Lebhaftigkeit des Gesprächs zwischen Nr. 3 (die Dame mit dem Haarnetz) und ihrer Nachbarin fällt sofort auf. Die letztere bekräftigt ihre Behauptung, indem sie ihren rechten Arm so nach vorne wirft, daß sie der andern beinahe die Hand in den Schoß legt, während ihre Vertraute vor Staunen die ihrige hochhebt – ‚nicht möglich!‘ – Diese Schilderungen von weiblichen Vertraulichkeiten, mondänem Geplapper und Skandal sind weit entfernt von den klassischen Kunstwerken jeder anderen Epoche. Ungebundenes Treiben und Rokoko-Atmosphäre sind unserer heutigen Zeit viel näher...“

Als diese Wunder der Welt nach und nach durch Evans' lebendige Berichte in der *Times* und verschiedenen Zeitschriften bekannt wurden und andere Besucher ergänzende Kommentare abgaben, erfaßte man erst die Größe von Evans' Leistung und die unermeßliche Aufgabe, die er zu bewältigen hatte. Bei seiner Rückkehr nach England im Juni 1901 trugen ihm die bedeutenden kretischen Entdeckungen allgemeine und spontane Anerkennung ein. Er wurde zum *Fellow* der *Royal Society* ernannt (6. Juni 1901), erhielt Ehrentitel in Edinburgh und Dublin und Diplome ausländischer Gesellschaften.

In einer Abhandlung unterbreitete Evans der *British Association* in Glasgow seinen Vorschlag zur Lösung des schwierigen Datierungsproblems der verschiedenen knossischen Schichten. Es war eine kühne, meisterhafte Lösung, und wenn Evans sie auch in späteren Jahren modifizieren und erweitern mußte, so ist sie doch in der Hauptsache noch heute gültig. Er teilte die minoische Kultur in drei Entwicklungsperioden, Früh-, Mittel- und Spätminoisch, welche dem Alten, Mittleren und Neuen Reich in Ägypten entsprechen. Es war eine gewaltige Leistung für einen Einzelnen, ein derartiges System aufzustellen, doch Evans erkannte, daß er in den kommenden Jahren ein festes wissenschaftliches Gerüst aus einer formlosen Masse von Stein, Tonwaren und Freskenfragmenten aufzurichten hatte. Und, wie jeder ehrbare Baumeister, mußte er zuerst für ein solides Fundament sorgen.

Dreizehntes Kapitel

INS LABYRINTH HINEIN

Als Evans 1902 nach Knossos zurückkehrte, um mit der dritten Ausgrabungsperiode zu beginnen, stellten sich finanzielle Schwierigkeiten ein. Er hatte schon etwa 4500 englische Pfund gebraucht, wovon mehr als die Hälfte aus seinem Privatvermögen stammte, während das übrige vom Kretischen Forschungsfonds aufgebracht worden war. Zur Erläuterung für Leser, die mit der Finanzierung archäologischer Unternehmen nicht vertraut sind, sei gesagt, daß die nötigen Geldmittel meistens von einer oder mehreren an dem Projekt interessierten Gesellschaften beschafft werden. Die Mehrzahl der Subskribenten sind in der Regel nur mäßig begüterte Leute, während Universitäten, Museen und andere wissenschaftliche Institutionen über größere Kapitalien verfügen. Doch erwarten sie auch entsprechende Gegenleistungen. Dies trifft hauptsächlich für die Museen zu, die früher sogar einen gewissen Teil der Funde für ihre Sammlungen beanspruchen konnten.

Zu diesem Zeitpunkt entstanden Unstimmigkeiten zwischen D. G. Hogarth, dem Direktor der Britischen Schule von Athen, der das Höhlenheiligtum des Zeus ausgegraben hatte, und Evans, mit dem er jetzt in Knossos eng zusammenarbeitete. Hogarth bezog als Berufsarchäologe selbstverständlich Gehalt und Spesen. Evans, der in „guten Verhältnissen" lebte, um es milde auszudrücken, fand dies unfaßlich. Es kam ihm vor, als benützte man die Religion zum

Geldverdienen. Hogarth seinerseits – und beide waren starke Persönlichkeiten – nahm Anstoß an Evans' Luxusmethoden bei der Ausgrabung, hauptsächlich an seinen kostspieligen Rekonstruktionen von Gebäuden. Diese waren zwar für laienhafte Besucher des Geländes sehr lehrreich, überschritten jedoch bei weitem die archäologischen Notwendigkeiten. Man sprach auf beiden Seiten ziemlich deutlich, wie folgender Brief von Hogarth beweist:

„Sie haben überall dieselben kostspieligen Methoden: beim Ausgraben, beim Sammeln und im gewöhnlichen Leben. Sie sind der Sohn eines reichen Mannes und haben wahrscheinlich nie Geldschwierigkeiten kennengelernt. Petrie steht Ihnen in dieser Beziehung polar gegenüber. Ich sehe in beiden Methoden Vorzüge. Wenn Sie verhältnismäßig viel größere Ausgaben als Petrie machen, so sind Ihre Publikationen auch viel wertvoller, und man sieht ihnen an, daß an nichts gespart wurde, was zur fachlichen Genauigkeit beitragen konnte. Eben dies ist bei Petries groben Plänen und Illustrationen nicht der Fall; auch hinterläßt er ein Gelände nicht so, daß der Besucher durch den Anblick eine Bereicherung erfährt. Aber Ihre Methode hat den Nachteil, daß sie das Publikum nicht zum Spenden anregt. P.'s ganzer ‚Höhlenbewohnerduktus' ist darauf angelegt, den Subskribenten zu überzeugen, daß jeder Pfennig in die Erde hineingeht. Wenn Sie nicht *in forma pauperis* werben, so wird die öffentliche Subskription nichts für Sie übrig haben. Aber das können Sie eben nicht tun. Sie sind als Sammler seltener und kostbarer Gegenstände und als Sohn Ihres Vaters bekannt, und das Publikum würde Ihnen keinen Glauben schenken. Ich greife das nicht aus der leeren Luft, denn ich werde dauernd damit geneckt, wie ‚fürstlich' die Dinge in Kreta gehandhabt werden, und vor kurzem hörte ich, daß über unsere kretischen Häuser solche Berichte heimgebracht wurden – wahrscheinlich von den großen Touristengesellschaften – daß einige alte Subskribenten beschlossen haben, nicht wieder zu zeichnen. Für diese Häuser bin ich ebenso verantwortlich wie Sie, das weiß ich… In etwas abgeschwächter Form kämpfe ich mit derselben Schwierigkeit – ich und meine Frau sehen nicht aus wie P. und seine Frau. Um von öffentlicher Subskription zu leben, müßten wir aber so aussehen!"

Im selben Briefe von Hogarth befindet sich eine Stelle, die das ganze Problem erhellt und auch erklärt, warum Evans schließlich die gesamte Last der Finanzierung auf seine eigenen Schultern nahm – zum dauernden Gewinn aller Besucher von Knossos.

„Restaurierungen wie die des Thronsaales sind nicht eine Frage der Methode, *sondern sie dienen der Erfüllung eines Wunsches: nämlich sichtbar zu rekonstruieren, was sonst in der Phantasie vorgestellt werden müßte.* Sie werden zugeben, daß dies ein Luxus ist, den sich nicht jeder gestatten kann, und für den an andere (wie an die Subskribenten des Ausgrabungsfonds) keine Forderungen gestellt werden können."

Von diesem Zeitpunkt an – dem Jahre 1902 – widmete Arthur Evans sein Leben dreißig Jahre lang der Ausgrabung und zum Teil auch der Rekonstruktion des größten minoischen Palastes von Kreta; und er brachte während einer Reihe von Jahren ein literarisch-wissenschaftliches Werk hervor, das in Zukunft wahrscheinlich das Bollwerk des Minos noch überdauern wird. Denn in unserer fieberhaften Welt (und wie haßte Evans sie!) ist kein steinernes Denkmal mehr sicher, wie alt, schön und ehrwürdig es auch sei. Alle sind unterschiedslos der Gnade eines Bombenflugzeuges ausgeliefert. Aber vielleicht überleben die großen Bände von Evans' „Palast des Minos" an einem entlegenen Orte sogar die Verwüstungen eines Atomkrieges. Sollte dies geschehen, so könnten unsere Nachkommen über die prähistorische Zivilisation der Ägäis ebensoviel erfahren wie wir, auch wenn von dem Palaste selbst kein Stein mehr übrig bliebe.

Es wäre unmöglich und sogar vermessen, im beschränkten Rahmen des vorliegenden Buches in allen Einzelheiten erklären zu wollen, was Evans und seine Kollegen – wie Halbherr, Hogarth, Boyd, Seager und Marinatos – in den ersten zwanzig Jahren unseres Jahrhunderts in Kreta vollbracht haben. Ohne ausreichende Sachkenntnis entsteht leicht der Irrtum, Evans sei der einzige Archäologe, dem wir die Entdeckung der prähistorischen Zivilisation von Kreta verdanken. Es ist wahr, daß er auf diesem Gebiete Pionierarbeit geleistet hat. Er besaß das schönste Gelände und konnte am meisten Geld für die Ausgrabung aufwenden. Aber von 1900 an, als friedliche Verhältnisse die Forschung begünstigten, wurde die Insel von einer ganzen Reihe Gelehrter untersucht. Es zeigte sich bald, daß Dutzende von minoischen Siedlungen nur auf den Spaten warteten. Halbherr grub in Phaistos im Süden einen Palast aus, der an Größe und Pracht nur von Knossos übertroffen wurde.

Nahe dabei, in Hagia Triada, entdeckte er die „Königliche Villa" mit ihren herrlichen Fresken, und hier wurden einige der schönsten Beispiele minoischer Kunst gefunden: die „Schnitter-Vase", ein edler Sarkophag und das Steatit-Rhyton mit Ringern, das auf Tafel 59 zu sehen ist. Miss Boyd und Mr.

Knossos, «Boxer» des Steatit-Rhyton

C. B. Seager fanden im Osten, in Gurnia, die ausgedehnten Überreste einer minoischen Stadt. Hierfür hatte Evans den Schlüssel gegeben. Er hatte Miss Boyd mitgeteilt, daß auf den Höhen, 700 m über dem Isthmus, Gräber aus der Eisenzeit lägen, und als sie diese im Jahre 1900 freilegte, kam sie zu dem Schluß, daß in der Nähe eine Siedlung aus der Bronzezeit existieren müsse. Ein Jahr später fanden sie und Miss Wheeler mit Hilfe kretischer Bauern die Stätte.

„Innerhalb von vierundzwanzig Stunden waren dreißig Männer an der Arbeit... fällten die Johannisbrotbäume und zogen Gräben... In weniger als drei Tagen hatten sie Häuser freigelegt, waren gepflasterten Straßen gefolgt und hatten so viele Vasen und Scherben mit Tintenfischen, Efeublättern, Doppeläxten und anderen untrüglich minoischen Motiven zusammengetragen, daß mit Sicherheit auf das Vorhandensein einer größeren Siedlung geschlossen werden konnte..."

Gurnia ist von besonderem Interesse, weil es im Gegensatz zu den fürstlichen Palästen von Knossos und Phaistos eine Handwerkerstadt gewesen sein muß, aus der wohl die herrlichen Ton- und Fayencewaren stammten, die in den Palästen vorgefunden wurden. Wir zitieren hier zur Erläuterung einen Absatz aus dem 1909 erschienenen Buche von Boyd und Seager, *Crete the forerunner of Greece*:

„In einem schön gebauten Hause auf dem Bergrücken lag das ganze Handwerkszeug eines Zimmermannes in einer Spalte versteckt. War es von seinem Besitzer absichtlich unter dem Boden des Flures verborgen worden, als die feindlichen Schiffe am Horizont aufzogen? Im anstoßenden Zimmer zeigte ein schwarzer Streifen am Boden, daß dort ein hölzernes Brett gewesen war, das längst verkohlt oder verfault war. Einmal mochte es der Hausfrau gehört haben, denn es hatten schön aufgereiht vierzehn Webegewichte aus Ton und Stein darauf gelegen. Andere Häuser enthielten Gefäße zum Läutern des Öles. Sie standen auf Steinbänken und davor Amphoren und Stamni zum Auffangen der Flüssigkeit – genau so, wie sie vor 3500 Jahren stehen gelassen wurden..."

Ein interessanter Gegensatz zu den Hofdamen von Knossos.

Boyd und Seager in Gurnia, Halbherr in Phaistos, Carr Bosanquet und Dawkins in Praesos und Palaikastro... all diesen Gelehrten aus der Zeit König Eduards gab die reiche kretische Erde Stück für Stück ihre archäologischen Schätze heraus. In Zeitungen und wissenschaftlichen Zeitschriften erschienen Artikel, Theorien wurden vorgeschlagen, verfochten und wieder verworfen. Evans, der das schönste Gelände der Insel beherrschte, galt als führende Autorität in allen Fragen der minoischen Zivilisation, und die anderen Forscher baten ihn gern um Rat und Hilfe.

Es ist sehr wichtig, sein Datierungssystem zu verstehen, das auf solider wissenschaftlicher Grundlage beruht. Der Laie kann nur schwer durchschauen, wie ein Archäologe dazu kommt, ein Gelände zu datieren, wenn keine geschriebenen Zeugnisse oder eindeutig datierten Monumente vorliegen. Schliemann und seinen Nachfolgern in Troja, Mykenä und Tiryns gelang es nicht, ihre Funde auch nur annähernd zu datieren. Sie wußten, daß die untersten Lagen oder Strata eines lang besiedelten Geländes die ältesten waren, viel weiter kamen sie aber nicht. Und das war Munition für die Gegner, die Schliemanns Entdeckungen diskreditieren wollten – eine „Autorität" behauptete sogar, die mykenischen Gräber seien nachchristlich. Ohne nachweisbare Daten ließen sich sogar derart absurde Theorien wie diese nicht entkräften.

Wie konnten aber Evans, Hogarth, Halbherr und die anderen Archäologen in Kreta genaue Daten aufstellen? Die Antwort lautet: auf Grund der ägyptischen Gegenstände, die sie vorfanden.

Zum Glück für die Archäologie pflegten die Minoer schon

früh kulturelle und kommerzielle Beziehungen mit den Ägyptern – nach Evans' Auffassung schon in der vordynastischen Zeit. Es ist bekannt, daß die altägyptische Geschichte in dreißig Dynastien gegliedert wird, die ihren Ausgangspunkt etwa 3200 v. Chr. hatten und beim Beginn der „griechisch-römischen Periode", 332 v. Chr., ihren Abschluß fanden. Vom Anfang der ersten bis zum Ende der vierundzwanzigsten Dynastie (712 v. Chr.) vergingen 2500 Jahre, die in drei Entwicklungsperioden eingeteilt werden: das Alte, das Mittlere und das Neue Reich. Ich fasse sie kurz zusammen, um Evans' Datierung der minoischen Zivilisation verständlicher zu machen:

Den Anfang bilden die erste und zweite ägyptische Dynastie (etwa 3200–2780 v. Chr.). Als Begründer der ersten Dynastie gilt der beinahe sagenhafte Menes. Er vereinigte zum erstenmal die bisher getrennten Reiche Ober- und Unterägyptens. Es gab zwar schon vor ihm ägyptische Könige, wie Amélineau und Petrie feststellten, doch wird die Zeit vor 3200 v. Chr. *vordynastisch* genannt.

Nach ihr kam die erste der drei großen ägyptischen Geschichtsepochen, das *Alte Reich* (2780–2100 v. Chr.). In dieser Zeit traten die berühmten Pyramidenbauer auf, die Memphis in Unterägypten zum Herrschersitz wählten. Das *Alte Reich* umfaßt acht Dynastien, von der dritten bis zur zehnten.

Darauf folgte das Mittlere Reich (2100–1700 v. Chr.), das die elfte, zwölfte und dreizehnte Dynastie umschließt. Diese Epoche heißt Ägyptens „Lehenszeit"; sie brachte weder nach Norden noch nach Süden weitere Ausbreitung. Schwächung und Anarchie kennzeichneten ihr Ende, sowie die Invasion und Besetzung Ägyptens durch asiatische Herrscher, die sogenannten *Hyksos* oder *Hirtenkönige*. Sie regierten während hundertfünfzig Jahren in Ägypten, bis sie durch Aufstände vertrieben wurden.

Nun begann im ersten Teil des sogenannten *Neuen Reiches* die größte Ausbreitung des ägyptischen Machtbereiches (1555–712 v. Chr.). Wir haben uns nur mit den drei ersten Dynastien, der achtzehnten bis zwanzigsten, abzugeben, denn nach ihnen geriet die altkretische Zivilisation in Vergessenheit. Von dieser Periode der ägyptischen Geschichte ist am meisten bekannt. Drei bedeutende Könige herrschten in diesem Zeitalter: Tuthmosis III., „Ägyptens Napoleon", der das Land auf den Gipfel des militärischen Ruhmes führte, der mächtige Amenophis III. und sein faszinierender, rätselhafter Sohn Echnaton, der eine religiöse Revolution entfachte, beinahe ein Königreich einbüßte und vielleicht kretische Künstler an seinem Hofe willkommen hieß. Die beiden folgenden Dynastien, die neunzehnte und zwanzigste, brachten eine Reihe gewaltiger Könige hervor. Mehrere trugen den berühmten Namen Ramses. Von Ramses III. berichten die ägyptischen Tempel, er habe einen großen Sieg über „die Seevölker" errungen, die um das Jahr 1200 v. Chr. in Ägypten einzudringen versuchten. Eine durch Seestreitkräfte gestützte Landinvasion war geplant. Das Landheer zog von Syrien herunter, während die Flotte es die Küsten entlang begleitete. Aber irgendwo zwischen Syrien und Ägypten trat Ramses auf und vernichtete Heer und Flotte, so daß die Invasion nicht zustande kam. Diese Episode war von großer Wichtigkeit für die ägäische Zivilisation – hauptsächlich für Mykenä. Nach 1090 v. Chr. – dem Ende der zwanzigsten Dynastie – berührt die Geschichte Ägyptens unseren Stoff nicht mehr.

In einem noch frühen Stadium der Ausgrabungen hatte

Evans im Palast von Knossos eine „ägyptische Dioritstatue" gefunden, die der zwölften Dynastie zugeordnet wurde, und im weiteren Verlauf der Arbeiten in Knossos und an anderen minoischen Fundstätten wurden Gegenstände unbestreitbar ägyptischer Machart zutage gefördert. Die Gegenstände selbst – vielleicht eine Tonstatuette oder eine winzige Bronzefigur des Gottes Amon – waren wertlos, doch kam ihnen größte wissenschaftliche Bedeutung zu. Warum? Auf die Gefahr hin, bei Gelehrten für ordinär zu gelten, werde ich diese ägyptischen *Trivia* mit den entscheidenden Indizien vergleichen, die der Held eines Detektivromanes auffindet – die Fasern vom Anzug des Mörders unter den Nägeln des Ermordeten, oder – eine zutreffendere Parallele – die Tatsache, daß es laut Feststellung von Herrn Y. genau 23 Uhr 13 war, als Herr X. beim Verlassen des Hauses des Ermordeten gesehen wurde.

Nehmen wir an, Evans fände – wie es der Fall war – eine ägyptische Statue der zwölften Dynastie (2000–1790 v. Chr.) in einer der Schichten des knossischen Palastes. Er wüßte dann ohne den geringsten Zweifel, daß kein Gegenstand in dieser Schicht, sei es Tonware, Fayence oder architektonisches Gebilde, aus einer früheren Zeit als 2000 v. Chr. stammen kann. Natürlich könnte die Statue durch Zufall ein Überrest einer älteren Zeit sein, so daß das Abschlußdatum der zwölften Dynastie (1790 v. Chr.) nicht unbedingt das letztmögliche Datum der archäologischen Schicht zu sein braucht, in der das Stück gefunden wurde. Aber wenn in Knossos oder in einer anderen minoischen Siedlung weitere ägyptische Gegenstände derselben Dynastie mit minoischen Gegenständen gleicher Art auftauchen, dann kann mit Sicherheit angenommen werden, daß sie einem Zeitabschnitt zwischen 2000 und

1790 v. Chr. angehören. Im Lauf der Zeit kamen in Knossos, Phaistos, Gurnia und Mallia neue datierbare Gegenstände ägyptischen Ursprungs ans Licht, und durch diese Entdeckungen wurde es möglich, auch für die minoischen Tonwaren und anderen Dinge früheste und späteste Daten festzusetzen.

Es ist leicht, sich von der großen Bedeutung derartiger Funde zu überzeugen. Finden sich beispielsweise Gegenstände der achtzehnten ägyptischen Dynastie immer in Begleitung von Tonwaren, Fayence, Fresken und architektonischen Überresten eines besonderen Stiles, so müssen notwendigerweise alle minoischen Gegenstände ähnlicher Art, wo sie auch gefunden werden – in Zypern oder auf den Zykladen – ungefähr derselben Periode angehören (wobei berücksichtigt werden muß, daß geraume Zeit verstreicht, bevor eine in Kreta entstandene Stilart sich bis zu den Grenzen des minoischen Reiches durchgesetzt hat).

Durch solche Methoden konnten Evans und andere Archäologen feststellen, daß einige minoische Lager einer Zeit entstammten, die der vordynastischen Periode der ägyptischen Geschichte entsprach (d. h. vor 3200 v. Chr.).

Die Ägyptologen konnten jetzt ihren Kollegen in Kreta zu Hilfe kommen. In Ägypten herrschte der Brauch, den Verstorbenen zahlreiche Gegenstände ins Grab mitzugeben, die sie in der Unterwelt benötigten: Möbel, Kleider, Eß- und Trinkgeschirr. (Wir haben die Bilder der geheimnisvollen Keftiu an ägyptischen Gräberwänden schon erwähnt). Die Ägyptologen begannen nun aufs neue, die ägyptischen Gräberfunde zu untersuchen, vor allem die Keramik. Es gab tatsächlich Tonwaren nicht-ägyptischer Herkunft, und man konnte sie jetzt einwandfrei mit minoischer Ware aus Kreta identifizieren. So war ein neuer Anhaltspunkt für die Da-

Minoische Vasen

tierung gewonnen. Und da sowohl die ägyptischen wie die kretischen Funde wieder und wieder untersucht, besprochen und verglichen wurden, so konnte Arthur Evans allmählich seinen großen Plan aufbauen: das chronologische Datierungssystem für minoische und ähnliche Gegenstände, wie sie auf anderen ägäischen Inseln und dem Festlande vorkommen.

Beim Fortschreiten der Arbeit erkannten die Archäologen, daß die Zivilisation, an deren kretischen Ursprung Evans glaubte, sich weit über die ägäischen Inseln hinaus, östlich bis

Zypern und die kleinasiatische Küste und nördlich bis zum Festland, ausgebreitet hatte. In allen diesen Gebieten war die Töpferware zwar ähnlich, aber nicht identisch mit der von Kreta. Während im Anfang der Ausgrabungen Evans' Funde für mykenisch gehalten wurden, zeigte sich im weiteren Verlauf, daß sie sich doch wesentlich von echt mykenischen Dingen unterschieden. Es entstand das Bedürfnis nach neuen Benennungen, die den charakteristischen Eigenarten der verschiedenen ägäischen Kulturen gerecht wurden. „Minoisch"

wurde für die Beschreibung prähistorischer Gegenstände aus Kreta angewendet. Was von den Inseln kam, nannte man „zykladisch", und die Funde des Festlandes „helladisch". Ich füge diese technischen Bezeichnungen ein, damit die Leser, die das Thema weiter verfolgen wollen, sich nicht durch die verschiedenen Namen verwirren lassen, die von den Gelehrten zur Beschreibung der prähistorischen Zivilisation des östlichen Mittelmeeres gebraucht werden.

Nichtarchäologen machen sich oft darüber lustig, welche Wichtigkeit die Fachleute scheinbar gänzlich uninteressanten Tonscherben beimessen. Aber der archäologische Wert der Töpferwaren besteht gerade darin, daß sie keinen wirklichen Wert haben. Gegenstände aus Gold und Silber oder sogar aus Bronze und Eisen werden gestohlen. Doch wer kümmert sich um Scherbenhaufen von Töpfen, Vasen und Schalen? Verstreut und unbeachtet blieben sie an alten Siedlungsstätten oft jahrtausendelang liegen, sowohl in Ägypten wie in Griechenland. Dem modernen Archäologen sind sie ein sicheres Mittel zur Datierung einer Niederlassung. Es bedarf keiner besonderen Intuition oder Urteilskraft, um sich einen Blick dafür anzueignen. Jeder junge Student hat nach Absolvierung seines Kurses schon das nötige Unterscheidungsvermögen. Sogar ich – als Laie – war nach einiger Zeit in der Lage, beim Anblick einer mykenischen Vasenscherbe lässig zu sagen: „Ah, späthelladisch III", ohne bei meinen archäologischen Freunden Stirnrunzeln hervorzurufen.

Evans' hervorragende Leistung bestand in der Gliederung der *minoischen Zivilisation in drei große Perioden, die mit den drei großen Perioden der ägyptischen Zivilisation in Verbindung gebracht werden können:* mit dem Alten, Mittleren und Neuen Reiche. Im „Palast des Minos" schrieb er:

„Es wird nicht zu minutiös erscheinen, wenn die beträchtliche Zeitspanne, die sich über etwa zweitausend Jahre erstreckt, hier in drei Hauptabschnitte – Früh-, Mittel- und Spätminoisch – mit je drei Unterabschnitten eingeteilt wird. Auf diese Weise ergibt sich für jede Periode eine durchschnittliche Dauer von annähernd zweieinhalb Jahrhunderten, für die früheren Perioden natürlich etwas mehr. Ob wir die minoische Zivilisation in ihrer Ganzheit oder in ihren dreifachen Abstufungen betrachten, die Dreiteilung erscheint uns ihrem Wesen nach logisch und wissenschaftlich. In jeder charakteristischen Kulturphase haben wir tatsächlich Aufstieg, Reife und Verfall. Sogar innerhalb der Grenzen dieser Perioden zeichnen sich so deutliche keramische Phasen ab, daß es angebracht erschien, sie in je zwei Abschnitte (a) und (b) einzuteilen."

„Die drei Hauptphasen der minoischen Geschichte stimmen im großen und ganzen mit denen des Alten, Mittleren und beginnenden Neuen Reiches in Ägypten überein..."

Jetzt endlich konnten Daten für Schliemanns und Dörpfelds Entdeckungen in Troja, Mykenä, Orchomenos und anderen Orten aufgestellt werden. Es wurde ersichtlich, daß gewisse Tonwaren, Waffen, Schmuckstücke und Ornamente aus den Schachtgräbern von Mykenä und aus Tiryns nachweisbar minoischen Stils waren, wenn auch einige ziemlich sicher von Kunsthandwerkern des Festlandes nach kretischem Vorbild verfertigt worden waren. So wurde festgestellt, daß die Schätze der mykenischen Schachtgräber aus einer späten Periode der minoischen Zivilisation stammten, von *ungefähr* 1600 v. Chr. – folglich viel älter als der trojanische Krieg waren und nicht etwa Agamemnon und seinen Gefährten gehört haben konnten.

An den Abstufungen der minoischen Zivilisation gemessen, stammten sie jedoch aus einer späten, sogar sehr späten Zeit: zweihundert Jahre vor der Endkatastrophe von Knossos, 1400 v. Chr. Schon mehr als tausend Jahre früher konnte Kreta sich einer hochentwickelten Zivilisation rühmen. Immer tiefer und tiefer gruben die faszinierten Archäologen, bis sie die Wurzeln der europäischen Vorgeschichte ertasteten. Und allen voran schritt Arthur Evans, um mit hocherhobener Fackel das Dunkel des Labyrinthes zu durchdringen.

Vierzehntes Kapitel

DIE VILLA ARIADNE

Ich saß vor einem lodernden Feuer im großen, behaglichen Empfangszimmer der Villa Ariadne. Manoli hatte noch einige duftende Holzscheite aufgelegt und war dann zu Bett gegangen. De Jongs hatten sich nach unserem gemeinsamen Abendessen nach Hause begeben. Schon zwei Stunden waren verstrichen, seit ich dem gelben Licht von Piets Lampe nachgeschaut hatte, das sich langsam den gewundenen Pfad hinunter bewegte und dann hinter den Zypressen verschwand. Jetzt schliefen meine Gastgeber wahrscheinlich schon, während ich mir einbildete, als einziger noch zu wachen. Tatsächlich hatte ich mich nie wacher gefühlt; das leiseste Krachen in der Täfelung, der vereinzelte Flötenton eines Vogels im nächtlichen Garten, alles ließ mich aufschrecken.

Ich hatte einen der schweren Bände von Evans' großem Werk „Der Palast des Minos" auf den Knien. Der in Gold geprägte Kopf des minoischen Priester-Königs schmückte den prächtigen blauen Einband. Ich hatte die Bücher einst im fernen London gelesen, aber wie ich sie jetzt in den Händen hielt, während ich bei Nacht alleine in Evans' ehemaligem Heim saß und draußen in der Dunkelheit der Palast selbst auf mich wartete, empfand ich eine fast unerträgliche Spannung. Ich versuchte, mich auf die aufgeschlagene Seite zu konzentrieren, aber irgendeine imaginäre Bewegung im Garten ließ mich wieder aufstehen. Es war nichts, vielleicht nur der wogende Schatten einer Zypresse, aber ich mußte an eines der großen Schiebefenster gehen und hinausschauen.

Es war Vollmond, und die Palmen standen still und schwarz mit silberumsäumten Blättern vor dem lichten Himmel. In einer Entfernung von etwa 200 m schimmerte eine mondbleiche Statue von Kaiser Hadrian. Evans fand sie in den Ruinen einer römischen Villa beim Palast – wahrscheinlich schmückte sie einst den Garten eines römischen Beamten – ließ sie ausgraben und in seinem Garten aufstellen. Hier stand der Kaiser, derselbe Mann, der in meiner Heimat die große Mauer vom Tyne zum Solway erbaut hatte; auf seinem Sockel mit der anmutig drapierten Toga über dem Arm sah er fürstlich aus. Aber im Vergleich zu den Minoern war Hadrian beinahe mein Zeitgenosse. Als er seine Reise durch das römische Reich machte – 120–125 n. Chr.? – war die letzte schwache Flamme der kretischen Zivilisation schon seit tausend Jahren erloschen. Hadrian hatte ungefähr 1800 Jahre vor unserer Zeit gelebt. Und 1800 Jahre vor Hadrians Zeit besaß Kreta eine Zivilisation, die in mancher Hinsicht der römischen weit überlegen war.

Ich kehrte zum Feuer zurück und bemerkte zum erstenmal den riesigen Kopf des minoischen Stieres – einen Gipsabguß – der rechts neben dem Kamin an der Wand hing. Er war schwarz mit goldenen Hörnern, weißen Nüstern und hellen, rot geränderten Augen, und während ich im Zimmer umherging, Bücher aus den Schränken zog, Bilder und Ornamente betrachtete, schienen diese kleinen roten Augen mir unverwandt zu folgen.

Seltsam erregt verließ ich das Zimmer, um mir die übrigen Räume der leeren Villa anzusehen. Ich ging von einem leeren Zimmer ins andere und knipste dabei die nackten elektrischen Birnen an, die dem größten Teil des Hauses ein strenges,

„instituthaftes" Aussehen gaben. Ein eigenartiger, trockener, antiseptischer Geruch durchsetzte die Luft, und meine Schritten weckten ein metallisches Echo. Sir Arthur, der den Plan der Villa Ariadne gemacht hatte, ließ sie zur Sicherung gegen Erdbeben aus Beton mit einem Stahlgerüst bauen. Hier und dort standen Pappschachteln mit Tonscherben, die von Studenten der Britischen Schule von Athen zurückgelassen worden waren. Andere Gipsabgüsse von Schätzen des Palastes hingen an den mit Tempera bemalten Wänden. In der Halle war eine schöne Kopie des „Fresko des angreifenden Stieres", das massive Relief eines roten Stieres, der mit gesenktem Kopf über einen hellblauen Grund dahinjagt. Dicht dabei, in krassem Gegensatz, hingen erquickend sentimentale Landschaften, wie ich sie in vielen ehemaligen deutschen Offiziersmessen während des Krieges gesehen hatte – es waren Andenken an die Besetzungszeit, als die Villa das Hauptquartier des deutschen Oberkommandos war.

Bei meiner Rückkehr zum ersten Stock entdeckte ich die Bibliothek. Hier standen hunderte von Büchern über alle Fragen der ägäischen und ägyptischen Archäologie. Einige waren mir neu. Andere waren alte Freunde. Begierig nahm ich ein Buch nach dem anderen heraus und schwankte dann mit meiner Bürde durch den hallenden Gang zu dem warmen, feuererhellten Empfangszimmer zurück. Ich setzte mich auf den Teppich vor dem Feuer, breitete die Bücher auf dem Boden aus, zog mein Notizbuch hervor und versuchte noch einmal, mich auf die Geschichte von Arthur Evans und seinen Kollegen zu konzentrieren: auf das Jahr 1903, die Zeit, bei der ich die Schilderung unterbrach.

Von 1903 an teilte Evans seine Zeit zwischen Oxford und Knossos. Er pflegte im Spätwinter oder im Vorfrühling nach

Kreta zu kommen, um zu arbeiten, bis die Sommerhitze weitere Ausgrabungen unmöglich machte, und dann kehrte er im Sommer oder Herbst nach England zurück. Wenige Jahre vorher hatte er sein Haus in Holywell, Oxford, aufgegeben, ein großes Grundstück auf dem Boar's Hill außerhalb der Stadt gekauft und dort ein Haus gebaut. Er nannte es Youlbury nach dem davorliegenden Stück Heideland, und in seinen Mußestunden übte er seine Phantasie an der Schöpfung eines romantischen Landschaftsgartens. Nach den Worten eines seiner Verwandten versuchte er, „seiner kleinen Fläche Berkshireland soviel Ähnlichkeit wie möglich mit Bosnien zu geben". Zur Veranschaulichung seiner glühenden Naturliebe ist folgende Briefstelle aufschlußreich:

„...Am Waldsaum der gegenüberliegenden Cotswold und Chiltern Hügel ist die Wirkung des hellroten Weidenröschenteppichs an den Abhängen einfach wunderbar. Aber kein Bild im wilden Garten von Mutter Natur kann den Anblick von Hen Wood im Mai übertreffen, wenn der traumhafte Schleier der Glockenblumen sich an allen lichten Stellen ausbreitet, wie wenn eine seltsame Spiegelung das Blau des Himmels umgekehrt hätte, oder wie ein Kind einmal sagte, ‚wie wenn ein Stückchen Himmel heruntergefallen wäre'."

Kinder waren ihm versagt geblieben, und doch liebte er ihre Gesellschaft. Er adoptierte Lancelot Freeman, den Sohn von Margarets Bruder. Ein Kind in Youlbury war eine gute Entschuldigung, um andere einzuladen, und so war das große Haus beim „traumhaften Schleier der Glockenblumen" selten ohne den Klang kindlicher Stimmen. Evans kaufte auch ein Auto, zu einer Zeit, in der dies noch ein abenteuerliches Unternehmen war; er machte lange Fahrten damit und fuhr gerne möglichst schnell.

Bald beschloß er, sich in Kreta ein zweites Youlbury zu bauen. Er sah viele Arbeitsjahre vor sich, und das türkische Haus, das er in Candia bewohnt hatte, war zu weit von Knossos entfernt. So erbaute im Jahre 1906 Christian Doll, der nach Theodore Fyfe sein Architekt geworden war, die Villa Ariadne für ihn. Sie verkörperte viele von Evans' eigenen Ideen: Schlafräume im Erdgeschoß, die im Sommer Kühle gewährten, Stahl- und Betonkonstruktion aus Sicherheitsgründen. Er umgab das Haus mit einem schönen Garten, in dem Pflanzen des Mittelmeergebietes wuchsen: Palmen, Zypressen und violettblühende Bougainvillea. Dies wurde seine Frühjahrs- und Sommerresidenz während vieler Jahre, und von hier aus verwaltete er seine Domäne wie ein Grandseigneur. Die Villa war zugleich sein Heim und seine Werkstatt. Hier empfing er gelehrte Kollegen wie Halbherr, außer den vielen vornehmen Besuchern, die der Ruhm seiner Entdeckungen nach Kreta lockte. Hier saß er abends nach der Arbeit mit Doll, Duncan Mackenzie, Hogarth und anderen bei Planungen, Diskussionen, Beweisführungen und Vorbereitungen für seine enorme Aufgabe, die Funde zu „publizieren".

Der Laie neigt zu der Ansicht, die Ausgrabungsarbeit rechtfertige sich hauptsächlich durch die Entdeckung der Stätte. Für den Archäologen ist jedoch diese Seite der Arbeit fast wertlos, bis der Fund in allen Teilen „veröffentlicht" ist – d. h. erschöpfend beschrieben, mit allen Gegenständen bis zum kleinsten Bruchstück eines Tongefäßes, mit genauen Angaben ihrer Lage und Beziehung zu anderen Gegenständen; dazu gehört eine vollständige Sammlung von Photographien,

Plänen und Zeichnungen. Sogar eine bescheidenere Siedlung aus einem bekannten Kulturkreis – wie dem ägyptischen oder babylonischen – kann Jahre für die Veröffentlichungsarbeit beanspruchen; doch Evans stand einem Gebiet gegenüber, das zweitausend Jahre lang ununterbrochen besiedelt war, die weitschweifigen Ruinen mehrerer Paläste umschloß und einer unbekannten Zivilisation angehörte, die er nur kraft seiner eigenen Intuition und Urteilsfähigkeit ausdeuten konnte.

Sein Vater, John Evans, starb 1908 im Alter von fünfundachtzig Jahren und hinterließ ihm den größten Teil seines Vermögens. Nur wenige Monate später ging durch den Tod eines Vetters der Dickinson-Besitz auf ihn über. Mit siebenundfünfzig Jahren war Arthur Evans noch reicher, als sein Vater je gewesen war.

Es war eine der größten Enttäuschungen für Evans, daß es ihm nie gelang, die mysteriöse minoische Schrift zu entziffern, die ihn zuerst nach Kreta geführt hatte. Nachdem er über dreißig Jahre mit dem Problem gekämpft hatte, schrieb er schließlich im „Palast des Minos":

„... Die weitgespannten Hoffnungen auf baldige Deutung haben sich nicht erfüllt... Allen Merkmalen nach – wie sie Orts- und Personennamen des vorhellenischen Kreta aufweisen und sogar die beträchtlichen Wortreste im Griechischen selbst – liegen die Wurzelverwandtschaften der ursprünglichen Sprache auf der anatolischen Seite (d. h. in Kleinasien. L. C.). Die phonetische Bedeutung der Zeichen war unbekannt, und obwohl das alte zyprische Silbenbuch einigen Aufschluß darüber geben kann, so doch nur in beschränktem Maße... Alles, was ich bisher unternehmen konnte – nachdem ich über 1600 Dokumente abgeschrie-

ben habe, die vollständig oder teilweise erhalten waren…
ist rein vorbereitender Natur."

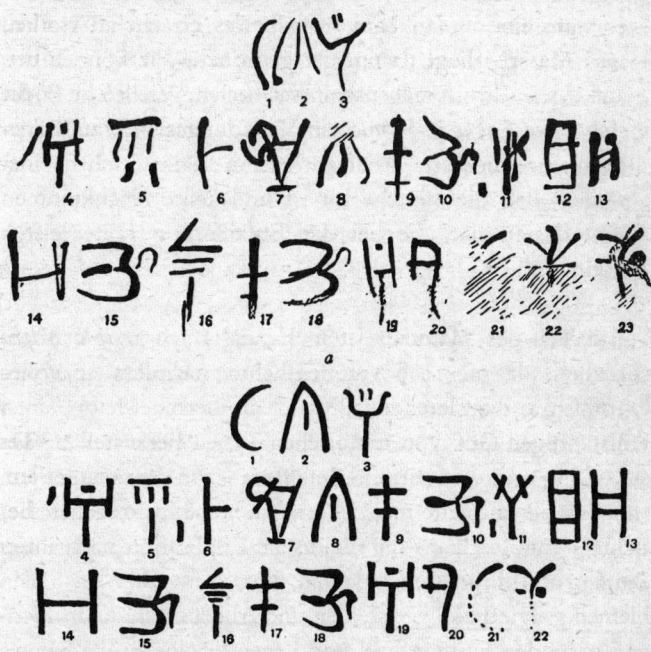

a

b

Die zahlreichen Tontäfelchen, die seine Begeisterung erregt hatten, als er sie bei den westlichen Lagerräumen und
Magazinen fand, erklärte er nur als Inventarlisten: „… es hat
den Anschein, als ob die Dokumente sich überwiegend auf
Rechenschaftsberichte, Personen- und Warenverzeichnisse be-
zögen", und es gelang ihm, die Zahlen zu entziffern. John
Pendlebury, der begabte junge Gelehrte und Freund von
Evans, der in den dreißiger Jahren Konservator war, mußte
in seiner *Archaeology of Crete* zugeben:

„daß es immer noch unmöglich ist zu sagen, wie die minoische Sprache war, außer daß sie nicht griechisch war…
es wäre eine undankbare Aufgabe, es erraten zu wollen.
Das Material liegt da und ist geordnet. Wir können nur
auf einen Zweisprachenschlüssel hoffen. Vielleicht findet
sich eines Tages in Komo ein Verladungsschein auf ägyptisch und minoisch. Aber auch dann könnte sich heraus-
stellen, daß die Sprache tot ist und keine Nachkommen
hinterlassen hat, die bei der Entzifferung Hilfe leisten
könnten."

Ein Teil des Materials ist in Evans' Buch *Scripta Minoa*
enthalten, das er 1909 veröffentlichte, nachdem er voller
Optimismus die Clarendon Press dazu überredet hatte, einen
vollständigen Guß von minoischen Typen herzustellen.[1] Da
er unfähig war, die Schrift zu entziffern – von der er außerdem
annahm, sie enthielte möglicherweise keine historischen Berichte – mußte Evans die minoische Zivilisation nach ihren
Bauten und ihrer Kunst deuten, vor allem aber nach den
kleinen gravierten Siegelsteinen und Abdrücken, die in Mengen gefunden wurden und von denen er eine große Sammlung besaß.

„Diese in sich vollständigen kleinen Intaglio-Typen",
schrieb er, „können oft wie Auszüge von durchgestalteten
Werken der großen Kunst angesehen werden, z. B. von
Reliefs oder Malereien, von denen nur Bruchstücke erhalten geblieben sind."

[1] Sir John Myres hat soeben (1952) den zweiten Band von *Scripta Minoa*
mit Evans' Notizen, Zeichnungen und Photographien herausgegeben.

Auch hier wieder hatte er eine große Hilfe an seiner mikroskopischen Sehkraft und seinem Gefühl für Stil und Stilentwicklung, das er beim jahrelangen Studium der Numismatik herangebildet hatte. Bei dieser phantasievollen und trotzdem genauen und wissenschaftlichen Interpretation kleinster Gegenstände tritt Evans' Genialität am deutlichsten zutage.

Was glaubten z. B. die Minoer? Was für Gottheiten verehrten sie? Evans entdeckte, in der Hauptsache durch die winzigen Szenen auf den Schiebern, daß eine bestimmte weibliche Figur immer wieder auftrat, manchmal allein, manchmal mit dienenden Wesenheiten und Anbetern. Es mußte eine Göttin sein. Manchmal, wie auf dem hier wiedergegebenen Siegel, steht sie auf einem von Löwen gestützten Bergesgipfel. Manchmal ist ihr Kopf unbedeckt, aber häufig – auf Siegeln und bei Statuetten der späteren, anspruchsvolleren „Palast"-Periode – trägt sie das elegante Gewand der minoischen Hofdamen, mit enggeschnürtem Mieder, nackter Brust und einer Krone oder Tiara (siehe Tafel 44). Evans nannte sie die „minoische Göttermutter". Auf einigen Darstellungen wird sie von einem Wesen begleitet, das ein männlicher Gott zu sein scheint, doch ist er ihr nie gleichgestellt; er könnte ihr Sohn sein. Eine köstliche Elfenbeinstatuette dieses „Knabengottes" (jetzt im Ashmolean Museum) ist auf Tafel 45 zu sehen. Hatte diese Göttermutter[1] Beziehung zu Rheia, und war der Knabengott ihr Sohn Zeus?

Andere Siegel und später entdeckte Statuetten zeigen die minoische Göttin mit Schlangen in den ausgestreckten Hän-

---

[1] Manche Gelehrte stimmen nicht mit Evans überein. Professor Nilsson z. B. glaubte, daß die Gestalten, die Evans alle für Bilder einer einzigen Gottheit hielt, in Wirklichkeit mehrere darstellten, jede mit ihrem eigenen Attribut.

den (siehe Tafel 1) oder auch mit schlangenumwundenen Armen. Bei primitiven Völkern unserer Zeit wird die Schlange oft verehrt; Anthropologen und Forscher primitiver Religionen haben beobachtet, daß der Schlangenkult meist mit Sühneopfern für eine Erdgottheit zusammenhängt. Nach eingehendem Studium minoischer Darstellungen im Vergleich mit solchen anderer alter Kulturen, die dem Schlangenkult huldigten, kam Evans auf den Gedanken, die minoische Schlangengöttin könne die Göttermutter selbst sein, aber als „Herrscherin der Unterwelt". Warum auf die Versöhnung der Erdengottheit besonderer Wert gelegt wurde, wird sich später zeigen.

Der schon erwähnte Thronsaal enthielt ein Gemach – ähnlich dem Kapitelhaus einer Kathedrale – mit einem Thron in der Mitte der breitesten Wand und Steinbänken zu beiden Seiten. Gegenüber dem Thron lag ein rechteckiger Schacht, in welchen Stufen hinabführten. Zuerst hielt man ihn für ein Bad, doch später erklärte Evans, es müsse sich um einen „Lustrations-Raum" handeln, das heißt einen Raum, der einem Salbungsritual diente. Bei weiteren Ausgrabungen im Palast kamen noch mehrere „Lustrations-Räume" ans Licht. Alle waren kunstvoll gebaut. Zu allen führten pfeilergeschmückte Treppen; die Konstruktion ließ nicht auf ein Wasserreservoir schließen, und es war auch keine Vorrichtung zum Wasserabzug vorhanden – dafür hätten die Minoer als erfahrene Ingenieure gesorgt, wenn die Schächte Bäder gewesen wären. Bald wurde aus anderen Teilen von Kreta über ähnliche „Lustrations-Räume" berichtet: Halbherr fand sie in Phaistos und auch in Mallia gab es einige. Standen sie in Zusammenhang mit dem Kult der Erdengötter? Es leuchtete Evans immer mehr ein, daß sie einem religiösen

Zweck gedient hatten und daß ein großer Teil des Palastes, hauptsächlich die westliche Hälfte, einem Kult geweiht war. Minos – oder eine Reihe von Königen dieses Namens – waren wohl Priesterkönige gewesen.

Die Archäologen in Kreta hatten nicht wie die Ägyptologen geschriebene Dokumente als Wegleitung. Auch hatten die Minoer nicht die Freundlichkeit besessen, wie die alten Ägypter, die Wände ihrer Tempel für historische Berichte in Schrift- oder Bildform zu benutzen. Sie hatten offenbar kein Interesse daran, über Triumphe, Schlachten, Verträge und Eroberungen Chroniken aufzustellen, wie es bei den Ägyptern und den blutdurstigen Assyrern geschah.[1] Statt dessen malten sie herrliche Naturbilder, Blumen, Vögel und Bäume, Prozessionen mit edlen Jünglingen, wie der Gefäß-Träger, oder das noch schönere Fresko des Priester-Königs, das beim Südost-Eingang gefunden wurde. Auch schilderten sie öffentliche Zeremonien, Spiele oder Rituale, bei denen die schön geschmückten Hofdamen miteinander plauderten – und immer und überall, auf den Gangwänden, auf kleinen Schiebern oder in Form von Miniaturstatuen, erschien der *Stier*.

Hatte auch der Stier religiöse Bedeutung? Evans konstatierte, daß auf Siegeln und Abdrücken, auf Fresko-Malereien und ähnlichem, das Symbol der Stierhörner auftrat. Zuweilen erschien es auch als Fries auf dem Dach des Schreines der Göttermutter. Oder es verband sich mit dem anderen minoischen Symbol, der Doppelaxt. An der Südseite des Palastes fand Evans Überreste eines riesigen Exemplares dieser

---

[1] Dies ist um so bemerkenswerter, als die Minoer über tausend Jahre lang mit den Ägyptern in Beziehung standen.

sakralen „Doppelhörner"; zweifellos überragten sie einst das Dach des Palastes, so daß sie für alle vom Süden Herannahenden weithin sichtbar waren. Evans ließ sie an derselben Stelle wieder anbringen. (Siehe Tafel 22.) Seine weiteren Forschungen brachten ihn jedoch zu dem Ergebnis, daß der Stier nicht als Gottheit verehrt wurde, sondern vermutlich ein dem Erdengotte geweihtes Tier war, das ihm auch manchmal zum Opfer gebracht wurde. Die Anwesenheit der minoischen Göttin bei den „Stierspielen" (wie die Wandmalereien beweisen), ließ darauf schließen, daß diese Zeremonie auch ein Opferdienst war. Theseus und der Minotauros – die sieben athenischen Jünglinge und Jungfrauen – bestanden da Beziehungen?

Die Stierspiel-Fresken übten ihre faszinierende Wirkung auf einen viel größeren Kreis als den der Facharchäologen aus. Wo immer diese außergewöhnlichen Bilder reproduziert wurden, mit ihren schlanken minoischen Akrobaten – den dunkelhäutigen Männern und hellhäutigen Mädchen im selben knappen Gewande – überall bewirkten sie Auseinandersetzungen. War eine so phantastische Leistung überhaupt möglich? In der Villa Ariadne und in seinem Studierzimmer in Youlbury saß Evans über diesen Bildern und suchte hinter ihr Geheimnis zu kommen. Hier beschreibt er das Fresko von Tafel 36:

„Auf der Zeichnung... ergreift die vordere Akrobatin die Hörner eines galoppierenden Stieres; das eine Horn scheint unter ihrer linken Achselhöhle durchzugehen. Dieser Griff... geschieht offensichtlich in der Absicht, eine Hebelstellung für einen Salto über den Rücken des Tieres zu erlangen, wie ihn der Jüngling eben vollführt (dieser wird an der dunkleren Haut erkannt. L. C.). Die zweite, hinten stehende weibliche Akrobatin streckt beide Hände aus, wie um die fliegende Gestalt aufzufangen oder sie mindestens beim Aufsprung zu stützen. Die Stellung dieser in Bereitschaft befindlichen Figur läßt Fragen über die Anordnung innerhalb der Arena aufkommen (siehe Tafel 36 und 37).“

Einige Autoritäten lehnten es ab, an die Ausführbarkeit des Kunststückes zu glauben. Professor Baldwin Brown zum Beispiel zeigte die Bilder einem alten „Ochsenkämpfer“ aus dem amerikanischen Westen. Auch er hielt es für unmöglich. „Man kann die Hörner des Stieres nicht zu fassen kriegen, um sich zum Salto abzustoßen“, sagte er, „denn kein Mensch kann das Gleichgewicht finden im Augenblick, wo der Stier ihn angreift. Der Stier“, fügte er hinzu, „ist dreimal so stark wie ein Ochse, und beim Laufen wirft er den Kopf auf die Seite und durchbohrt jeden, der ihm in den Weg kommt.“ Da bisher niemand sich bereit erklärte, die Sache auszuprobieren, bleibt das Geheimnis weiterhin ein Geheimnis.

Beim Studium des minoischen Stierkultes machte Evans eine Entdeckung, die wieder ein glanzvolles Beispiel seiner Fähigkeit darstellt, kleine Details imaginativ zu deuten. Auf Tafel 38 und 40 sind zwei Szenen der berühmten goldenen Vapheio-Becher wiedergegeben, die schon zehn Jahre vor Evans’ Ausgrabungen bekannt waren. Zuerst wurden die kunstvoll getriebenen Gefäße für „mykenisch“ gehalten. Nach Evans’ knossischen Funden erkannte man jedoch, daß sie dem minoischen Stil angehörten. Wahrscheinlich wurden sie aus Kreta importiert oder auch von kretischen Künstlern auf dem Festland geschaffen. Die Entdeckung der Stier-Fresken in Knossos entfachte neues Interesse für die Vapheio-Becher, da das Einfangen wilder Stiere den Gegenstand ihrer lebendigen Reliefs bildete. Auf dem Bilde an der einen Seite des Gefäßes versuchen schlanke junge Minoer, einen Stier in einem Gehölz zu fangen. Zwischen zwei Bäumen wurde ein Netz aufgespannt, und dann trieb man die Stiere hinein. Auf dem hier gezeigten Vapheio-Relief hat sich der Stier fest in das Netz verstrickt, doch in einer weiteren Szene hat das Tier sich von der Umgarnung freigemacht und einen Jäger zur Erde geworfen, der hilflos auf den Rücken fällt, während der andere sich verzweifelt an die Hörner des Stieres klammert, um ihn zu Boden zu ziehen. Und die Gestalt auf den Hörnern, sagte Evans, sei ein Mädchen.

„Sie hat ihre Arme und Beine so um die Hörner des Ungeheuers geschlungen, daß es ihm nicht gelingen kann, sie zu durchbohren."

„Die Figur des Vapheio-Bechers, die so verzweifelt die Hörner des großen Tieres umklammert, ist zweifellos die eines Mädchens, trotz ihrer sehnigen Beine. Diese Tatsache, die in keiner Beschreibung der Szene auch nur gestreift wurde, sollte jedem einleuchten, der mit minoischer Ikonographie vertraut ist und sich an die parallelen Wandmalereien erinnert, in denen das Geschlecht durch die helle Hautfarbe gekennzeichnet ist... im vorliegenden Falle steht die Üppigkeit der Locken in auffallendem Kontrast zu denen des gestürzten Jünglings im Vordergrund... bei ihm scheinen sie kurz in die Stirne zu fallen..."

Evans war der Ansicht, daß diese Szenen Parallelen zu den „Stierspielfresken" im Palaste des Minos seien. Zuerst wurden die Tiere gejagt und im Freien in Fallen eingefangen.

Später wurden sie zu Darstellungen für ein anspruchsvolles Publikum im knossischen Palast abgerichtet. In jedem Falle setzten die jungen Männer und Frauen ihre Geschicklichkeit gegen die Tiere ein.

Aber die interessanteste Illustration zu Evans' Feststellung ist die andere Szene, die auf dem zweiten Vapheio-Becher dargestellt ist. (Siehe Tafel 40.) Die beiden Tiere wurden von früheren Archäologen für Stiere gehalten; in der Tat sehen sie sich, bis auf die Gesichter, sehr ähnlich. Doch, wie Evans herausfand, ist das Tier auf der linken Seite eine Lockkuh, die von den listigen Jägern mitgebracht wurde, um dem Stier eine Falle zu stellen. Es war dem minoischen Künstler klar, daß der Leib der Kuh fast völlig von dem des Stieres verdeckt werden würde, und so mußte er ein Mittel erfinden, um ihr Geschlecht auszudrücken. Dies gelang ihm, indem er sie mit erhobenem Schwanz darstellte, der normalen Reaktion einer brünstigen Kuh. Dieser Zug gab Evans den Schlüssel. Die drei Szenen auf dem Becher wurden verständlich. Die erste (auf unserer Tafel 40 rechts) zeigt den Stier, der am Schwanze der Kuh schnüffelt. Auf der zweiten (in der Mitte abgebildeten Szene)

„verführt die betrügerische Gefährtin den Stier zu Liebesverkehr", schreibt Evans, „der erhobene Schwanz zeigt ihre sexuelle Reaktion. Das beinahe menschlich Ausdrucksvolle der beiden sich zueinander wendenden Köpfe ist sehr charakteristisch für die minoische Kunst."

Bei der dritten Szene (Tafel 40 links)

„nützt der Hirt die Tändelei aus, um das Hinterbein des mächtigen Tieres mit einem Fangseil zu umschlingen. Der

Stier wird hier mit erhobenem Haupte und in ohnmächtigem Zorne brüllend dargestellt."

Diese Reliefs waren den Archäologen zwanzig Jahre lang bekannt, ehe Evans ihre wirkliche Bedeutung aufzeigte.

Jahr für Jahr setzte Evans geduldig die Ausgrabung fort, legte den Palast weiter frei und baute wieder auf, was nötig war.

Unüberlegte Besucher von Knossos haben Evans manchmal kritisiert wegen seiner „Eisenbeton-Restaurierung". Derartige Kritiken sind unklug, denn es blieb ihm keine Wahl.

„Die oberen Stockwerke", schrieb er, „deren es im Wohnflügel drei gab, wurden weder, wie bei ähnlichen antiken Bauten, von soliden Stein- oder Backsteinmauern, noch von Steinsäulen gestützt. Sie wurden zum größten Teil von Fachwerk getragen, dessen riesige Balken, wie auch die Säulenschäfte, teils aus Zypressenholz bestanden, das aus den Wäldern der umliegenden Täler herbeigeschafft wurde, teils aus ähnlichem, vom Ausland importierten Material. Die durch chemische Prozesse oder Feuer bewirkte Vernichtung dieser hölzernen Stützen hatte weite Hohlräume zwischen den Mauern hinterlassen. Die oberen Stockwerke waren oft wie durch ein Wunder stehen geblieben, und zwar dank der Schuttablagerung, die sich darunter gebildet hatte, und die hauptsächlich durch das Herunterfallen von ungebrannten – teilweise zerbröckelten – Ziegelsteinen von den oberen Mauern entstanden war. Sobald dieses dazwischenliegende Material entfernt wurde, konnte nichts mehr den oberen Bau vor dem Zusammensturz bewahren."

Evans versuchte es zuerst mit hölzernen Balken und Pfosten, doch diese verfaulten zu rasch; dann ließ er Mauern, Pfeiler und sorgfältig ausgehauene Steinkapitelle herstellen, während Backsteingewölbe und -träger die oberen Böden stützten; aber auch das war nicht befriedigend und kostete sogar Evans zuviel. Endlich beschloß er, Eisenbeton zu benützen, denn er war stark, sah gut aus und konnte schnell aufgebaut werden.

Die Kosten für die Ausgrabung und Restaurierung wuchsen mit jedem Jahr, aber Evans war fest entschlossen, den Palast der Welt in einer Form zu übergeben, die nicht nur bei Archäologen Zustimmung finden, sondern auch dem phantasielosesten Laien etwas von seinen Wundern vermitteln konnte. Dies gelang ihm im höchsten Maße. Aber die rein physische Restaurierung von Wänden, Fußböden, Pfeilern und Säulenhallen befriedigte Evans' Wünsche nur teilweise. Es war schwieriger und daher auch reizvoller, den moralischen und geistigen Hintergründen der kretischen Zivilisation nachzuspüren. Was hatte dieses alte Volk geglaubt, gehofft, gefürchtet? Warum wurde mit solcher Beharrlichkeit die Versöhnung der Erdgottheit angestrebt? Wozu der Kult der Schlange – des Erdensymbols? Wofür waren die geheimnisvollen „Lustrations-Räume" – die Stufen, die in die Erde hinunterführten?

Neue Zeugnisse geheimnisvoller religiöser Bräuche kamen ans Licht – immer in Zusammenhang mit dem Kultus der Erde. In Knossos, Phaistos und an anderen kretischen Orten stießen die Archäologen auf unterirdische Krypten – dunkle Räume, deren Hauptmerkmal immer in einem massiven, steinernen Pfeiler bestand. Manchmal lagen diese Krypten unter Gebäuden, aber im allgemeinen war der im Mittelpunkt stehende Pfeiler viel stärker, als zu Stützzwecken erforderlich gewesen wäre. Manchmal gab es gar kein darübergelagertes Gebäude, und trotzdem war der Pfeiler wuchtig; oft trug er auch das Zeichen der Doppelaxt. In manchen Fällen war eine Rinne neben dem Pfeiler – vermutlich zum Auffangen von Opferblut. Evans nannte diese Räume „Pfeilerkrypten".

Als Evans in der Lage war, die aufeinanderfolgenden Schichten des Hügels von Kephala genauer zu datieren, bemerkte er, daß – obwohl Knossos fast ununterbrochen von der Jüngeren Steinzeit an (ca. 3000–4000 v. Chr.) bis 1100 v. Chr. bewohnt war – doch Unterbrechungen im Laufe der Entwicklung stattgefunden hatten. Er fand Spuren von Katastrophen in Form von zertrümmerten Mauern und verkohlten Balken. Drei besonders schwere Katastrophen mußten sich ereignet haben: eine um 1700 v. Chr.; eine zwischen dem Ende der mittelminoischen und dem Anfang der spätminoischen Epoche; eine um 1400 v. Chr. Es waren auch Merkmale von anderen vorhanden, die durch feindliche Angriffe, Aufstände oder Bürgerkrieg verursacht worden sein konnten. Oder, fragte sich Evans, stammten sie vielleicht von Erdbeben?

Längere Zeit hatte er über dieser Möglichkeit gebrütet. Er wußte, daß Kreta in einem Erdbebengebiet lag, und untersuchte die mittelalterliche und moderne Geschichte der Insel, um herauszubekommen, ob die Stöße in bestimmten Kreisläufen erfolgten. Es ergab sich, daß sechs besonders verheerende Erdbeben innerhalb sechseinhalb Jahrhunderten in Kreta stattgefunden hatten.

„Dieser Zeitraum", schrieb er, „entspricht fast genau der Dauer des großen minoischen Palastes mit seinen aufeinanderfolgenden Phasen, und wir sind beinahe gezwungen, darauf zu schließen, daß immer dieselben Naturgewalten die Zerstörungen bewirkt haben, die verschiedene Stadien im Aufbau des Palastes zur Folge hatten."

Hier lag vielleicht die Lösung des Rätsels jener „Lustrations-Räume" – Stufenfluchten, die in Erdschächte führten. Ob sie irgendeiner Opferzeremonie gedient hatten?

Während der späteren Ausgrabungen hatte Evans ein merkwürdiges und etwas unheimliches Erlebnis, das seinen Glauben an die Erdbebentheorie bekräftigte. Er hatte außerhalb der Palastmauer gegraben, auf der südöstlichen Seite, als seine Arbeiter

„auf die Ecke eines kleinen Hauses... von der dritten mittelminoischen Periode stießen... Dieses kleine Haus war von riesigen Blöcken – einige waren über sechs Meter hoch – zertrümmert worden, die nur ein heftiger Erdbebenstoß heruntergeschleudert haben konnte... Das Haus war nie wieder aufgebaut worden, sondern, wie ein anderes im angrenzenden westlichen Teil, mit Trümmern aufgefüllt, die von derselben Katastrophe herrührten."

Das kleine Haus schien einem Handwerker, und zwar einem Lampenmacher, gehört zu haben, denn unter den Ruinen lag eine Anzahl unfertiger Lampen. Neben diesem „Haus der abgestürzten Blöcke" war ein anderes, das offenbar zur gleichen Zeit beschädigt worden war, und hier machten die Ausgräber eine bemerkenswerte Entdeckung. In den nordwestlichen und südöstlichen Ecken des südlichen Fundamentes steckten die Köpfe von „zwei großen Ochsen der *Auerochsen*-Art; eines der Hörner maß an der Basis über 30 cm im Umfang..." Diese Opferreliquien, die sorgfältig neben Dreifußaltären angebracht waren, konnten nach Evans' Auffassung nur eine einzige Bedeutung haben:

> „Dem methodischen Auffüllen des Gebäudes und seiner Preisgabe als menschliche Wohnstätte ging ein feierliches Sühneopfer für die unterirdischen Mächte voraus."

Stiere wurden der Erdgottheit geopfert. Als die Ausgräber die Überreste untersuchten, konnten sie sich leicht vorstellen, wie der minoische Priester vor 4800 Jahren eine feierliche Drohung gegen alle ausgesprochen hatte, die versuchen sollten, sein Werk zu zerstören. Dann, im Augenblick, als die Arbeiter das Ausräumen des „Opferhauses" beendet hatten, um 12.15 Uhr am 20. April 1922,

> „erfolgte ein kurzer, heftiger Stoß, stark genug, um einen meiner Leute umzuwerfen, und von einem tiefen, grollenden Ton begleitet. Der Erdstoß wurde auf unserem Gelände und in dem ganzen Gebiet wahrgenommen..."

Und er erinnerte sich daran, daß Homer im XX. Gesang der *Ilias* schrieb:
> „...es freut sich ihrer (der Stiere) der Erderschütttrer."

Es war zwei Uhr morgens.

Das Feuer war zu einem Häufchen roter Glut zusammengesunken. Ich stapelte meine Bücher auf und legte sie sorgfältig auf den Tisch, um am nächsten Morgen nicht zu vergessen, sie in die Bibliothek zurückzubringen. Es bestand kein Anlaß, sie noch heute Nacht durch den dunklen Korridor zu tragen.

Ich knipste das Licht aus, und als ich die Tür schloß, bevor ich die krachende Treppe zu meinem Schlafzimmer im Erdgeschoß hinunterging, sah ich vor der ersterbenden Glut des Feuers als Silhouette das Profil des minoischen Stieres...

Fünfzehntes Kapitel

DER PALAST DER MEERESKÖNIGE

Früh am nächsten Morgen, nachdem Manoli in dem strengen Eßzimmer das Frühstück serviert hatte, schlenderte ich den Pfad entlang, an Hadrian und den Bougainvillea vorüber, kletterte einen Abhang hinunter und erreichte so die schmale Straße zum Palast. Sir Arthur mußte diesen Weg tausendmal gegangen sein, und ich spürte seine unsichtbare Anwesenheit, sah ihn den furchterregenden Prodger schwingen und die ehrerbietigen Grüße der Dorfleute entgegennehmen.

Knossos liegt in einer von Bäumen halb verborgenen Senke; Reben schmücken die unteren Abhänge der sanften Hügel, die den Ort vom Osten, Westen und Süden umschließen. Nur die Nordseite, der Weg zum Meere, ist offen.

Am Hause des Torwächters traf ich Piet de Jong. Wir gingen unter den Zypressen entlang, und als wir wieder in den Sonnenschein kamen, sah ich zum ersten Male den Palast des Minos. Aber auch jetzt offenbarte er sich noch nicht in seiner Gesamtheit. Eine Wand aus schönem Mauerwerk hemmte zuerst den Blick, aber rechts, das heißt im Südwesten, sah ich den ausgedehnten Süd-West-Hof und den Süd-West-Eingang des Palastes. Wir gingen über die Schwelle, an niederen Mauern vorbei, über schöngepflegte Gehsteige, bogen nach links ab, und schon waren wir mitten in dem rekonstruierten Teil der säulengetragenen Propyläenhalle. (Siehe Seite 218 und 219.) Hier hatte Evans das Gefäßträger-Fresko gefunden, das erste Porträt eines Minoers. Die Originale sind jetzt im Museum von Herakleion, aber hier auf der sonnenbeschienenen Wand hing eine von Galliérons glänzenden Kopien. Während dem Bruchteil einer Sekunde protestierte der Purist in mir gegen all diese Rekonstruktionen, aber er verstummte augenblicklich wieder.

Es wäre sinnlos, einen kretischen Palast mit den großen Denkmälern Ägyptens zu vergleichen, wo die trockene Luft Wände, Säulen und Architrave dreitausend Jahre lang in ihrem ursprünglichen Zustand erhalten hat. Kreta ist zwar im Sommer heiß und trocken, doch der Winter bringt starke Regengüsse, und abgesehen von Zerstörung durch Menschenhand ist Feuchtigkeit wohl der schlimmste Feind antiker Denkmäler. Ihre Wirkung ist um so stärker, wenn, wie in Knossos, viel Holz zur Konstruktion verwendet wurde. Die Wände waren hauptsächlich in den früheren Palästen auf Fachwerk errichtet, und die Säulen, welche die Dächer, Hallen und Treppenhäuser stützten, waren ebenfalls aus Holz. Als der Palast geschleift wurde (oder durch Erdbeben in Brand geriet – die Ursache ist nicht geklärt), verbrannten die hölzernen Pfeiler und das Fachwerk, und das damals vom Feuer verschonte Holz ist längst durch die Feuchtigkeit verfault.

Die Mauern und Dächer stürzten ein, so daß Evans und seine Kollegen nur eine einzige Möglichkeit hatten, den ursprünglichen Anblick des Palastes zu zeigen: durch mühevolle Rekonstruktion von typischen Fragmenten wie die Propyläenhalle und das Nordportal. Vielleicht ist Evans in seinem Enthusiasmus etwas zu weit gegangen – das ist Auffassungssache. Er hatte an vielen Stellen nur die Wahl, zu rekonstruieren oder einen Trümmerhaufen zurückzulassen. De Jong hob jedoch besonders hervor, daß jedes echte Fragment beibehalten wurde und daß ein beträchtlicher Teil des knossischen Palastes, vor allem die Wohnräume, aus originalminoischem Mauerwerk besteht, das seine dreitausendjährige Unberührtheit bewahrt hat.

Piet erklärte mir, wie Evans vorging, um die ursprüngliche Konstruktion des Palastes bei seinen sorgfältigen Restaurierungen zu kennzeichnen.

„Es geschah oft", sagte er, „daß wir bei einer zusammengestürzten Mauer Überreste der alten Stein-‚Fassungen' (Rahmen) fanden, die das Fachwerk umgaben. Beim Wiederaufbau der Mauer ersetzten wir das verfaulte Holz durch Beton und bemalten diese Stellen mit hellem Braun, um Holz anzudeuten. Der übrige Teil der Mauer wurde, soweit es möglich war, aus den ursprünglichen Steinen zusammengesetzt."

An der Wand schritten in langsamer, feierlicher Prozession die beiden Gefäßträger[1], enggegürtet, breitschultrig, mit stolzen, aristokratischen Gesichtszügen und gelocktem schwarzem Haar. Jetzt endlich fing ich an, den ganz eigenen Charakter von Knossos wahrzunehmen. Nur einige hundert Meilen trennten uns von Ägypten, das zweitausend Jahre lang mit den Minoern in Verbindung stand. Aber diese Gesichter und Kleider verrieten nicht den geringsten ägyptischen Einfluß. Ich erinnerte mich an die Wandmalereien in den Gräbern von Luxor, an die feierlichen, steifen, priesterlichen Figuren in ihren streng gefalteten Leinengewändern; diese Minoer waren völlig anders. Sie sahen eher europäisch als asiatisch aus, obwohl Evans meinte, sie stammten ursprünglich aus Asien. Auch den Griechen der klassischen Zeit gli-

---

[1] Ursprünglich war es eine lange Prozession von Jünglingen.

chen sie nicht. Wer waren sie? Woher kamen sie? Wie grausam von ihnen, keine Geschichte zu hinterlassen!

De Jong, der praktische Architekt, sprach wieder.

„Die Leute fragen mich oft, warum die Säulen sich nach unten verjüngen", sagte er. „Wissen Sie es?"

„Nein. Gibt es dafür einen bestimmten Grund?"

„Die Frage ist immer noch unentschieden. Ich glaube, die einleuchtendste Erklärung ist die: als die Säulen noch aus Baumstämmen gemacht wurden, stellten die Kreter sie mit der Wurzel, d. h. mit dem dicksten Teil des Stammes nach oben, um die Bäume am Weiterwachsen zu verhindern. Vielleicht schien es auch angebracht, unten größere Zwischenräume zu haben. Diese Säulen hier", fügte er hinzu, indem er einen der dicken, rostfarbenen Pfeiler des Propylons beklopfte, „sind natürlich aus Beton. Aber wir wissen, daß sie in der Tat hier standen, denn wir fanden die Säulenbasen samt den daneben liegenden Kapitellen."

Ich fragte ihn, wie er die Höhe und Proportion der Säulen bestimmen konnte; dies, versicherte er mir, sei nur eine Sache sorgfältiger Beobachtung und Vergleiche mit architektonischen Überresten von anderen Stellen des Geländes. Manchmal blieben Abdrücke der Säulen in der Erde erhalten, obwohl das Holz weggefault war.

„Wissen Sie", sagte Piet, „eine von Sir Arthur's größten Gaben war seine Fähigkeit, sich bildhafte Vorstellungen zu machen. Wenn er ein paar zerbröckelte Steine, eine umgefallene Säule oder einige Stückchen Fresko sah, konnte er genau sagen, wie der ganze Raum oder das Gebäude ursprünglich ausgesehen hatten. Und er wurde sehr ungeduldig, wenn sein Architekt das nicht ebenso schnell sah. Aber wenn dann alles aufgenommen und vermessen und das ganze architektonische

Beweismaterial durchgearbeitet war, so erwies sich fast immer, daß Sir Arthur recht hatte."

„Wertvolle Beweise waren die gemalten Fresken, die oft Bauten mit der typisch minoischen, nach unten verjüngten Säule zeigten. Diese Fresken erleichterten die Rekonstruktion bedeutend. Sehr nützliche Aufklärungen über Form und Gestaltung minoischer Häuser erhielten wir auch durch die Bilder auf den Fayence-Täfelchen."

„Aber die Farbgebung!" rief ich aus. „Das ganze Gebäude muß ja von Farben geleuchtet haben. Wie konnten Sie beispielsweise wissen, daß die Säulen rötlich und ihre Kapitelle bald blau, bald schwarz waren?"

„Von den Fresken", antwortete er, während wir nach links in den großen Gang einbogen, der zu den Magazinen führt. „Sie werden sehen. Aber erst will ich Ihnen etwas zeigen." Er führte mich in einen breiten, gepflasterten Gang, auf den sich zahlreiche, lange, enge Zimmer öffneten. Ihre Wände hatten eine Höhe von 2 m oder mehr, und sie waren zum Teil von Dächern überdeckt. „Hier wurde nur sehr wenig rekonstruiert", sagte er. „Was Sie jetzt sehen, ist ganz minoisch. Wir haben nur das Dach ersetzt."

Wir befanden uns in den Lagerräumen von König Minos. Hier wurden seine Reichtümer aufgespeichert. In fast allen Räumen standen große tönerne Gefäße von teilweise mehr als 2 m Höhe. Sie enthielten einst Öl, Korn, Trockenfisch, Bohnen, Oliven, denn in den Tagen der minoischen Meeresherrschaft bestand der Reichtum nicht nur in Gold und Kostbarkeiten, sondern auch in Waren. In den Boden dieser Räume waren enge, ausgemauerte Kästen oder Kammern eingelassen, die ehemals unter Steinplatten verborgen waren. (Siehe Tafel 16 und 23.)

266

„Diese Kästen", sagte de Jong, „waren eine Art Safes; in einem bestimmten Abschnitt der Palastgeschichte wurden sie zur Aufbewahrung von Kostbarkeiten benutzt – von ähnlichen Sachen, wie Schliemann sie in den Schachtgräbern von Mykenä fand. Evans meinte, die mykenischen Schätze könnten wirklich eine Zeitlang hier geruht haben. Aber er fand fast nichts, als er die Kammern im Jahre 1900 bloßlegte – nur einige Goldfragmente, die den früheren Inhalt der Kästen verrieten. Bei der Zerstörung des Palastes wurde alles gründlich ausgeplündert. Schauen Sie die Feuerspuren an – sehen Sie?" Und er wies auf den Rand des Schachtes.

An der nördlichen Seite war deutlich eine Spur von schwarzem, öligem Rauch, wie er durch brennendes Öl entsteht. An anderen Stellen sah ich viele solche Merkmale, und die verräterischen Flecken ließen erkennen, daß der Rauch nach Norden getrieben worden war.

Es blies also Südwind, als der große Palast unterging.

Während ich dem Konservator über eine breite Treppe nach dem Zentralhof folgte, fing ein leises, merkwürdiges Unbehagen an, sich in mein Staunen und Entzücken zu mischen. Ich bin kein abergläubischer Mensch, glaube auch nicht an Übernatürliches, und durch meine journalistische Tätigkeit bin ich gewohnt, zu beobachten und Tatsachen zu berichten; aber ich muß gestehen, daß mich trotz der frischen Frühlingsluft, dem Sonnenschein und meiner naiven Freude beim Betrachten von Knossos, die Atmosphäre des Palastes bedrückte. Sie war – dafür gibt es kein anderes Wort – unheimlich.

Doch jetzt, auf dem geräumigen Zentralhof, konnte ich die ganze Pracht in vollen Zügen genießen. Ich stand in der Mitte des Hofes, mit dem Blick nach Norden, zum Meer hin, und sah zur Linken die Amtsräume des Palastes. Von

hier aus wurde Kreta in den Tagen der knossischen Ober-
herrschaft verwaltet. Obwohl nur noch der untere Teil der
verfallenen Gebäude erhalten war, konnte man sie nicht ohne
innere Bewegung anschauen; da stand einst Stockwerk über
Stockwerk; zu den stattlichen Empfangsräumen führten säu-
lengetragene Treppenhäuser mit breiten, niederen Stufen und
einem System von Lichthöfen (wie in modernen Hotels und
Amtsgebäuden), durch die eine sanfte, indirekte Beleuch-
tung entstand. Auf diese Art waren die Bewohner im Sommer vor den glühenden Sonnenstrahlen und im Winter vor
den eisigen Winden geschützt. (Siehe Tafel 28 und 33.) Die
meisten Räume sind heute verschwunden, aber es ist möglich,
sich eine Vorstellung ihrer ehemaligen Gestalt zu machen,
weil der Wohnflügel an der Ostseite des großen Hofes wie
durch ein Wunder erhalten geblieben ist. De Jong führte mich
jetzt in diese Richtung.

Zuerst mußten wir durch das berühmte Große Treppenhaus,
Knossos' bedeutendstes Bauwerk, gehen. Nicht nur die Minoer setzten sich damit ein Denkmal, sondern auch Christian
Doll, der hervorragende Architekt, der es vor dem Verfall bewahrte. Wir überquerten den Hof und begannen hinabzu-
steigen. Die Stufen sind aus Gips, ein glatter, weicher, kri-
stallinischer Stein, den die Minoer viel für die Innenräume
ihrer Bauten benutzten. Ursprünglich waren es fünf Treppenfluchten, aber von den beiden obersten ist kaum mehr eine
Spur vorhanden. Die drei vollständigen Treppen tiefer unten
hatten wohl genau so ausgesehen, als die minoischen Höf-
linge und Damen vor 3600 Jahren hinter dem Priester-König
herschritten. An meiner Linken war die minoische Mauer,
die einst mit heiteren Fresken in hellblauen und rötlichen
Tönen bedeckt war. Zur Rechten befand sich eine niedere

Balustrade mit Ausblick auf eine zentrale Mauer, über die Licht in das Treppenhaus fiel. Auf der Balustrade erhoben sich stämmige minoische Säulen mit der typischen Verjüngung nach unten; sie stützten die oberen Treppenabsätze. Die Säulenbasen mit den Sockeln waren echt. Als Evans, Christian Doll und die übrigen – mit Hilfe griechischer Bergwerksarbeiter – vor etwa fünfzig Jahren hier in die Tiefe vordrangen, fanden sie die verkohlten Stümpfe der alten hölzernen Säulen noch in den Sockeln steckend. Die heutigen, den Originalen nachgebildeten Säulen sind aus Stein und mit Stuck überzogen. Ich erinnerte mich an Evans' Schilderung, wie er und sein Mitarbeiterstab mit einer riesenhaften Mauer zu kämpfen hatten. Sie drohte umzustürzen und dabei alles zu zerschmettern, was von dem Meisterwerk des minoischen Architekten übrig war (ob sein Name Daedalos lautete?).

„Die mittlere Wand des Treppenhauses, oberhalb der ersten Flucht, zeigte eine gefährliche Neigung nach außen und stellte dadurch eine dauernde Gefahr für die Überreste des ganzen Bauwerkes dar... Unter der Leitung unseres vertrauenswürdigen Bauaufsehers Gregorios Antoniou wurde die Mauer zunächst mit einem Gerüst versehen und mit Brettern und Seilen gesichert. Dann wurde das Fundament der Mauer der ganzen Länge nach an jeder Seite untergraben; keilförmige Steine und Zement standen bereit, um in den äußeren Spalt eingefügt zu werden. Nun mußten sechzig Arbeiter von der darüberliegenden Terrasse aus an den Seilen ziehen, die an der Verschalung befestigt waren. Auf diese Weise wurde die gewaltige Masse in Bewegung gesetzt und an dem soliden hölzernen Gerüst aufgerichtet, das als Stütze diente. Jetzt konnte das Gerüst entfernt und die Mauer in ihrer aufrechten Lage befestigt werden. Durch solche und ähnliche Maßnahmen war es möglich, das Treppenhaus und die Balustrade in ihrer ursprünglichen Lage zu erhalten und der modernen Welt die Struktur dieses großen, etwa 3600 Jahre alten Werkes vor Augen zu führen..." (Siehe Seite 197.)

Die Kosten des umfangreichen Unternehmens wurden von Evans allein getragen. Kann sich irgend jemand – auch der leidenschaftlichste Verteidiger des Staatswesens – eine moderne „fortschrittliche" Regierung vorstellen, die eine Viertelmillion Pfund für die Erhaltung eines antiken Denkmals ausgibt, und sei es von entscheidender Bedeutung für die Geschichte unserer Zivilisation? Wäre Knossos im Jahre 1952 entdeckt worden, so hätte Evans vermutlich um einen Zuschuß von dem verarmten British Council einkommen müssen...

Der Kampf um die Erhaltung des Großen Treppenhauses war wirklich dramatisch. Er enthielt alle klassischen Konfliktselemente zwischen den Archäologen einerseits und der Zeit und dem Zerfall andererseits. Wir geben hier einen Teil von Evans' eigenem Bericht wieder, aus dem „Palast des Minos".

„... Das Heraushauen der Lehmanhäufungen und das Wegschaffen von Schutt und Erde aus den Zwischenräumen hinterließ einen Hohlraum zwischen den oberen und unteren Stockwerken, so daß alles einzustürzen drohte. Die verkohlten Pfosten, Balken und Schäfte... waren zersplittert und bloßgelegt und boten daher keine Stütze. Die Anwendung von Stützbalken und verschiedenartigem Bauholz bot nur provisorische Hilfe und war manchmal so ungenügend, daß es zu einigen gefährlichen Einstürzen kam.

Hätten wir in unseren Bemühungen nachgelassen, so wären die Überreste der oberen Stockwerke auf die unteren gestürzt, und das Ergebnis wäre ein unförmiger Trümmerhaufen gewesen. Es blieb keine andere Wahl, als die oberen Teile durch ein dauerhaftes Mittel zu stützen. Der Architekt, Mr. Christian Doll, der heldenhaft mit seiner atlasähnlichen Aufgabe rang, mußte im Beginn der Ausgrabung gezwungenermaßen auf Eisenträger zurückgreifen, die mit großem Kostenaufwand aus England herbeigeschafft wurden. Teilweise wurden sie mit Zement verkleidet ... Aber auch dann noch spielte Holz – gut abgelagertes war kaum zu bekommen – eine große Rolle bei der Rekonstruktion.

Die Zypressenstämme und -balken, die im alten Bau so große Mauermassen getragen hatten, waren natürlich nicht mehr zu beschaffen, und wir mußten erfahren, daß sogar das von Triest importierte Fichtenholz aus Tirol innerhalb weniger Jahre durch die heftigen Gegensätze des kretischen Klimas verfaulte und zu Staub zerfiel..."

Erst als in den zwanziger Jahren der mit Drahtgeflecht armierte Beton eingeführt wurde, fand Evans eine Antwort auf seine Frage: welches Material gibt dauerhafte Stützen für schweres Mauerwerk ab, und wie können große Flächen billig und haltbar überdeckt werden? So kam das zwanzigste nachchristliche Jahrhundert dem zwanzigsten vorchristlichen Jahrhundert zu Hilfe. Daedalos hätte gewiß zugestimmt.

Am Fuß des Großen Treppenhauses kamen wir in einen kurzen Gang, der zu einer Reihe prächtiger Gemächer führte, und hier wußte ich mich von echt minoischen Wänden umgeben. Zum erstenmal stand ich in einem Königspalast aus der Periode, die der XVII. und XVIII. Dynastie der ägyptischen Pharaonen (1600–1350 v. Chr.) entsprach. Der Eindruck war überwältigend. In Ägypten waren die königlichen Paläste meist zeitgebundene Bauwerke aus luftgetrockneten Ziegelsteinen, und nur die Fundamente blieben davon übrig. Nur Tempel und Gräber waren für die Ewigkeit gebaut. Wie armselig sind sogar die Ruinen vom Palast des herrlichen Amenophis III. in Medinet Habu, verglichen mit den Grabmälern des Pharao und seiner Nachkommen in Luxor, im Tal der Könige. Aber in Knossos schreitet man durch Räume, in denen einst die Falbelröcke der minoischen Damen verführerisch rauschten und der Klang von Stimmen und Musik ertönte. Hier, auf dem Thron mit der hohen Lehne, an der schildgeschmückten Wand, sitzt Minos selbst... in der äußersten Ecke spielt eine Gruppe eleganter junger Männer am eingelegten Spieltisch, den Evans hier fand. Und nicht weit davon einige minoische Damen mit glitzernden Juwelen auf der elfenbeinfarbenen Brust. Sie sprechen von der Mode, lästern über abwesende Freunde und erinnern sich vielleicht an die erstaunliche Leistung, die jener junge Athener am vergangenen Tage in der Arena vollbrachte. „Wie war der Name des Barbaren... Theseus?" „Ja, ich gebe ja zu, daß er gut aussieht, aber sei vorsichtig, meine Liebe – hast du nicht bemerkt, wie die Prinzessin nach ihm geschaut hat? Aber es war klar, Liebling, er mußte gewinnen..."

Hier unterbrach Piet meine Phantasien. „Sir Arthur nannte diesen Raum ‚Halle der Doppeläxte'", sagte er. „Kommen Sie hier herüber, ich möchte Ihnen etwas zeigen."

Eine Säulenreihe trennte die Halle der Doppeläxte von dem anstoßenden Raum. In den Säulen waren Vertiefungen, ein Anzeichen für einstige Schiebetüren. Im Winter wurden sie geschlossen, um die Räume warm zu halten. Im Sommer konnten sie säuberlich in die Vertiefungen zurückgeschoben werden, so daß die frische Luft ungehindert hereinströmte.

Dann wies der Konservator auf eine niedrige Plinthe an der nördlichen Wand der Halle. „Wir glauben, daß hier ein Thron stand", sagte er, „so wie im Thronsaal auf der westlichen Seite des Hofes – ich zeige Ihnen das später. Aber der Thronsaal hatte irgendeine religiöse Bedeutung, während dies hier nur die Privatgemächer der königlichen Familie waren. Sehen Sie – Sir Arthur ließ hier eine hölzerne Nachahmung des Thrones aufstellen, um den verschwundenen zu ersetzen."

An jeder Seite des Thrones hing ein großer, 8-förmiger Schild, lang genug, um einen minoischen Krieger zu bedecken. Auf der Wand dahinter war ein gemaltes Spiralband. Ich hatte diesen eigenartigen Langschild, der schon in der *Ilias* beschrieben wird, zum erstenmal auf den mykenischen Dolchklingen gesehen, die Schliemann in den Schachtgräbern fand, und außerdem auf den winzigen Schiebern, die Evans in seinem „Palast des Minos" wiedergibt. Hier hing der Schild nun in einem der wichtigsten Räume des minoischen Palastes, der tausend Jahre vor Homers Zeit erbaut wurde.

„Es sind natürlich nicht die Original-Schilde", sagte de Jong, „aber Evans fand heraus, daß die Wände in den Räumen oberhalb der Halle der Doppeläxte mit solchen Schilden bemalt waren. Von einem Schild zum anderen lief ein Fries mit Spiralen. Nun, hier in der Halle der Doppeläxte gab es zwar einen Fries, aber keine Schilde. Sir Arthur vermutete, daß, an Stelle von gemalten, wirkliche Schilde die Wand geschmückt hatten. So ließ er Gilliéron originalgetreue, gemalte Kopien anfertigen und hängte sie zu beiden Seiten des Thrones auf. Hier sind sie." (Tafel 42.)

Dann führte er mich durch einen kurzen, gewundenen Gang zu den privatesten Gemächern des Palastes, die Evans „Megaron[1] der Königin" nannte, weil er in ihrer Ausschmükkung eine weibliche Note zu erkennen glaubte.

Hier war alles licht und anmutig. Niedere Sitze standen an den mit farbenprächtigen Naturszenen bemalten Wänden. Dunkelblaue Delphine tummelten sich auf einem zartblauen Grund; auch Seesterne und stachlige Seeigel – realistisch gezeichnet und doch im Einklang mit der überall herrschenden Ornamentik. Eine Wand grenzte an einen säulengeschmückten Lichthof, der dem Innenraum sanfte Helligkeit spendete. (Tafel 35.) Auf der anderen Seite ging es durch eine Tür zu einer Reihe kleinerer Gemächer, die nur vom Salon aus Zugang hatten. Hier war ein kleines Badezimmer mit einer Badewanne aus gebranntem Ton, die beinah genau wie ihre modernen Nachkommen geformt war. Das Bad wurde offenbar von Hand eingefüllt, wohl durch eine Kammerzofe – aber im Fußboden befand sich ein Loch, durch welches das Wasser in die Hauptröhre abfließen konnte.

Ein noch kleinerer Raum neben dem Badezimmer war zweifellos ein W.C. In Evans' Worten:

[1] Halle oder Hauptraum.

„In einer Gipsplatte an der rechten Seite ist eine Aushöhlung für einen Sitz, etwa 57 cm über dem Boden. Vor der Tür der Latrine befindet sich eine Steinplatte, die schräg zu einem halbkreisförmigen Loch abfällt. Dieses bildet die Öffnung der Senkgrube, von der aus eine kleine Röhre zu dem Hauptabflußkanal führt. Die Öffnung zum Hauptabflußrohr, das teilweise von einer eigenartigen Ausladung überdeckt ist, weicht von der Mitte des Sitzes ab, so daß rechts für ein Gefäß zum Spülen des Beckens Platz bleibt. Als Vorwegnahme sanitärer Anlagen auf wissenschaftlicher Grundlage ist das vorliegende System auch heute noch von wenigen Nationen erreicht worden."

Es ist bezeichnend für unser technisches Zeitalter, daß die meisten Besucher von Knossos von keinem seiner ästhetischen Schätze so tief beeindruckt sind, wie von dieser 3600 Jahre alten Anlage. Für Menschen, denen Gesundheitswesen und Zivilisation gleichbedeutend sind, ist Knossos natürlich unwiderstehlich. Es ist ein Klempnerparadies. Große Steinrinnen leiteten das Wasser vom Dach zu den unterirdischen Kanälen, und diese Schächte, sagt Evans, waren selbst wieder durch Luftschächte ventiliert und mit so geräumigen Einsteigöffnungen versehen,

„daß meine kretischen Arbeiter unbeschadet ganze Tage darin verbrachten. Das kunstvolle Röhrensystem des Palastes und die damit verbundenen sanitären Einrichtungen erregen die Bewunderung aller Besucher. Die Terrakotta-Röhren mit ihrer präzisen Konstruktion und den sauber gearbeiteten Verbindungsstücken stammen aus den frühesten Tagen des Gebäudes und wären unseren heutigen Anforderungen durchaus gewachsen. Die leichte Verjüngung der Teilstücke, die die Röhren zusammensetzten... war in bewundernswerter Weise geeignet, das Wasser so in strömender Bewegung zu halten, daß Ablagerungen vermieden wurden..."

Aber das bemerkenswerteste Beispiel minoischer Hydraulik sieht man an der Nordost-Bastion, zu der mich de Jong brachte, nachdem wir das Große Treppenhaus wieder erstiegen hatten. Hier führte eine edle Treppenflucht von der Nordost-Ecke des Zentralhofes zu dem tiefer gelegenen Flußufer. Diese Stufen lagen im Freien, und an jeder Seite befand sich eine Rinne zum Ableiten des Regenwassers. An sich war dies nichts Besonderes, doch de Jong zeigte mir die wohldurchdachte Konstruktion dieser Kanäle. Jede Stufenreihe (sie waren ziemlich steil) stand in rechtem Winkel über der nächsten, und dadurch ergab sich für die minoischen Ingenieure das Problem, das Wasser um die Ecken zu leiten, ohne dabei die Treppenabsätze zu überschwemmen. Wären die seitlichen Wasserrinnen nur flache Schrägen gewesen, so wäre das Regenwasser mit solcher Geschwindigkeit darüber weggeschossen, daß es unbedingt bei der ersten Biegung den Rand übertreten hätte. Der Kunstgriff bestand darin, die Schnelligkeit des Wassers zu vermindern; dies wurde in genialer Weise dadurch erreicht, daß der Boden der Wasserkanäle in eine Reihe parabolischer Kurven ausgeformt wurde. Die Kurven selbst stimmen beinahe ganz mit den natürlichen Parabeln überein, die das Wasser bei einem derartigen Gefälle bildet. Auf diese Weise erreicht es jeden Treppenabsatz nur halb so schnell, als wenn es in gerader Linie, statt in einer Reihe von Sprüngen, heruntergeströmt wäre.

„Nichts im ganzen Gebäude", schreibt Evans, „gibt ein so eindrucksvolles Bild der generationenalten Erfahrung der minoischen Ingenieure wie die Parabelkurven der Kanäle."

Aber das war noch nicht alles. Eine Serie kleiner Sinkkästen fing die Ablagerungen beim Herabfließen auf, so daß das Wasser am Fuß der Treppen immer noch rein und für Waschzwecke geeignet war. Und Evans, der homerische Anklänge liebte, fügte hinzu:

„Die besondere Eignung des Regenwassers zum Waschen von Leinen berechtigt zu der Annahme, daß der Behälter zu diesem Zweck verwendet wurde, und vielleicht begaben sich die minoischen Nausikaas[1] von den Palastgemächern hier herunter."

Der nordöstliche Teil des Palastes schien Werkstätten enthalten zu haben. Piet zeigte mir hier einen Block purpurfarbenen spartanischen Basaltes, der halb durchgesägt war. Er lag am Boden, so wie ihn der Handwerker verlassen hatte. Warum mußte er sein Werk unfertig stehen lassen? Wieder befiel mich das unbehagliche Gefühl, das mir beim Anblick der Feuerspuren in den großen Magazinen zum erstenmal aufgestiegen war. Wir gingen wieder über den Hof zur westlichen Seite hinüber, wo in einer Galerie oberhalb des Thronsaales einige von Gilliérons glänzenden Kopien der Fresken hingen, für die ich eine weite Reise unternommen hatte. Da waren sie – das Fresko der „Stier-Akrobaten", das Fresko der „Tribüne" mit den plaudernden Damen – diese Werke

---

[1] Nausikaa, die Tochter des Königs Alkinoos von Phäakien, wurde von Odysseus überrascht, als sie und ihre Mägde am Strande spielten, wo sie die Familienwäsche gewaschen hatten.

einer Zivilisation, die sechzehnhundert Jahre vor unserer Zeitrechnung ihre Blütezeit erreicht, ja überschritten hatte, und in der Tat dekadent war. Der ganze Charme, die Intelligenz, die müde Problematik einer reichen, absterbenden Kultur sprach aus diesen zarten Malereien. Aber noch etwas anderes lag darin, etwas, das mich beim Betreten des Palastes beunruhigt hatte, eine Stimmung von Tod und Verhängnis.

Evans war der Auffassung, daß ein Erdbeben die endgültige Zerstörung von Knossos herbeigeführt habe. Pendlebury, ein jüngerer Gelehrter, glaubte an Vernichtung durch eine vom Festland kommende Macht. Pendlebury hatte wohl recht. Mein Gefühl sagt mir, daß die minoische Kultur, wie sie sich in den knossischen Fresken darstellt, ihren Höhepunkt vor 1400 v. Chr. erlebt hat, dann in das Stadium der Überreife und zuletzt in das der Fäulnis eingetreten war, so daß die Angreifer, wer sie auch waren – wahrscheinlich Homers „erzgepanzerte Achäer" – nur das unvermeidliche Ende beschleunigten.

Doch ein furchtbares Ende muß es gewesen sein, an jenem Frühlingstage, vierzehnhundert Jahre vor Christus, als der Wind heftig vom Süden hereinbrauste. Noch heute liegt etwas wie Schrecken über den Feuerspuren, den rauchgeschwärzten Wänden und Fußböden, den verkohlten Balkenresten – diesen grausigen Zeugen des Tages, an dem die Eroberer kamen. Der Beschauer hält erstaunt den Atem an beim Anblick der zarten Schönheit der Wandgemälde, der geschmeidigen, fast weiblichen, dunkelhäutigen Jünglinge mit ihren schlanken Taillen und dem schwarzen Lockenhaar – der Gruppen plaudernder, eleganter Frauen mit ihrer elfenbeinfarbenen Haut, den steinbesetzten Halsbändern und bauschigen Reifröcken. Und dann drängt sich das Bild des letzten Tages auf: die Frauen fliehen schreiend durch die freskenbemalten Gänge, in Torwegen und Treppenhäusern wird gekämpft, der Handwerksmeister wird aus der Arbeit gerissen und läßt einen unfertigen Steinkrug stehen, der Krieger liegt erschlagen über seinem großen Kuppelschild – überall Rauch, Krachen von zersplitternden Balken, Blutspritzer auf den weißen Gipsfliesen...

„Kommen Sie, wir schauen uns den Thronsaal an", sagte Piet.

Der Thronsaal ist der dramatischste Raum in Knossos, und ich war froh, daß de Jong ihn bis zuletzt aufgespart hatte. Wir betraten das niedere äußere Zimmer, öffneten eine hölzerne Schranke und kamen in den Thronsaal. Er war nicht sehr groß, rechteckig, die breiteste Seite zur Rechten. An dieser langen Wand lagen zwei wundervoll gemalte Greifen–löwenähnliche Geschöpfe mit Vogelköpfen, im gewohnten Rotbraun auf blaßblauem Hintergrund. Zwischen diesen Wächter-Greifen erhob sich, an seinem ursprünglichen Platze, der Thron des Minos mit dem charakteristischen, wellenförmigen Rand seiner Lehne und dem anatomisch ausgehöhlten Sitz. Zu beiden Seiten des Throns und an den Seitenwänden standen niedere Steinbänke. Der von Evans gewählte Vergleich mit einem „Dom-Kapitelhause" war wirklich sehr naheliegend. (Tafel 30 und 46.)

Dem Thron gegenüber, auf der linken Seite, führten breite Stufen zu einem jener geheimnisvollen Schächte – den „Lustrations-Räumen" oder „Ritual-Impluvia" – die Evans mit einer Salbungszeremonie in Zusammenhang brachte. Im Vorzimmer standen immer noch Stein- und Tongefäße, die man an Ort und Stelle gefunden hatte und die wahrscheinlich bei derartigen Zeremonien verwendet wurden. Weitere kleine

Räume schlossen sich an den Thronsaal an. Einer davon könnte eine Küche gewesen sein, und es läßt sich denken, daß der Priester-König sich bei gewissen Anlässen in diese Räume zurückzog und sich für bestimmte Zeiten – vielleicht Tage, vielleicht Wochen – darin isolierte.

Alles war verwirrend. Hätten die Minoer doch verständliche, schriftliche Dokumente hinterlassen!

„So", sagte Piet, „das ist ungefähr alles im Palast selbst, außer der nördlichen Säulenhalle und dem Theaterplatz, den wir heute nachmittag besichtigen können. Ich muß jetzt zur *Taverna* zurück, aber Sie brauchen sich nicht zu beeilen, wenn Sie gerne noch bleiben wollen. Aber schließen Sie bitte die Türe ab, wenn Sie fortgehen."

Als die Schritte des Konservators verhallt waren, setzte ich mich auf den ältesten Thron von Europa. Er war sehr bequem. Ringsum herrschte Totenstille. Das gedämpfte Licht des oberen Stockwerkes stahl sich in den Weiheraum hinunter, der mit rotbraunen, nach unten verjüngten Säulen umgeben war. Ich erinnerte mich an eine Darstellung in einem Buch, das nach dem „Palast des Minos" wohl das maßgebendste und gelehrteste Werk über die minoische Zivilisation ist, John Pendleburys *Archaeology of Crete*. Pendlebury war der Ansicht, daß Knossos durch Streitkräfte des Festlandes zerstört wurde, wahrscheinlich durch Völker des minoischen Kolonialreiches, die endlich das kretische Joch abschütteln wollten.

„Es gibt einen Namen", schrieb er, „der immer mit dem Fall von Knossos oder wenigstens mit der Befreiung seiner Untertanen in Beziehung gebracht wird – Theseus. Namen prägen sich meistens dem Gedächtnis ein, auch wenn die mit ihnen verbundenen Taten längst vergessen oder durch die Geschichtsschreibung verstümmelt worden sind... Wir haben schon einmal die Vermutung ausgesprochen, daß die sieben Jünglinge und sieben Jungfrauen vielleicht den Beitrag des Festlandes für den Stierkampfplatz von Knossos darstellten. Solche Einzelheiten bleiben immer im Gedächtnis haften, und erst recht, wenn sie wie hier zum gefühlsmäßigen Anlaß werden, ohne den ein rein kommerzieller Krieg nie stattfinden kann. Zweifellos war der Raub der Helena ein wirkungsvoller Schlachtruf für die Völker, als das mykenische Reich zum Seehandel im Schwarzen Meer durchstoßen wollte, den Troja vorher allein beherrschte."

„Und im letzten Jahrzehnt des fünfzehnten Jahrhunderts, an einem Frühlingstage, als der heftige Südwind die Flammen der brennenden Balken waagrecht nach Norden jagte, fiel Knossos..."

„... Die letzten Szenen spielten sich in dem dramatischsten Raum ab, der je ausgegraben wurde – im Thronsaal. Er wurde in chaotischem Zustand vorgefunden. Ein großer Ölkrug lag umgeworfen in einer Ecke, kultische Gefäße waren gerade im Gebrauch, als die Katastrophe hereinbrach. Es sah aus, als wäre der König – zu spät – gedrängt worden, eine letzte Zeremonie zur Rettung des Volkes zu vollziehen. Theseus und der Minotauros! Dürfen wir glauben, daß er die Stiermaske trug?"

Sechzehntes Kapitel

DIE ALTEN ÜBERLIEFERUNGEN
SPRACHEN WAHR

Evans wurde 1911 im Alter von sechzig Jahren geadelt. Nicht nur sein Werk in Kreta, sondern auch seine Verdienste um die Wissenschaft als solche wurden durch diese Ehrung gewürdigt. Drei Jahre vorher hatte er die Leitung des Ashmolean Museums aufgegeben, um sich ausschließlich Knossos zu widmen; und eben in jener Zeit hatte er endgültig über die reaktionären Elemente der Universität gesiegt. Bei Evans' Rücktritt schrieb ihm der neue Kanzler, Lord Curzon: „Ihr wahres Denkmal ist das Ashmolean selbst. Es ist in solchem Maße reorganisiert und neu ausgestattet, daß der Oxforder aus der Zeit vor fünfundzwanzig Jahren es überhaupt nicht mehr erkennt..." Evans blieb ehrenamtlicher Inspektor des Ashmolean, so daß er es weiterhin im Auge behalten konnte, was er auch bis an sein Lebensende tat. Außerdem machte er dem Museum großzügige Geschenke.

In den Jahren 1914–1918 verfolgte er mit Wachsamkeit das Schicksal der Bildungsstätten, die Gefahr liefen, von den Militärbehörden vergewaltigt zu werden. In Zeiten nationaler Erhebung gibt es immer wichtigtuerische Beamte, die ihre Vollmacht mißbrauchen. Wenn solche Leute Evans in den Weg kamen, gab es meistens einen Zusammenstoß. In den ersten Kriegsjahren zum Beispiel wollte das Luftfahrtsministerium dem Britischen Museum Vorschriften machen und begann rücksichtslos die Sammlungen wegzuräumen, um für Beamte Platz zu gewinnen. Für Sir Arthur bedeutete dies den

„Einbruch des Dschungels". In zahllosen Briefen an die großen Zeitungen, in öffentlichen Vorträgen und Privatgesprächen geißelte er die Philister. In einem bemerkenswerten Vortrag schilderte er den „überraschenden Besuch" eines Beamten des Luftfahrtsministeriums, der ein Gesuch an das Kabinett zur Folge hatte: das Ministerium bat um Genehmigung, das Museum als Hauptquartier zu requirieren. Trotz heftigem Protest der Kuratoren

„wurde tatsächlich vom Kabinett der Befehl erteilt."

Doch „dieses ungeheuerliche Ansinnen, das ich sowohl als Kurator des Museums wie als Präsident Ihrer Gesellschaft an den Pranger zu stellen bemüht bin, hat einen Sturm der Entrüstung hervorgerufen, und zwar nicht nur unter den anerkannten Vertretern von Kunst- und Geschichtswissenschaft, sondern auch bei der ganzen Presse."

Der Befehl wurde zurückgezogen; das Luftfahrtsministerium entdeckte plötzlich, „daß es das Gebäude letzten Endes nicht brauche..."

Doch in der Zwischenzeit war viel Schaden entstanden. Galerien waren Hals über Kopf geräumt worden, um für Behörden Platz zu schaffen. Evans sprach vom

„wochenlangen Ausräumen dreier großer Galerien, mit dem Endergebnis, die Arbeit von anderthalb Jahrhunderten zunichte zu machen... und dies alles war den launenhaften Einfällen eines Ministeriums zu verdanken, das nach dem ganzen Wirrwarr und den damit verbundenen Kosten zu dem Schluß kam, die Räumlichkeiten seien doch ungeeignet!"

Evans fragte sich, wohin solches Tun führen sollte:

„...die Behandlung des Britischen Museums, die nicht abzuschätzende Vernichtung generationenlanger wissenschaftlicher Arbeit und Klassifizierung, das Herumkommandieren – denn es gibt kein anderes Wort dafür – der Universitäts-Presse, all das beweist, daß die Leute, welche die Administration in Händen halten, von einem Philistergeist beseelt sind, für den wir vergebens nach Parallelen unter zivilisierten Regierungen suchen. Rücksichtslose Vorschriften, als Ergebnisse von Panikhandlungen, bedrohen unablässig die innersten Heiligtümer der Wissenschaft. Wer ihre Interessen vertritt, gehört zweifellos in den Augen der Politiker zu einer sehr untergeordneten Rasse. Es ist nicht unsere Sache, ihre Urteilssprüche in Frage zu stellen, doch ist es vielleicht angebracht, sie daran zu erinnern, daß sogar die primitivsten Wilden ihre Reservate haben...“

Manche mögen diesen Ausbruch zynisch belächeln, im Gedanken an die weit schrecklicheren Angriffe auf Hochburgen der Kultur während und nach dem letzten Kriege, an die unterschiedslose Zerstörung von Museen, Galerien und Kunstwerken, die Verfolgung und Ermordung renitenter Künstler und Gelehrter in totalitären Staaten, die „Hexenverfolgung“ in Amerika. Aber ich glaube, daß dieser Zynismus nicht am Platze ist. Sir Arthur und seine Generation traten für einen hohen Standard ein. Sie konnten ein Herabsinken dieses Standards nicht zulassen, und wenn sie Anzeichen davon wahrnahmen, kämpften sie erbittert. Zuletzt wurden sie besiegt. Aber sie waren im Recht, nicht die Philister. Und wir sind die Besiegten.

Im Jahre 1916 entstand eine Strömung, die gewisse deutsche Ehrenmitglieder aus der Gesellschaft der Altertumsforscher ausweisen wollte. Trotz der Haßwelle, die das Land überflutete, und trotz seinem eigenen Abscheu gegen die zu Lande und zur See vollbrachten Barbareien, behielt Evans einen kühlen Kopf und setzte sich für Vernunft und Mäßigung ein.

„Die Tatsache, daß sich unter deutschen Ehrenmitgliedern Gelehrte vom Range des verstorbenen Dr. Helbig, der ein leuchtendes Beispiel war, befanden, diese Tatsache sollte uns zur Selbstbesinnung zwingen, ehe wir irgendwelche zu krasse Maßnahmen ergreifen. Entgegen dem heute waltenden Evangelium des Hasses – dies sei zu ihren Gunsten gesagt – haben die wissenschaftlichen Gesellschaften und Anstalten Deutschlands mit geringen Ausnahmen davon abgesehen, ihre englischen Mitglieder von den Listen zu streichen."

Und er beendete seine Ansprache mit den Worten:

„Wir können uns nicht vor der Tatsache verschließen, daß wir morgen wieder auf demselben historischen Felde zusammenarbeiten werden. Es ist unsere Pflicht, nichts zu unternehmen, was den Austausch unserer Themen hindern könnte, die abseits von menschlichen Leidenschaften auf den stillen Wegen der Vergangenheit zu finden sind."

Ich legte den Bericht von Evans' Ansprache nieder, schloß das alte, verblichene Pamphlet und stellte es auf das Bücherregal in der Bibliothek der Villa Ariadne. Ich war deprimiert. Diese edlen Ermahnungen, dieses herrliche, selbstlose Streben – war das alles nicht vergeblich gewesen? Ein neuer

Krieg war gekommen, und die Söhne jener Männer, mit denen Sir Arthur „auf dem gemeinsamen Felde" der Wissenschaft gearbeitet hatte, waren mit Fallschirmen vom kretischen Himmel gestürzt und hatten die Villa Ariadne zu einem militärischen Hauptquartier gemacht. Zugegeben, sie hatten weder die Villa noch den Palast beschädigt. Nur ein Grab in Isopata war von einem deutschen Unteroffizier zerstört worden. Er erkannte nicht, was er vor sich hatte, und benützte es als Geschützstellung. (Die Strafe, die der kommandierende Offizier über ihn verhängte, hätte auch Sir Arthur's Mitleid für den Unteroffizier erregt.) Der Krieg war beendet. Die Deutschen hatten die Villa Ariadne unversehrt zurückgegeben, nebst allen Ausstattungsgegenständen und einem genauen Inventarverzeichnis.[1] So blieben auch während des Krieges einige kultivierte Instinkte erhalten... Evans und seine deutschen Kollegen hatten vielleicht doch nicht ganz umsonst gearbeitet.

Mein Aufenthalt in Knossos hatte fast eine Woche gedauert; ich wohnte in der Villa Ariadne und machte Ausflüge in die Umgebung. Den Palast hatte ich oft gesehen, am frühen Morgen, am späten Abend, auch bei Mondschein. Ich hatte Notizen und Aufnahmen gemacht und wollte am nächsten Tage die Gebirgskette überqueren, um den anderen großen Palast in Phaistos, im Süden der Insel, aufzusuchen. Und am übernächsten Tage sollte ich nach Athen zurückfliegen, und von da wieder nach dem kalten, nebligen London.

Als ich Evans' Präsidenten-Ansprache vor der *British Association* an ihren Platz zurücklegte, bemerkte ich einige Notizbücher mit verblichenen Einbänden in einem der un-

---

[1] Doch die Kreter plünderten sie nach dem Abzug der Deutschen aus.

teren Fächer. Ich nahm eines heraus; es enthielt eine Fülle bleistiftgezeichneter Diagramme von Tonwaren und Notizen in einer kleinen, sorgfältigen Handschrift. Die Unterschrift lautete „D. Mackenzie".

Das waren also Duncan Mackenzie's Notizbücher. Mackenzie, der schweigsame, begabte Schotte, den Evans so sehr bewunderte und der ein einzigartiges Datierungssystem für Keramik entwickelt hatte. Ich blätterte und versuchte die Abkürzungen zu entziffern: „L. M. Ib" (spätminoisch, erste Periode, zweite Untergruppe), usw. Der arme Mackenzie litt an einer Gemütskrankheit, der er zeitweise unterlag. Lange bevor er Knossos endgültig verlassen mußte, hatte er Zustände von Schwermut und nervöser Überreiztheit, die der lebhafte Evans mit außerordentlicher Geduld ertrug. Als Sir Arthur nach vielen Jahren die Nachricht von Mackenzie's Tod erhielt, widmete er ihm im „Palast des Minos" einen sehr liebevollen Nachruf.

„Er besaß die unverbrüchliche Treue des Hochländers. Die einfache Umgebung seiner früheren Jahre ermöglichte ihm ein innerliches Verständnis und ein kameradschaftliches Gefühl für die einheimischen Arbeiter, das für unsere Spatenarbeit von großem Vorteil war. Trotzdem er ihr Meister war, empfanden sie ihn wie einen guten Kameraden. Die lebhaften kretischen Tänze erinnerten ihn an die schottischen Tänze seiner Jugendzeit. Keine Hochzeitsfeier, keine Taufe, keine Totenwache konnte man sich ohne seine bekräftigende Anwesenheit denken, und als Bürge, Taufpate und Trauzeuge wurden seine Dienste dauernd in Anspruch genommen. Ich höre immer noch den Klang seiner leisen Stimme, wenn er einen Trinkspruch auf ein glückliches Paar anbrachte oder in fließendem Kretisch seine schelmischen Anspielungen machte, wobei ein Anklang sanften, gaelischen Akzentes durchbrach."

Nach dem ersten Weltkrieg kehrte Evans nach Kreta zurück. Die Ausgaben wurden größer, aber er war ja reich, und nachdem er seine kretischen Arbeiter wieder eingestellt hatte, setzte er die Ausgrabung und Restaurierung des Palastes fort. Piet de Jong kam im Jahre 1922 als dritter ständiger Architekt zu ihm. Nach dem ersten Weltkrieg hatte de Jong bei Professor Wace in Mykenä gearbeitet. Die Pläne, die der Architekt von der mykenischen Festung gemacht hatte, beeindruckten Evans so sehr, daß er ihn aufforderte, nach Knossos zu kommen.

Der erste Band des lang erwarteten „Palast des Minos" erschien 1921, die übrigen Bände folgten in Abständen während der nächsten vierzehn Jahre. Es war eine Riesenleistung. Vier große Bände (Band II und IV so umfangreich, daß sie in je zwei Abteilungen erscheinen mußten), mit insgesamt über 3000 Seiten Text und mehr als 2900 zum Teil farbigen Abbildungen. Das meiste hatte Evans in seinem Berkshire-Heim, Youlbury, geschrieben. Wie er zu Werk ging, schildert seine Halbschwester, Dr. Joan Evans:

„Die Bibliothek war groß genug, um außer den Regalen, welche die Wände bedeckten, noch jede beliebige Zahl von Büchergestellen aufzunehmen. Hier konnte er an seinem großen Werk arbeiten. Zum Klassifizieren des Materials diente ihm ein einfaches Verfahren: für jede neu entstehende Unterteilung schlug er einen weiteren Klapptisch auf und ging dann von einem zum anderen, wie ein in mehrere Partien verwickelter Schachspieler... Er brauchte wahrhaftig Platz, denn sein Material war überwältigend. Auch zog er aus keiner der modernen Methoden Nutzen, um besser zu Rande zu kommen. Er besaß weder Sekretär noch Schreibmaschine und verwendete immer noch eine Gänsefeder..."

Sir John Myres schrieb über das Buch:

„Die Komposition des Werkes bot außerordentliche Schwierigkeiten, denn in den zweiundvierzig Jahren seit Evans' Landung in Kreta wurden fortgesetzt neue Entdeckungen gemacht. Aber durch seine dreitausend Seiten liest sich das umfangreiche Werk wie eine Sage. Immer bleibt der große Plan im Vordergrund, und jedes Thema, jede Abschweifung gliedert sich organisch ein."

Ich habe schon einige charakteristische Stellen aus dem Werke zitiert. Es steht in der archäologischen Literatur einzig da, weil es wissenschaftliche Genauigkeit mit spontanen, lebendig gestalteten Beschreibungen verbindet. Ich möchte noch eine Stelle hinzufügen, weil sie höchst bezeichnend für Evans' dichterische Phantasie ist. Im Band III beschreibt er das rekonstruierte Große Treppenhaus mit folgenden Worten:

„In seiner jetzigen, rekonstruierten Form nimmt das Große Treppenhaus einen einzigartigen Platz unter den Überresten antiker Architektur ein. Mit seinen verkohlten, aber in den ursprünglichen Farbtönen solide wieder hergestellten Säulen, die in Reihen die mittlere Mauer umgeben, seinen fast unversehrten, übereinanderstehenden Balustraden, seinem imposanten Fresko minoischer Schilde, dessen Wiedergabe die Hinterwand der mittleren Galerie schmückt, und seinen über vier Treppenabsätze führenden, gut erhaltenen Gipsstufen, läßt es wie kein anderer Teil des Gebäudes die ferne Vergangenheit wieder aufleben. Ich selbst durfte die Wirkung dieses seltsamen Zaubers verspüren, als die Rekonstruktion noch nicht so weit fortgeschritten war wie heute. Während eines Fieberanfalles hatte ich mich, der besseren Luft wegen, zeitweilig in einen Raum begeben, der unter dem Aussichtsturm, am Rande des Zentralhofes, lag. In der warmen Mondnacht bekam ich Lust, in das Treppenhaus hinunterzuschauen, und da war es wie ein plötzliches Erwachen von Leben und Bewegung. Die Macht der Illusion war so groß, daß der Priester-König mit der Federkrone, hochgewachsene, enggeschnürte Damen in Reifröcken und Miedern, Priester in langen Stolen, hinter ihnen ein Gefolge von eleganten, geschmeidigen Jünglingen – als ob der Gefäßträger mit seinen Gefährten von der Wand herabgestiegen wäre – wieder und wieder über die Treppen wandelten."

Diese Vorstellungskraft befähigte ihn dazu, eines seiner verwirrendsten archäologischen Probleme zu lösen: die Bedeutung der geheimnisvollen „Lustrations-Räume", der unterirdischen „Pfeiler-Krypten" und schließlich des „Stieres" selbst. Schon lange hatte er geglaubt, diese Schächte und Krypten stünden in Zusammenhang mit der Verehrung einer Erdgottheit, vielleicht der minoischen Göttin selbst, in der Eigenschaft als Beherrscherin der Unterwelt. Daß der Stier auch zu diesem Kultus gehörte, davon war Evans überzeugt.

Wir haben schon darauf hingewiesen, welche Bedeutung er den beiden geopferten Ochsen beimaß, die im „Haus der abgestürzten Blöcke" gefunden wurden. Seine Annahmen wurden Sir Arthur in einer ziemlich dramatischen Form während einer warmen Juninacht bestätigt, als er in einem der unteren Schlafräume der Villa Ariadne ruhte.

„In Gedanken war ich mit früheren Erdbeben und Vorzeichen neuer Erschütterungen beschäftigt, als am 26. Juni ...um 9.45 Uhr abends, bei warmem, ruhigem Wetter die Stöße begannen. Ich lag lesend auf meinem Bett im Erdgeschoß des Hauptquartieres, und da ich auf die außerordentliche Festigkeit des Gebäudes vertraute, beschloß ich, das Erdbeben vom Zimmer aus zu beobachten. Vielleicht hatte ich mir die ganze Furchtbarkeit dieser Erfahrung nicht klar gemacht, obwohl mein Vertrauen in die Widerstandsfähigkeit des Hauses sich rechtfertigte, denn es erlitt nur leichte Sprünge. Aber es krachte und stöhnte, schaukelte von einer Seite zur anderen, wie wenn alles zusammenstürzen wollte. Kleine Gegenstände rollten umher, und ein mit Wasser gefüllter Eimer entleerte sich fast völlig. Die Bewegung, wie bei einem Schiff im Sturm, dauerte nur fünfviertel Minuten und löste bei mir dieselbe Wirkung aus wie hoher Seegang. Ein dumpfer Ton drang aus der Erde, wie das gedämpfte Brüllen eines wütenden Stieres. Unsere einzige Glocke läutete, während durch das geöffnete Fenster das entfernte Glockenspiel der Kathedrale von Candia hörbar wurde, deren Kirchturm, Dom und Kuppeln schweren Schaden erlitten. Als die rasch wiederholten Stöße an Wucht zunahmen, hörte ich das Krachen der Dächer von zwei kleinen Häusern jenseits des Gartenzaunes und das Schreien von Frauen und kleinen Kindern, die aber glücklich gerettet wurden... Inzwischen wirbelte ein jäher Windstoß eine Staubwolke auf, die bis zum Himmel aufstieg, so daß sie den Vollmond völlig verfinsterte. Der Widerschein von Lichtern auf dieser schwarzen Wand erweckte den Eindruck einer in Rauch gehüllten Feuersbrunst.

Für die Archäologie ergab sich aus diesem Ereignis eine sehr wichtige Schlußfolgerung. Wenn wir, wie im Palast von Knossos, Anzeichen einer Reihe von Zerstörungen finden, die zu gewaltig sind, um von Menschenhand herzurühren, so haben wir allen Grund, ihre Ursache in derartigen seismischen Vorgängen zu suchen...

Es ist ein starkes Erlebnis, mit eigenen Ohren das Gebrüll des unterirdischen Stieres zu hören. Ein primitiver Glaube prägte das Bild des Stieres, der die Erde auf seinen Hörnern schüttelt. Zweifellos erklärt das dauernde Bedürfnis nach Schutz vor den unbändigen Ausbrüchen der unterirdischen Mächte, warum sich der minoische Kult vor allem auf den chthonischen Aspekt der großen Göttin konzentriert, die schlangenumwunden als Herrscherin der Unterwelt erscheint. Überdies fordern gewisse architektonische, für den kretischen Kult typische Gebilde dieselbe Erklärung. So z. B. die ‚Lustrations-Becken‘, die nicht etwa Wasser enthielten, sondern zu denen die Anbetenden oft durch eine doppelte Treppenflucht hinabstiegen, um irgendeine kultische Handlung zu vollziehen, die wahrscheinlich mit der Erdenmutter zusammenhing. So auch die fensterlosen, nur künstlich erhellten ‚Pfeiler-Krypten‘, deren massiver, mit der heiligen Doppelaxt geschmückter Mittelpfeiler von Becken zum Auffangen von Opferblut umgeben war.“

Als Evans dieses Erlebnis hatte, war er fünfundsiebzig. Er hatte einige Jahre vorher beschlossen, den Palast, die Villa Ariadne und das dazugehörige Grundstück der Britischen Schule für Archäologie in Athen zu schenken, und die diesbezüglichen Verhandlungen dauerten mehrere Jahre[1]. Von seinem siebzigsten Jahre an hatte er seine Freude am Fliegen und fand, er würde davon nicht so krank wie von den Seereisen. Er flog jedes Jahr nach Athen und dann, wenn möglich, mit einem Wasserflugzeug nach Kreta.

In seinem achtzigsten Lebensjahr waren ihm Reisen noch immer ein Genuß, und er ergötzte sich an unerwarteten Begebenheiten.

„Als ich mit einem griechischen Schiff von Piräus nach Kreta fahren wollte und mich schon an Bord befand, brach ein fürchterlicher Schneesturm aus, der schlimmste, den Athen seit fünfzig Jahren gesehen hatte, und der Dampfer blieb im Hafen... Ich beschloß, mich ein paar Tage in Athen aufzuhalten und dann mit dem Wasserflugzeug nach Kreta zu fliegen. Ich nahm die Gelegenheit wahr, in Athen ins Wespennest zu stechen, indem ich der Zeitung, die Venizelos liest, einen ausführlichen Bericht über die schlechte Behandlung sandte, die mir und anderen Reisenden sowohl beim Landen wie beim Verlassen von Piräus widerfahren war, nachdem wir den ‚Piraten von Piräus‘ – Schiffsleuten und Dienstmännern – in die Hände gefallen waren...“

---

[1] 1952 wurde alles der Griechischen Regierung übergeben, weil die zunehmenden Kosten und Nachkriegshärten es der Britischen Schule unmöglich machten, den Besitz weiter zu erhalten.

Das Alter hatte Sir Arthur's Schärfe nicht gemildert. In Kreta wurde mir eine Geschichte von ihm erzählt, die wahr klingt, obwohl ich sie nicht nachprüfen konnte. Als er einmal wieder in Kreta eingetroffen war und durch Herakleion fuhr, stellte er mit Empörung fest, daß Arbeiter im Begriffe waren, eines der schönsten venezianischen Häuser der Stadt abzureißen. Sir Arthur ließ anhalten, stürmte Prodger-schwingend aus dem Wagen, verprügelte die Arbeiter, befahl ihnen, augenblicklich mit der Arbeit aufzuhören und verlangte, den Bürgermeister zu sprechen. Als dieser Beamte erschien, setzte Sir Arthur ihm aufs deutlichste auseinander, das Gebäude sei ein nationales Denkmal, auf das die Kreter stolz zu sein hätten und dessen Vernichtung eine Vandalentat darstelle, die eines zivilisierten Volkes unwürdig sei. Die Arbeiten wurden eingestellt.

Ich kann für die Wahrheit dieser Anekdote nicht garantieren, aber sie wurde mir mit voller Überzeugung erzählt, und ich sehe nicht ein, warum ich sie bezweifeln sollte.

Im achtzigsten Lebensjahre hatte er immer noch genug Energie, um Ausgrabungen zu machen.

„Ich bin hier mit Pendlebury und de Jong", schrieb er, „und habe einige Ausgrabungsversuche in Gang gebracht, die schon zu überraschenden Ergebnissen geführt haben: unter anderem – an einer Stelle, wo ich es gesucht hatte – ein großangelegtes Grab. Wahrscheinlich ist es aber total ausgeraubt."

1932 besuchte er nach einem halben Jahrhundert wieder einmal sein geliebtes Kroatien und Dalmatien. Er sah die Casa San Lazzaro – das Haus, das er mit Margaret gleich nach ihrer

Heirat bewohnt hatte, und im vernachlässigten Garten fand er sogar noch Blumen, die sie angepflanzt hatten. Als er den Kerker besichtigte, in dem er einst gefangen war, sagte er zu dem Wärter: „Ich komme alle fünfzig Jahre hierher."

Während seine Freunde und Kollegen allmählich dahinstarben, begann der alte Gelehrte jene Einsamkeit und Isolierung zu empfinden wie alle, die ihre eigene Generation um viele Jahre überleben. Eine ernste, würdevolle Trauer liegt über dem Vorwort zum vierten und letzten Band seines großen Werkes. Er begrüßt darin seine abgeschiedenen Freunde und Kollegen. Nach der bereits erwähnten Ehrung Duncan Mackenzies fährt er fort:

> „Außer diesem harten Schlag... hat die Zeit unerwartete Opfer gefordert – noch während dieser Band in Bearbeitung war – und zwar unter denen, auf deren Ermutigung und Rat ich am meisten hoffte... Als dieser Band schon recht fortgeschritten war, wurde A. H. Sayce uns genommen... Er war ein vielgereister Gelehrter und erstklassiger Kenner ägyptischer und östlicher Kulturdenkmäler... Seiner genialen Interpretationsfähigkeit ist es zu verdanken, daß erstmalig Licht auf das hettitische Problem fiel, und die Offenbarungen des minoischen Kreta interessierten ihn außerordentlich... Mit ihm ist auch H. R. Hall – der gelehrte und hilfsbereite Führer von den ägäischen Küsten über Ägypten bis zum alten Orient – vorzeitig aus dem Leben geschieden. Auch Friedrich von Duhn, der verehrte deutsche ‚Altmeister', ist in seinen besten Jahren von uns gegangen..."

Die wärmsten Worte widmete er seinem alten Freunde, Professor Federico Halbherr, dem italienischen Archäologen.

Er sprach von ihm als dem „ersten im Felde, dem Patriarchen der kretischen Ausgrabung". Durch seine eingehende Kenntnis der Ortsbeschaffenheit hatte er Evans bei der vorbereitenden Erforschung der Insel in gefahrvollen Zeiten geholfen und ihm den Weg für die Ausgrabungen in Knossos geebnet.

„Sein Lächeln und seine Freundlichkeit eroberten ihm alle Herzen, und sein Andenken lebt immer noch unter den kretischen Dorfbewohnern. Das ‚Netz', unter dem er nachts gesichert schlief, und sein kohlschwarzes, arabisches Pferd, das wie ‚eine wilde Geiß' über die Felsen kletterte und ihn im Galopp – über türkische Straßen – in kaum mehr als fünf Stunden von Phaistos nach Candia trug, sind fast zur Legende geworden…"

Das Vorwort mutet wie ein Namensaufruf von Verstorbenen an. Unwillkürlich erhebt sich die Frage, ob es Evans bewußt war, daß er mit der Chronik seiner verstorbenen Zeitgenossen zugleich die Chronik einer zu Ende gehenden Epoche verfaßte. Mit Muße erworbene Gelehrsamkeit, gefördert durch privaten Reichtum; selbstloses Wissensstreben, freundschaftliche Beziehungen zwischen Gelehrten verschiedener Nationen: alle diese Elemente bildeten die liberal intellektuelle Atmosphäre, in der er aufwuchs. Sie war seine geistige Atemluft, und er verteidigte sie in seinen Vorträgen während des Krieges. Ahnte er aber, daß eine neue Welle fanatischer Intoleranz, die noch viel schlimmer sein sollte als die des ersten Weltkrieges, bald diese kostbaren Güter wegfegen würde?

Er überlebte den zweiten Weltkrieg nicht, wohl aber dessen tragischen Anfang: den Fall Frankreichs, die Invasion von

Griechenland und Kreta, die Besetzung von Jugoslawien – alles Länder, die er kannte und liebte. Im Jahre 1941 besuchte er in London das durch feindlichen Angriff verbrannte und verwüstete Britische Museum. Er wandte sich an die Hellenische Gesellschaft und forschte nach den in Kreta und Griechenland verbliebenen Mitgliedern. Mindestens ein Mitglied, John Pendlebury, der Konservator von Knossos, den Evans nicht nur wegen seiner Gelehrsamkeit bewunderte, sondern weil er etwas von einem fahrenden Ritter hatte – John Pendlebury war in den Reihen der kretischen Widerstandsbewegung ritterlich kämpfend gefallen.

Evans' Gesundheit hatte schon seit zwei Jahren nachgelassen, und nun verbrachte er seine Zeit meist im Studierzimmer von Youlbury, besuchte aber auch manchmal das Ashmolean Museum. An seinem neunzigsten Geburtstag, kurz nach einer schweren Operation, empfing er in seiner Bibliothek in Youlbury eine Abordnung von Freunden, die ihm im Auftrage des Präsidenten und des Ausschusses der Hellenischen Gesellschaft eine schöne Pergamentrolle überreichten. Darin wurden „mit Dankbarkeit und Bewunderung seine außerordentlichen Verdienste um die Wissenschaft" gewürdigt sowie „sein lebenslänglicher, unermüdlicher Einsatz für die Freiheit im Denken und im Tun".

Sir John Myres schrieb:

„Auf seinen Knien lag eine vielbenützte Generalstabskarte seiner römischen Straße" (Evans hatte ihre Spur auf seinem Grundstück in Youlbury gefunden und sich für dieses Fragment einheimischer Antike interessiert) „...als Antwort auf eine Frage zeigte er die Reinschrift seines Berichtes darüber und sagte vergnügt, ,er ist fertig und wird nach *Oxoniensia* abgehen'. Es war sein letzter Beitrag zur Wissenschaft. Drei Tage später starb er."

Es ist schon oft bemerkt worden, daß das Leben hinter der Kunst zurückbleibt. Wäre dies ein Roman gewesen, so hätte Evans nicht mehr das Brummen der Bomber über Europas alten Städten gehört, er hätte nicht erfahren, daß die Villa Ariadne ein deutsches Hauptquartier wurde, daß seine geliebten Balkanländer wieder das Schlachtfeld der Großmächte abgaben und daß die Konventionen, die sonst auch für kriegführende Nationen galten, im brutalen Endkampf mißachtet wurden. Statt dessen wäre er 1939 gestorben, nach seinem letzten triumphalen Besuch in Kreta, bei dem er in Herakleion die höchsten Ehrungen der Kreter empfing. Diesen Augenblick stelle ich mir am liebsten vor: Der achtzigjährige Evans beantwortet die Begrüßungsansprache mit Worten, welche die Geschichte dieses Buches – so unzulänglich und unvollständig sie auch erzählt sein mag – kurz zusammenfassen:

„Wir wissen jetzt, daß die alten Überlieferungen die Wahrheit sprachen. Ein wunderbares Schauspiel bietet sich uns dar, nämlich die Auferstehung einer Zivilisation, die doppelt so alt war wie die der Hellas. Zwar sehen wir an der alten Palaststätte nur die Ruinen von Ruinen, aber in dem Ganzen waltet der Ordnungs- und Organisationssinn des Minos und die freie, natürliche Kunst des großen Architekten Daedalos. Wir haben in der Tat ein Schauspiel von weltweiter Bedeutung vor uns. Wie gering erscheint daneben jeder individuelle Beitrag! Wenn der Forscher erfolgreich gewesen sein mag, so war er es als bescheidenes Instrument unter der Eingebung und Führung einer höheren Macht."

Schon vor über anderthalb Stunden hatte sich der müde, zittrige alte Bus aus der Kathedralenstraße von Herakleion herausgequält und den Weg nach der Südküste von Kreta eingeschlagen. Das Fahrzeug ächzte und stöhnte bei dem langen Aufstieg in die Berge. An jeder Haltestelle wurden große Mengen menschlicher, tierischer und pflanzlicher Fracht aufgeladen, und im Anblick der nackten Abgründe, die dicht vor unseren Rädern gähnten, rechnete ich mir aus, daß unser Ladegewicht die Tragfähigkeit des alten Ford schon um das Doppelte überschritten haben mußte.

Jetzt kletterten wir langsam und mühselig über die hohe Gebirgskette, die Kretas Rücken bildet. Rechts-links, links-rechts pendelte der Bus, und eine Straßenbiegung leitete zur anderen über. An der höchsten Stelle schätzte ich, daß wir uns 1700 m über dem Meeresspiegel befanden, wahrscheinlich sogar höher, aber die Berge überragten uns immer noch um vieles und waren teilweise mit Schneekappen bedeckt, die wie Zuckerglasur anmuteten. Manchmal lief die Straße am Fuß eines Berges entlang, und enorme Felsblöcke schwebten über den Hängen, als warteten sie nur auf uns, um herunterzustürzen. Hinter uns stieg eine Staubwolke auf, und die Räder tanzten auf der ausgefahrenen, felsigen Straße.

Plötzlich war der lange Kampf des Motors zu Ende. Er hörte auf zu kreischen und ließ sich dankbar auf den dritten Gang umschalten. Als wir die andere Seite des Passes herbarollten, fing das Gerumpel der Räder wieder an.

Wir hatten die Gebirgskette überquert und gelangten allmählich in eine schöne, fruchtbare Ebene mit mehr Olivenbäumen, als ich je in Kreta gesehen hatte. Von oben sahen sie fast wie ein Wald aus. Die Sonne schien schräg über die Berge und ließ die Felder wie Smaragde aufleuchten. Vor dem frischen, grünen Frühlingsgras standen staubig-graue alte Olivenbäume in Reihen, die hier und dort durch rötliche Streifen und Flecken eben gepflügter Erde unterbrochen wurden. Rechts in der Ferne ragte, unwahrscheinlich hoch und entrückt, ein schneebedeckter Gipfel empor: der Berg Ida. Vor uns lächelte das Meer, jenes südliche Meer, das zweihundert Meilen weiter unten die Küsten Afrikas bespülte.

Es war Abend, als wir langsam in die reiche Ebene von Messara, Kretas fruchtbarstem Gebiet, einrollten. Hier waren die Gräber der ersten Inselbewohner gefunden worden. Hier auch, auf einem Hügel über der Ebene, nahe beim Hafen, wo einst die minoischen Galeeren vor Anker lagen, stand der Palast von Phaistos, der südlichen Rivalin von Knossos. In Phaistos wollte ich übernachten.

Ich war erleichtert, als der Bus endlich bei einer kleinen byzantinischen Kirche hielt. Der Chauffeur reichte mir höflich meinen Koffer nebst der lächerlichen Schreibmaschine und wies auf einen Hügel zur Linken der Straße. „Phaistos", sagte er lächelnd.

„Echaristo!" gab ich zurück und war dankbar, von meinem griechischen Sätzebuch genug behalten zu haben, um diesen reizenden Leuten danken zu können. Das staubige alte Vehikel fuhr um die Straßenbiegung, an einer abgebauten deutschen Geschützstellung vorbei, und ich begann den Pfad zwischen den Olivenbäumen hinaufzusteigen. Kurz vor dem

Gipfel des Hügels traf ich Alexandros Venetikos (Alexander der Venezianer), einen schlanken, dunklen Mann, der mit seiner Schwester das Gästehaus von Phaistos verwaltete. Ich käme schon so früh im Jahr, meinte er, lange vor der gewohnten Zeit der Studenten und Touristen. Dennoch war ich willkommen, und wenn sie auch nur Kerzen und Öllampen hatten und mir nichts Besseres als Eier, etwas Speck und ein Glas Wein anbieten konnten, so sollte ich doch ein bequemes Bett haben, und der Palast stand mir ganz zur Verfügung. Als ich Alexandros in das Gästehaus folgte, zitterte der erste blasse Sternenschimmer am nächtlichen Himmel.

Beim Abendessen warfen die Kerzen ihren unruhigen Schein auf die dunklen Gesichter der Tischgesellschaft. Da waren der Wirt, seine Schwester im roten Kopftuch und ein befreundeter Bergbewohner, der mit seinen breiten Schultern und der schlanken Taille wie ein Nachkomme des Gefäßträgers wirkte. Wir sprachen von einheimischen Bräuchen. Sie erzählten mir, in einigen Teilen von Kreta glaube man, daß die Kinder bis zum Augenblick der Taufe von bösen Geistern umgeben seien. Wenn ein Kind geboren ist, treffen sich alle Verwandten und Freunde im Hause und belustigen sich auf die geräuschvollste Weise, um das Kindergeschrei zu übertönen und zu verhindern, daß es böse Geister hören. Dieser Brauch könnte seinen Ursprung in der Legende des Zeus haben. Seine Mutter vertraute ihn den Korybanten an, die sein Schreien durch den Lärm von Zymbeln und Trommeln verdeckten. Auf diese Weise sollte verhindert werden, daß Vater Kronos das Kind verschlänge.

Es ist Tatsache, daß die Ehrfurcht vor den alten Göttern noch heute in gewissen Kretern lebt. Ich erinnere mich dabei an eine wahre Geschichte, die mir von einer in Kreta lebenden englischen Bekannten erzählt wurde. Eines Tages fragte sie einen kretischen Omnibuschauffeur: „Warum verkehren die Wagen nicht pünktlich?" Er antwortete, es sei unmöglich. „Aber in England geht es doch auch", sagte sie. „Wenn Sie sich ein bißchen anstrengen würden, so wäre der Verkehrsdienst vollkommen..."

„Vollkommen?" fragte er entsetzt. „Vollkommenheit ist für die Götter. Wir sind nur Menschen..."

Nach dem Abendessen verließ ich meine Gastgeber und ging im Mondschein über den Abhang zu dem Palast, der sich unten ausbreitete. (Siehe Tafel 49 und 47.) Phaistos hat eine viel schönere Lage als Knossos. Es steht auf einer Anhöhe und beherrscht stolz die Ebene von Messara. Die Hügel zu beiden Seiten schließen es in respektvoller Entfernung ein. Alles ist typisch minoisch: das Labyrinth von Räumen, die schön geschweiften Treppen, die Lagerräume oder Magazine mit den großen *Pithoi*. Aber die Stätte war einfacher auszugraben und zu erhalten als Knossos. Im Gegensatz zu Evans konnte Halbherr sich mit einem Minimum von Restaurierung begnügen.

Der Vollmond warf sein magisches Licht über die edel gestalteten Freitreppen, die langen, beschatteten Gänge, die Schwellen aus leuchtend weißem Stein. Das Ganze schien aus Mondlicht gewoben wie ein Feenpalast, der beim Morgengrauen in Nebel zerrinnt. Der sanfte Schein milderte die Umrisse der zerfallenen Mauern und verlieh der majestätischen Ruine einen seltsamen, traumhaften Charakter. Es war leicht, sich die ursprüngliche Höhe der Mauern vorzustellen, die großen Bronze- und Silbertüren einzusetzen und die Schatten mit Minoern zu bevölkern.

Ich befand mich in einem Raum mit Wänden aus glänzendweißem Gipsstein, wahrscheinlich einem Audienzzimmer. Die ursprünglichen Steinbänke standen noch an den Seiten, und in der Mitte deuteten runde Basen auf ehemalige Säulen. (Siehe Tafel 48 und 50.) Rechts und links erhoben sich gut erhaltene Türeingänge. Ich ließ mich auf einem der steinernen Sitze nieder und versuchte, den Palast in meiner Phantasie neu erstehen zu lassen. Wenn ich durch jene Tür ginge, würde ich dann nicht Phaistos so finden, wie es einst war – mit heiteren Fresken und unversehrten Mauern und Decken? Würde ich nicht vielleicht munteres weibliches Stimmengewirr vernehmen, Lachen und Plaudern, die Schritte eines gewichtigen Höflings, der den Gang hinunter eilt, das feierliche Singen von Priestern, die ein Ritual für die Göttermutter zelebrieren?

Ich saß still da und blickte nach dem Vollmond, der hoch am klaren Himmel stand. Ich hörte nur das Quaken der Frösche im Tal und schwache Nachtgeräusche – das Flattern eines aufgescheuchten Vogels, das Rufen einer Eule... Dann wendete ich den Blick nach links hinüber; da lag verklärt und herrlich, alles überragend, der lange, schneebedeckte Rücken des Idaberges, der Geburtsstätte des Zeus.

Ich kehrte ins Gästehaus zurück und ging zu Bett, um zu arbeiten. Die Öllampe zog ich so nahe wie möglich heran, breitete Bücher und Notizen auf der Decke aus und versuchte, einmal alle Erlebnisse zu überblicken, die ich seit meinem Besuch bei *La Belle Hélène de Ménélas* in Mykenä gehabt hatte. Nur kurze Zeit war seither verstrichen, und wie entfernt schien das alles! Auch dort wurde ich mit Herzlichkeit aufgenommen, auch dort hatte ich wach gelegen in meiner Ungeduld, mir Schliemanns Mykenä anzusehen. Es war der erste Abschnitt meiner langen Fahrt. Ich war Ariadnes

Faden durch das Labyrinth gefolgt. Wohin hatte er mich geführt? Hat sich jetzt das volle Tageslicht der Erkenntnis über die ägäische Zivilisation ergossen? Sie begann in Kreta, breitete sich über die anderen Inseln und das Festland aus, von dem vielleicht später ihre Feinde ausgingen. Und wo dürfen wir Homer einfügen? Und wie steht es mit den Theorien des alten Dr. Schliemann? Ich blätterte in meinem Tagebuch. Diese Fragen verlangten eine Antwort, und die Ergebnisse der Reise wollten zusammengefaßt sein.

Mit einem anderen Bilde: ich war dem Fluß der ägäischen Zivilisation stromaufwärts bis fast zur Quelle gefolgt; nun galt es, das Schiff umzuwenden, um rasch stromabwärts zu gleiten und dabei die wichtigsten Landmarken ins Auge zu fassen. Ich möchte kurz anführen, welche Anschauungen sich die heutigen Archäologen über die Ägäis gebildet haben. Es muß dabei berücksichtigt werden, daß die Meinungen sehr verschieden sind und daß ältere Theorien dauernd abgeändert oder sogar gänzlich aufgegeben werden, wenn neue Tatbestände auftreten. Der folgende Umriß der minoischen Zivilisation ist auf das Werk des verstorbenen John Pendlebury, *The Archaeology of Crete*, begründet, dem ich sehr viel verdanke.

Es wird angenommen, daß die Vorfahren der Minoer etwa zwischen 4000 und 3000 v. Chr. nach Kreta kamen. Ihre ursprüngliche Heimat war vermutlich in Südwest-Anatolien und Syrien. Zumindest, sagt Pendlebury, hatten sie die engsten kulturellen Beziehungen zu den Völkern dieser Gebiete. Sie standen damals auf der Stufe der Steinzeit-Kultur, das heißt sie benutzten ziemlich hochentwickelte Steinwerkzeuge und -waffen. Außerdem waren sie Seefahrer. Ihre Siedlungen kommen in kleinen Gruppen vor und sind von der Küste aus erreichbar. Zuerst waren diese Menschen vorwiegend Höhlenbewohner, doch später bauten sie primitive Schutzstätten.

Obgleich die neolithischen Siedler wahrscheinlich Asiaten waren, glaubte Sir Arthur Evans,

> „die entscheidende Ursache der glänzenden Entwicklung ihrer Frühkultur …ist darin zu sehen, daß sie über das Libysche Meer hin Beziehungen zum Niltal aufnahmen."

Wir dürfen mit Gewißheit annehmen, daß von den frühesten Zeiten an ein Zusammenhang mit dem Unteren Nil und Libyen bestand. Der verstorbene Professor Percy Newberry wies bei einer Ansprache vor der *British Association* im Jahre 1923 auf einige wichtige Punkte hin: im Beginn der historischen Periode in Unter-Ägypten waren unter den Kultgegenständen der Völker des nordwestlichen Deltas (in nächster Nachbarschaft von Kreta)

> „(1) die Harpune, (2) der Schild in 8-Form mit gekreuzten Pfeilen, (3) der Berg, und wahrscheinlich (4) die Doppelaxt und (5) eine Taube oder Schwalbe. Außer der Harpune sind alle Kultgegenstände auch in Kreta vorhanden."

Die Harpune könnte sich sogar später in den bekannten minoischen Dreizack verwandelt haben, der an den Wänden von Knossos und Phaistos zu sehen ist.

Möglicherweise landeten kleine Gruppen von Flüchtlingen aus Unter-Ägypten in Kreta, nachdem Menes 3200 v. Chr. ihr Land erobert hatte. Es ist eine interessante Tatsache, daß die Hauptstadt des westlichen Nil-Deltas in der vordynastischen Zeit (vor 3200 v. Chr.) Saïs war, deren Schutzgöttin Neith den 8-förmigen Schild zum Attribut hatte. Das Volk des westlichen Deltas stand in enger Verbindung mit Libyen und kannte nicht einmal die ägyptische Sprache.

Diese libysche Verbindung gibt uns bedeutsame Aufschlüsse über die möglichen kulturellen Ursprünge der Kreter. Wie wir an vielen Statuetten sehen, war eines der typischen Merkmale der männlichen Kleidung damals die „libysche Schamtasche", die dem mittelalterlichen Hosenlatz entsprach. Die Minoer trugen dieselbe Schamtasche.

Die Haartracht der libyschen Männer charakterisierte sich durch eine Seitenlocke, die vor dem Ohr herabhing, über die Brust fiel und manchmal bis unter die Achselhöhle reichte. Bei den minoischen Männern war es ebenso (siehe das Bild des Gefäß-Trägers, Tafel 31 und das des Priester-Königs, Tafel 26). Es gibt noch andere seltsame Beispiele; so fanden die Ausgräber in den sehr frühen „Tholos"-Gräbern der Messara-Ebene, nicht weit von Phaistos,

„Idole oder menschliche Figuren, die sich völlig von denen der alten neolithischen Klasse unterschieden, jedoch mit denen der prähistorischen Gräber von Naqada (in Ägypten) identisch waren."

Wir haben also zwei Hauptelemente im neolithischen Kreta: einen Grundstamm aus dem westlichen Asien, der dauernd durch andere Völker aus dem gleichen Gebiete verstärkt wird, und einen belebenden Einfluß vom Niltal. Dieser wird entweder durch Handelsbeziehungen bewirkt oder durch die Einwanderung einer kleinen Anzahl von Flüchtlingen, die aus dem westlichen Delta vertrieben wurden, als die Könige von Ober-Ägypten im Beginn des dritten vorchristlichen Jahrtausends das ganze Land eroberten. Vielleicht unterwiesen sie die ursprünglichen Siedler in neuen Künsten, zum Beispiel in der Steinschneidekunst und der Herstellung von Fayence, für die das Delta berühmt war.[1]

Während der tausend Jahre, die von den Archäologen *frühminoische Periode* (ca. 2800–1800 v. Chr.) genannt werden, nahm die Bevölkerung der Insel ständig zu. Wichtige Städte entstanden an der Küste: Palaikastro, Pseira, Mochlos und Gurnia. Die blühendsten Siedlungen waren im Osten, aber auch die Messara-Ebene im Süden war stark bevölkert. Mit der Zusammendrängung der Bevölkerung auf Städte und Dörfer entstand eine Klasse durchgebildeter Handwerker; die Kunst, hauptsächlich die Keramik, entwickelte sich. Das Leben wurde leichter, die Verkehrsmittel verbesserten sich. Die Beziehungen zum Ausland – vorwiegend zu Asien, Ägypten und Libyen – wurden enger geknüpft. Aber in der Metallbearbeitung waren die Minoer immer noch rückständig. Die Bildhauerei steckte noch in den Anfängen, ebenso die recht dürftige Gestaltung der Siegelsteine.

Die Insel war damals in drei Teile gegliedert, Mitte, Süden und Osten, die scheinbar unabhängig voneinander waren. Es gab keine Paläste.

In der *mittelminoischen Periode* (ca. 1800–1600 v. Chr)[2] vollziehen sich

---

[1] Evans war der Auffassung, daß die minoische Landwirtschaft aus den Beziehungen mit Ägypten Nutzen zog. „Die Bohnen, die wir in den Vorratsräumen von Knossos fanden, wurden von unseren einheimischen Arbeitern sofort für identisch mit den ägyptischen erklärt."

[2] Die Daten dieser Perioden (die auf jeden Fall nur annähernd gelten) unterscheiden sich von denen, die Pendlebury in seiner ausgezeichneten *Archaeology of Crete* angibt. Die modernen Archäologen neigen dazu, etwas spätere Daten anzusetzen, als Pendlebury es vor zwanzig Jahren tat. Ich verdanke die Berichtigung Dr. Frank Stubbings in Cambridge.

„zwei sehr wichtige Änderungen: die Errichtung von Palästen und die Vereinheitlichung der Kultur trotz örtlicher Verschiedenheiten, die durch Verkehrsschwierigkeiten bedingt waren." (Pendlebury)

Während dieser beiden glanzvollen Jahrhunderte begannen die drei Teile des Landes miteinander zu verschmelzen. Die Bevölkerung breitete sich allmählich auch westlich vom Ida aus. Vielleicht war Kreta damals in verschiedene Staaten aufgeteilt, doch scheint Knossos eine führende politische Stellung gewonnen zu haben. Phaistos könnte selbständig gewesen sein. Aus der Gleichartigkeit der Baumethoden geht deutlich hervor, daß die minoische Kultur von dieser Zeit an eine Einheit bildete. Die Bronze wurde eingeführt, und dadurch bot sich die Möglichkeit, schöne Quadersteine für die Bauten herzustellen. Zum Verkleiden der Mauern kam die Verwendung von Gipsstein auf. Die Bauwerke beweisen umsichtiges Planen; in dieser Periode entstanden die charakteristischen Merkmale der kretischen Architektur: die „Lichthöfe" und das kunstvolle Röhrensystem. Die Fresko-Malerei erreichte eine verblüffende Vollkommenheit. Die Drehscheibe wurde bekannt. Eine wunderbare Schule der Vasenmalerei entwickelte sich. (Siehe Seite 202 und 236.) Die Miniatur-Skulptur und die Fayence-Herstellung (glasierter Ton) bildete sich aus. (Tafel 55 und 56.)

„In der III. mittelminoischen Periode", sagt Pendlebury, „haben die Siegelsteine ihre höchste Schönheit erreicht."

Der Seehandel hatte die Minoer bereichert. Durch Kriege ungestört, und durch das Meer, das sie beherrschten, vor dem Neid ihrer Nachbarn geschützt, eroberten sie sich ein Wirtschaftsimperium. Vielleicht hatten sie gar nicht beabsichtigt, die anderen ägäischen Inseln zu erobern. Wahrscheinlich wuchs ihr Reich in ähnlicher Weise wie das Britische Empire. Zunächst mochten sie von einem Fürsten die Erlaubnis erhalten haben, einen Handelsplatz zu eröffnen, vielleicht einen Hafen zu bauen. Dann bat der Fürst sie später um Beistand gegen einen Nachbarn, und dies wurde unter bestimmten Bedingungen gewährt.

„So gelangt der größte Teil des Landes ganz allmählich, und wahrscheinlich friedlich, unter die Herrschaft der Neuankömmlinge. Zuletzt kommt das Stadium, in dem weitere Ausdehnung nötig wird, weil die Seeräuberei bekämpft werden muß, oder mehr noch, weil es gilt, sich gegen andere Seefahrer zu schützen, die auf fremdem Gebiet jagen."

Das war der Ursprung der Seemacht des Minos. Noch in der klassischen Zeit lebten davon Überlieferungen, die sogar von einem Historiker wie Thukydides ernst genommen wurden.

Im Anfang der *spätminoischen Periode* (ca. 1550–1100 v. Chr.) war Kreta eine Weltmacht, die sich mit Ägypten und dem hettitischen Reiche messen konnte. Aus diesen Tagen stammen die ägyptischen Grabgemälde mit Darstellungen stolzer Keftiu-Gesandter, die nicht wie Angehörige eines unterworfenen Staates ihren Tribut entrichten, sondern den Geschenkaustausch großer Monarchen vermitteln.

Um das Jahr 1550 v. Chr. verbanden schöne, durch Wachtstationen geschützte Straßen die minoischen Städte. Knossos war der Mittelpunkt eines stark zentralisierten Verwaltungssystems geworden. Von seinem gewaltigen Palast aus regierte der König von Kreta über viele Herrschaftsgebiete. Daher der Umfang und die Vielgestaltigkeit des Palastes, der nicht nur königliche Residenz, sondern auch Verwaltungszentrum, war.

„Er war der Sitz einer Regierung, die nicht nur die benachbarten Bezirke oder die Insel beherrschte, sondern ein See-Imperium. Wir dürfen uns vorstellen, daß ein hochentwickelter Verwaltungsapparat vorhanden war, der ausgedehnte Räumlichkeiten für seine Dienststellen beanspruchte. Die reichen Tribute der abhängigen Staaten wurden in den Palästen aufgespeichert." (Bury: *History of Greece*)

Der andere große Palast, in Phaistos, gehörte vielleicht Fürsten aus der knossischen Linie.

Um jeden größeren oder kleineren Palast schlossen sich schöne Städte mit fest gebauten Steinhäusern für die Bürger und kleineren Häusern für die zahlreichen Handwerker. Die Berge waren nicht kahl wie heute, sondern mit herrlichen Wäldern bedeckt; dort wurden die großen Zypressenstämme für Säulen, Architrave und für das Fachwerk der Paläste geholt.

Dann, auf der Höhe des Ruhmes, etwa 1400 v. Chr. kamen Vernichtung, Tod und Ruin:

„Knossos, Phaistos, Hagia Triada, Gurnia, Mochlos, Mallia und Zakro, alle tragen Spuren furchtbarer, von Feuersbrünsten begleiteter Zerstörung."

Was hatte diese Katastrophe herbeigeführt? Wie erwähnt, glaubte Pendlebury, sie sei durch eine Invasion vom Festlande aus entstanden, und die Geschichte von Theseus und seinen Gefährten sei der symbolische Ausdruck dafür. Evans sah die Ursache in einem der furchtbaren Erdbeben, die den minoischen Städten schon mehrfach zum Verhängnis geworden waren. Doch kamen in diesem Fall vermutlich noch fremde Invasion oder lokale Aufstände dazu.

Pendlebury's Theorie hat viel für sich. Er weist darauf hin, daß an jedem der genannten Orte Anzeichen von Vernichtung durch Feuer zu sehen sind und daß Erdbeben in alten Zeiten nicht unbedingt Brände zur Folge hatten, wie es in modernen Städten mit Gas- und Elektrizitätsanlagen der Fall ist. Aber wenn fremdländische Eindringlinge 1400 v. Chr. die wichtigsten kretischen Städte zerstörten, so fragt sich, wer sie waren und warum man annahm, daß sie vom Festland ausgingen.

Um die Antwort zu finden, müssen wir sechshundert Jahre zurückgehen und das griechische Festland betrachten, wie es sich 2000 v. Chr. unserem Blick darbietet. Es war die Zeit, in der die kretische Kultur ihren Höhepunkt erreicht hatte. Sowohl in Griechenland (das nicht diesen Namen trug) wie auf Kreta und den ägäischen Inseln lebte eine bronzezeitliche Bevölkerung, die schon tausend Jahre früher in das Land eingezogen war. Sie gehörte der dunkelhaarigen Mittelmeerrasse an und hatte wahrscheinlich eine gewisse Ähnlichkeit mit den Bewohnern von Kreta und den Zykladen. Ihre Sprache ging ebenso wie die kretische verloren, aber sie hinterließen Beweise ihrer Anwesenheit, und zwar durch bestimmte Ortsnamen, die nicht in der griechischen Sprache wurzeln. Es sind dies in der Hauptsache solche mit Endungen in „-ss" und „-nth", deren es in Griechenland viele gibt, und bezeichnenderweise mehr noch in Kreta. So zum Beispiel

Korinth, Ilissos, Halikarnassos, Tylissos; diese Namen griechischer Städte und Flüsse sind nicht griechisch. Sie sind Vermächtnisse einer Bevölkerung, die das Land schon lange bewohnte, ehe die Vorfahren der heutigen Griechen ihren Einzug hielten. Es gab auch Blumen- und Tiernamen, die den hereinströmenden Griechen nicht vertraut waren, zum Beispiel *Hyazinthe* und *Narzisse;* sie wurden von unseren Sprachen übernommen. In Kreta gab es Dutzende nicht-griechischer Ortsnamen; Knossos ist das beste Beispiel dafür.

Es ist bedeutungsvoll, daß sogar das Wort *thalassa* – das Meer, von dem die Griechen lebten – nicht griechisch ist. Die Wissenschafter sehen darin einen neuen Beweis für die Hypothese, daß das Volk, das etwa 2000 v. Chr. in Griechenland eindrang, aus dem Norden, das heißt aus dem Innern von Europa kam, wo das Meer unbekannt war. Bei ihrer Ankunft an den Küsten des mittelländischen Meeres übernahmen sie natürlich das von dem eroberten Volke benutzte Wort. Diese nördlichen Eroberer, für deren Anwesenheit es archäologische Beweise aus der Zeit nach 2000 v. Chr. gibt, werden von den Gelehrten für die Vorfahren von Homers erzgepanzerten „Achäern" gehalten. Und dieses Kriegervolk aus einem härteren, nördlicheren Klima unterwarf sich die Völker der Mittelmeerländer und baute seine mächtigen Burgen in Mykenä, Tiryns und an anderen Orten.

Die unter der Führung von Mykenä zu einem losen Bunde vereinten Stämme mußten notwendigerweise eines Tages mit dem großen minoischen Reich im Süden in Berührung kommen, und so bewirkten sie die Verschmelzung der festländischen und kretischen Elemente, deren Ergebnis wir heute mykenische Kultur nennen. Die von Schliemann 1876 unter so dramatischen Umständen entdeckten Gräber stellen die früheste Stufe jener neuen Kultur dar. Die maßgebenden Persönlichkeiten stimmen in der Auslegung der minoisch-mykenischen Beziehungen nicht ganz überein. Evans glaubte, die Minoer hätten Mykenä kolonisiert, und Pendlebury war damit einverstanden.

„Die übrige Ägäis war so minoisiert", schrieb er, „daß ein Forscher heute kaum die Schlußfolgerung vermeiden kann, sie sei politisch von Kreta beherrscht worden..."

Professor Wace, der heute wohl das umfassendste Wissen über Mykenä besitzt, teilt diese Auffassung nicht. Er glaubt, die Festlandherrscher hätten ihre politische Unabhängigkeit bewahrt, sich jedoch zu der höherstehenden kretischen Zivilisation hingezogen gefühlt. Sie ahmten sie in ihrer Architektur, Kunst und Kleidung nach und beschäftigten vielleicht minoische Künstler auf dem Festlande. Die Gelehrten, die denselben Standpunkt wie Professor Wace einnehmen, berufen sich darauf, daß die Gegenstände aus den Schachtgräbern, zum Beispiel die eingeschnittenen Dolchklingen, zweifellos dem minoischen Stil angehören, die dargestellten Motive – Jagd und Kampf – aber nicht. Solche Themen hatten mehr Reiz für ein nördliches Kriegervolk, und die mykenische Kunst erweckt immer wieder den Eindruck, als hätten minoische Künstler unter einem fremden Meister gearbeitet. Bemerkenswert sind auch die entschieden unminoischen Gesichtszüge der mykenischen Totenmasken. (Siehe Tafel 10, 14 und 15.)

Welches auch die Ursache gewesen sein mag, wir haben die Gewißheit, daß die Festlandstädte, und vor allem Mykenä, nach dem Fall von Knossos auf den Gipfel ihrer Macht und ihres Reichtums gelangten. Pendlebury nahm an, daß die Achäer – oder „Mykenier" – aus politischen Gründen die kretischen Städte angriffen und zerstörten, wahrscheinlich, weil sie das kretische Handelsmonopol stürzen und einen Teil des blühenden Handels mit Ägypten an sich reißen wollten. Sie scheinen Kreta weder besetzt noch kolonisiert zu haben, denn die minoische Kultur besteht nach 1400 weiter, wenn auch abgeschwächt und auf kleinere kretische Gemeinschaften beschränkt. Die Paläste mit ihrer Herrscherschicht und ihrem Schwarm von Beamten wurden anscheinend zersört. Aber eine niedrigere Stufe kretischer Zivilisation erhielt sich weiterhin, bis sie mit der allgemeinen Kultur der Ägäis verschmolz.

Der Schauplatz der Handlung wird jetzt nach Griechenland verlegt. Dort herrschte zwischen 1400 und 1200 v. Chr. mehr Reichtum und wahrscheinlich mehr Einheit, als es in den folgenden fünfhundert Jahren je wieder der Fall sein sollte. Während der ganzen Periode spielte Mykenä eine führende Rolle. Die mykenischen Fürsten vergrößerten ihre Burg, errichteten das Löwentor und bauten einige der ersten, im vierten Kapitel beschriebenen „Bienenkorb-Gräber" in die Abhänge der Hügel ein. Die Schachtgräber waren natürlich viel älter (1650–1550 v. Chr.). In seinem stolzen, das Land beherrschenden Palast unterhielt der König seine Gäste mit Festgelagen und Gesang, wie es Homer beschrieb. Die mykenischen Edelleute liebten Jagd und Wagenrennen. Ihre Frauen trugen, wie früher die Minoerinnen, eng geschnürte Mieder mit unbedeckter Brust, große Falbelröcke, kunstvolle Haartrachten und reichen Schmuck. Es war ein herrliches Heldenzeitalter, auf das Homer während der Finsternis nach dem Zusammenbruch des achäischen Reiches zurückblickte.

Doch lange vor diesen Ereignissen hatten die Achäer die Könige von Kreta besiegt und waren nach dem reichen Osten durchgestoßen. Sie gründeten Siedlungen in Rhodos, Kos und Zypern und trieben mit Ägypten Handel, indem sie die Erzeugnisse der Ägäis gegen Luxuswaren wie Gold, Elfenbein und Textilien eintauschten. Es ist aufschlußreich, daß in Boghazköi, der alten kleinasiatischen Hauptstadt der Hettiterkönige, Dokumente auf Ton über den *König von Akhiyava* gefunden wurden. Fast alle Wissenschafter halten sie für die ersten Zeugnisse über die Achäer – ein von Homer so oft für die Griechen benützter Name. Er nannte sie auch *danaoi*.

Dann, im dreizehnten Jahrhundert v. Chr., spricht auch Ägypten. Im Jahre 1221 v. Chr. überzogen feindliche Eindringlinge, unter Führung des Königs von Libyen, das Land am Nil. Der größte Teil der Eroberer kam jedoch vom Norden. Auf den ägyptischen Inschriften werden die *Achaiwascha* erwähnt – wahrscheinlich ein weiterer Hinweis auf die Achäer oder Mykenier. Die Invasion gelang nicht, aber eine Generation später kam eine zweite große Welle mit dem mächtigen Heer der „Seevölker" vom Norden herunter. Diese Koalition wurde von Ramses III. in einer Land- und Seeschlacht besiegt. In den Inschriften werden die „Danuna" erwähnt, vermutlich sind die Danaoi gemeint. Es war ein Zeitalter der Unruhe und der großen Völkerwanderungen; offenbar bedeutete die zweite Invasion viel mehr als nur den Vorstoß einer Berufsarmee. Ganze Stämme mit Frauen, Kindern und Wagen zogen an den Küsten von Syrien und Palästina herunter. „Die Inseln", schrieb der priesterliche Chronist des Pharao, „waren in Aufruhr."

Wahrscheinlich war das letzte, verzweifelte Abenteuer des mykenischen Reiches oder Staatenbundes die Belagerung von

Troja. Nach den übereinstimmenden Angaben von Geschichte, Legende und Archäologie fand sie im ersten Viertel des zwölften Jahrhunderts statt. Auch dabei konnte es sich um einen politischen Schlag handeln, der die trojanische Machtstellung im Schwarzmeerhandel treffen sollte. Aber jetzt erwartete die Achäer das Unheil in der eigenen Heimat. In diesem dreitausend Jahre alten Drama, das uns der Spaten enthüllte – noch lebendiger verkündeten es die Dichter – spielt sich im letzten Akt die Vernichtung der Vernichter ab: nachdem die Achäer die Macht von Knossos gebrochen und den Reichtum des alten minoischen Reiches geerbt hatten, wurden sie selbst im zwölften und elften Jahrhundert von einer neuen Welle nördlicher Eindringlinge, vom gleichen, griechisch sprechenden Stamme, überflutet. Es waren die Dorier, die Vorfahren der „klassischen" und heutigen Griechen. Sie spalteten den organisierten mykenischen Staat in kleine Bezirke auf.

Einige Jahrhunderte danach, als die alten mykenischen Städte in Trümmern lagen und das minoische Reich in Vergessenheit geraten war, trat ein genialer griechischer Dichter auf und schuf aus einer Anzahl viel älterer Epen die *Ilias* und die *Odyssee*. Diese älteren Dichtungen verherrlichten die Taten mykenischer Helden. Sie wurden mündlich von einer Generation zur anderen weitergereicht. Sie erfuhren zwar Umgestaltungen und Änderungen, bis sie sich dem dorischen Charakter gefügt hatten, doch blieben die Namen der mykenischen Städte und Führer erhalten, sowie ihre Taten und manche Einzelheiten mykenischer Sitten und Gebräuche.

Auch enthielten sie unbewußte Erinnerungen an einstige kretische Herrlichkeit. Eine Generation, die sich nicht mehr vorstellen konnte, daß etwas derartiges wirklich existiert hatte, verlegte alles ins Märchenland. Es ist reizvoll, einmal daraufhin Homers Schilderung der mythischen „Insel der Phäaken" zu betrachten. Odysseus wird nach seinem Schiffbruch an die Küste geworfen, und Nausikaa, die Tochter des Königs, beschreibt ihr Land:

„Wahrlich, der lebt noch nicht und niemals wird er geboren,
Welcher käm' in das Land der phäakischen Männer, mit Feindschaft
Unsere Ruhe zu stören; denn sehr geliebt von den Göttern,
Wohnen wir abgesondert im wogenrauschenden Meere
An dem Ende der Welt und haben mit keinem Gemeinschaft."

Kann es eine bessere Darstellung von Kreta in den Tagen seines Ruhmes geben? An einer anderen Stelle finden wir folgende Zeilen:

„Denn die Phäaken kümmern sich nicht um Köcher und Bogen,
Aber Masten und Ruder und gleichgezimmerte Schiffe,
Diese sind ihre Freude, womit sie die Meere durchfliegen."

Alkinoos, der König der Phäaken, sagt seinem Gast:

„Denn wir suchen kein Lob im Faustkampf oder im Ringen;
Aber die hurtigsten Läufer sind wir und die trefflichsten Schiffer,
Lieben nur immer den Schmaus, den Reigentanz und die Laute,
Oft veränderten Schmuck und warme Bäder und Ruhe.

Auf denn und spielt vor uns, ihr besten phäakischen
Tänzer,
Daß der Fremdling davon bei seinen Freunden erzähle,
Wann er zu Hause kommt, wie wir vor allen geübt sind
In der Lenkung des Schiffes, im Lauf, im Tanz und
Gesange."

Könnte dies nicht eine im Volke bewahrte Erinnerung an das
luxuriöse Leben im knossischen Palaste sein? Denn in Homers eigener Zeit, wenigstens fünfhundert Jahre nach dem
Sturz der kretischen Macht, hätte kein Besucher von Kreta
ahnen können, daß die Insel einst das Zentrum eines gewaltigen Reiches war. Die neugierigen Dorier fanden wahrscheinlich in den zerbröckelnden Ruinen von Knossos einige
Fragmente der Stier-Fresken mit Jünglingen und Jungfrauen,
und daraus mögen sich die Legenden von Minos und den
athenischen Gefangenen, von Theseus und dem Minotauros
gebildet haben. Bei dem Labyrinth jedoch handelt es sich nur
um eine Ableitung der *Labrys* – einem anderen nicht-griechi-
schen Wort – zur Bezeichnung der Doppelaxt, die auf den
Wänden von Knossos am meisten als Symbol verwendet
wurde. Was aber die Geschichte des geheimnisvollen, unterirdischen Irrgartens betrifft, in dem Minos das Stier-Unge-
heuer gefangen hielt, so mag sie von abenteuerliebenden
Doriern nach Griechenland gebracht worden sein. Vielleicht
waren sie im Palast in die Röhren des Kanalisationssystems
eingedrungen. Diese waren so groß, daß ein Mann darin stehen konnte, und in den primitiven Niederlassungen der Dorier waren solche Einrichtungen natürlich völlig unbekannt.
   Dank Evans und seinen Zeitgenossen, die alle auf den von
Schliemann und Dörpfeld errichteten Grundlagen bauten,

läßt sich heute ein großes neues Gebiet europäischer Frühgeschichte überblicken. Der Beweis ist erbracht, daß die alten Legenden und Mythen mehr Wahrheit enthielten, als die
vertrockneten Historiker je zugeben wollten. Diese Einsicht
verdanken wir in erster Linie Schliemann, der den alten
Überlieferungen Glauben schenkte und außerdem die Mög-
lichkeiten und den Willen besaß, diesen Glauben zu recht-
fertigen. Aber für geduldige wissenschaftliche Forschung –
Analyse wie Synthese – sind wir vor allem Evans und seinen
hingebungsvollen Nachfolgern zu Dank verpflichtet.

Homer hat aufgehört, nur als Traumdichter und Märchen-
erzähler zu gelten. Er schrieb in einer Zeit der Kulturdämme-
rung. Sein Blick war nie auf die Mauern von Ilion gefallen.
Er hatte Agamemnon nicht durch das Löwentor reiten sehen
und war auch nie in der freskengeschmückten Halle von
König Minos in Knossos gewesen. Aber seine Vorgänger
waren noch Augenzeugen dieser Wunder. Wie der Bernstein
die Mücken, so enthalten die Dichtungen Bilder von edlen
Gemächern, Kunstwerken, Waffen, Rüstungen und einem
Lebensstil, der in Homers eigenen Tagen längst entschwun-
den war. Der Spaten der Archäologen hat jedoch bewiesen,
daß alles einmal existiert hat.

Auch wir leben in einer Zeit der Dämmerung, besonders
in bezug auf das menschliche Wissensstreben. Schliemann,
Evans und andere, die noch die Muße und den Reichtum hatten, die Wissenschaft um ihrer selbst willen zu betreiben, sie
alle sind nicht mehr. Ihre Nachfolger, die mit viel beschränk-
teren Mitteln zu Werk gehen, haben trotzdem Großes geleistet. So bedeutet zum Beispiel Professor Wace's neuestes
Buch *Mycenae* einen weiteren Schritt zum Verständnis der
„Mykenier". Aber wie viele Fragen sind noch ungelöst! Die

geheimnisvolle minoische Schrift, um deren Entzifferung willen Evans nach Kreta gekommen war, ist immer noch ein Rätsel. Und trotz der Arbeiten von Gelehrten und Archäologen aus England, Frankreich, Amerika, Italien und anderen Ländern birgt Kretas Boden noch viel mehr Schätze, als je daraus gehoben wurden. Das Tal, in dem der Palast des Minos steht, würde der Ausgrabung vielleicht Gräber und Schätze wie die von Ägyptens „Tal der Könige" offenbaren. Aber wie könnte ein derartiges Unternehmen heute zustande kommen? Wo ist der reiche und zugleich geniale Mensch, der ein solches Werk finanzieren oder auch nur planen würde? Welche Regierung würde es wagen, über einen Zuschuß von 250 000 Pfund Sterling zur Ausgrabung und Wiederherstellung eines dreitausendjährigen Palastes abstimmen zu lassen? Wir können uns nur mit Trauer fragen, wieviel Zeit noch verstreichen muß, bis die Welt befriedet und zivilisiert genug ist, um Schliemanns und Evans' großes Werk fortzuführen.

Die Morgensonne schien durch vorhanglose Fenster, und so erwachte ich frühzeitig. Ich frühstückte auf der Terrasse; kaum hundert Meter tiefer lag der Palast. Die Sonne ließ die weißen Mauern wie Schnee aufleuchten und schuf tiefschwarze Schatten auf Höfen, Gängen und Freitreppen. Das Ida-Gebirge hob sich mit seinem schneebedeckten Kamm hoch und verklärt von dem unschuldig blauen Morgenhimmel ab. Jenseits des flachen Hügels, auf welchem der Palast stand, erstreckte sich die fruchtbare, grüne Ebene von Messara bis zu den abschließenden Bergen.

Während ich in meinem Kaffee rührte, dachte ich, daß zum Bild unserer Zeit auch die hastigen, flüchtigen Reisen gehören. Vor fünfzig Jahren, ja sogar noch später, konnten junge, wenig bemittelte Leute monatelang an solchen Orten verweilen, einen Lebensplan entwerfen, ein Buch oder eine Examensthese vorbereiten oder, vielleicht wagen wir es auszusprechen, nur Schönheit genießen. Heute sind diese Erlebnisse nur drei „bevorzugten Klassen" zugänglich: der im Schwinden begriffenen Zahl von Touristen, welche die Überfahrt bezahlen können, den noch dünner gesäten Auserwählten, die auf Universitätskosten reisen, und gelegentlich einigen glücklichen Journalisten, die „ein Häppchen furchtsamer Freude erwischen", weil sie schon das Retourbillett der Luftfahrtslinie in der Tasche haben und wissen, daß zu Hause ein ungeduldiger Verleger wartet.

Leidenschaftlicher Nationalismus, Mißtrauen, Unduldsamkeit, Propagandalügen – alle Übel, die Evans einst bekämpfte – haben die Welt, die er kannte, an den Rand des Abgrundes gebracht. In unserem Zeitalter der Furcht müssen wir den Gegebenheiten das Beste abgewinnen. Für kurze Zeit hat die Unvernunft ihren harten Griff etwas gelockert, gerade lange genug, um wenigen Menschen den Genuß der beiden alten Kulturgüter – anregende Reisen und freundschaftlicher Austausch mit anderen Völkern – zu gestatten.

Ich ging den Abhang vor dem Gästehaus hinunter und erstieg langsam die breite, herrliche Freitreppe – Versailles ist nicht edler – die vor dem Eingang des viertausend Jahre alten Palastes liegt. (Siehe Tafel 48 und 49.) Durch die langen Gänge wanderte ich, an den zahllosen Türen und Treppenfluchten vorüber, die einst zu den oberen Gemächern führten. Ich überquerte den breiten Zentralhof, weiter und weiter ging es über Treppen und Gänge, bis ich endlich die äußerste Grenze des Palastes erreichte, wo der Hügel wie eine jähe Klippe zur üppigen Ebene von Messara abfällt.

Rechts und links lagen niedrige, sanfte Hügel, denen die frühe Morgensonne noch nicht allen Schatten genommen hatte. Dort wurden die „Tholos"-Gräber der ersten Menschen gefunden, die einst in Kreta landeten und siedelten. Vor mir lag Messara selbst, ein saftig grüner Fleck mit Reihen staubiger, grauer Olivenbäume, die längliche Morgenschatten über das feuchte Gras warfen. Zwischen den alten, grauen Steinen des Palastes sproßte rosa Asphodelos. Die zarten Blütenbüschel standen regungslos in der warmen, stillen Luft. Es gab auch rote und blaue wilde Anemonen, und der zierliche gelbe Sauerklee malte unendliche Goldstreifen auf die grüne Ebene zu meinen Füßen.

Der Frühling... Der Frühling war von Süden nach Kreta gekommen, über Homers purpurnes Meer – denselben Weg wie vor fünf- oder sechstausend Jahren die ersten Siedler von Kreta. In anderthalb Tagen sollte ich das regenbespülte Pflaster im kalten, windigen London wieder betreten. Aber ich hatte die Ankunft der Persephone gesehen

„... im wogenrauschenden Meere
An dem Ende der Welt..."

wo einst Europas Frühling erblühte.

Seit der Vollendung dieses Buches, im Frühjahr 1952, wurden in Mykenä bemerkenswerte Entdeckungen gemacht: Entdeckungen von größerem Umfang und tieferer Bedeutung als alle andern auf diesem Gelände, seit Schliemann 1876 die Schachtgräber freilegte. Leider stand das Buch schon so nahe vor der Herausgabe, daß weitgehende Textänderungen nicht mehr durchführbar waren. Außerdem war die Veröffentlichung der Funde bisher auch nur eine vorläufige; es sind vollständigere Berichte abzuwarten, ehe sich ihr endgültiger Wert feststellen läßt. Die vorliegenden Ergebnisse lassen aber deutlich erkennen, daß es sich um eine der größten Entdeckungen in der Geschichte der Archäologie handelt.

Die Ausgrabungen wurden von der Griechischen Archäologischen Gesellschaft ausgeführt. Die Leitung hatte Dr. J. Papadimitriou, der in *The Illustrated London News* vom 27. September 1952 einen Bericht veröffentlichte. *The Illustrated London News* gestattete mir, Teile dieses Berichtes wiederzugeben.

Im fünften Kapitel meines Buches erwähnte ich folgendes: „Professor Wace hat nachgewiesen, daß der prähistorische Friedhof, zu welchem die Schachtgräber gehören, sich ursprünglich im Westen des Löwentores bis jenseits der Zyklopenmauer erstreckte." Auf diesem Gelände, etwa 160 m westlich vom Löwentor, hat Dr. Papadimitriou einen zweiten Gräberkreis aus annähernd derselben Periode wie derjenige gefunden, den Schliemann vor sechsundsiebzig Jahren entdeckte. Er vermutet außerdem, daß die Gräber zu Pausanias' Zeit bekannt waren. Diese Theorie erhärtet er durch die Tatsache, daß Grabsteine oder Stelen, ähnlich den über Schliemanns Schachtgräbern gefundenen, „in ganz geringer Tiefe unter der Oberfläche des Geländes von Pausanias' Zeit *in situ* vorgefunden wurden. Die neuesten Ausgrabungen ergaben die endgültige Bestimmung dieser Schicht." Es bleibt trotzdem ein Rätsel, warum die Gräber nicht ausgeplündert wurden, wenn sie in der damaligen Zeit schon bekannt waren.

Zwischen dem von Dr. Papadimitriou neu entdeckten und Schliemanns Gräberkreis bestehen Unterschiede. „Der Gräberkreis, den wir jetzt ausgraben", schreibt der griechische Forscher, „hat einen Durchmesser von ungefähr 27 m; darin gleicht er Schliemanns Kreis innerhalb der Burg. Die Mauer unseres Kreises ist jedoch viel dicker (1,55 m) und aus großen, roh behauenen Kalksteinblöcken. Chronologisch gehört sie derselben Periode an wie die Gräber, die sie einschließt. Der Kreis im Innern der Burg wurde jedoch aus *Poros*platten errichtet, und zwar fast zweihundert Jahre nach dem Verschließen der darin befindlichen Gräber."

Obwohl der neue Gräberkreis in vergangenen Zeiten teilweise beschädigt wurde, enthält er mehr als doppelt so viele Gräber als der alte Kreis innerhalb der Burg. Bis jetzt wurde erst der nördliche Teil bearbeitet, doch hier stellte Dr. Papadimitriou „acht oder neun Gräber fest, von denen vier vollständig ausgegraben sind" (September 1952). Außerdem ist er davon überzeugt, daß im südlichen Teil noch weitere Gräber ans Licht kommen werden.

Über zwei freigelegten Gräbern standen Stelen mit „schönen Darstellungen von Stier- und Löwenjagden. Auf einem anderen Grabe befand sich ein Sockel *in situ* mit dem Fragment einer Stele. Dank dieses Fundes konnten wir untersuchen, nach welcher Methode die Stelen errichtet waren, die Schliemann entdeckte und ohne Sockel in das Nationalmuseum von Athen brachte. Als Resultat fanden wir im Gräberrund innerhalb der Burg mehrere Blöcke von Stelensockeln, die bis heute als solche noch unbekannt waren. Schon diese einzelne Tatsache läßt die Bedeutung der neuen Gräber erkennen. Die Ausgrabung wird mit unseren modernen wissenschaftlichen Methoden durchgeführt; dazu kommt alles, was an Erfahrung und Wissen durch die Ausgrabungen und Schriften der internationalen Gelehrtenwelt gewonnen wurde; so dürfen denn aus der vorliegenden Entdeckung wichtigste Schlüsse über Gräberbau und Bestattungsriten jener vergangenen Zeit gezogen werden."

Die bis heute freigelegten Gräber sind Schachtgräber, wie die von Schliemann gefundenen. Das größte hat ein Ausmaß von 3,80 m auf 2,80 m bei einer Tiefe von 3,50 m. Die Längsseiten waren mit Steinplatten verkleidet. Darauf ruhten die Dachbalken, die mit Schilf und einer Schicht wasserdichten Tones bedeckt waren, um das Regenwasser abzuhalten.

In dem Grabe befanden sich vier Skelette: „eines liegt beinahe in der Mitte, die Beine etwas gespreizt, die Hände in der Haltung eines ruhend ausgestreckten Menschen; die beiden anderen, an der Ost- und Südseite, sind der Mitte zugewendet." Offenbar handelt es sich um eine Familiengruft, und bei späteren Bestattungen wurden die Skelette der früher Begrabenen zur Seite gelegt, um Raum zu gewinnen.

Ähnlich wie in Schliemanns Schachtgräbern schmückten viele Opfergaben die Leichen oder lagen neben ihnen. In dem oben erwähnten Grabe fanden sich Vasen aus Bronze und Silber, zwei goldene Becher, goldener Kopfschmuck und eine Gesichtsmaske aus Elektron (Legierung aus Gold und Silber). Dazu kamen verschiedene Bronzeschwerter, Dolche und andere Waffen, einige mit eingeschnittenen Motiven; die Schwertknäufe waren aus Alabaster und Elfenbein. In den anderen Gräbern war das einzige vorhandene Skelett mit goldenen Armbändern und einem bandförmigen Ornament aus Elektron geziert. Keramik war in großer Fülle vorhanden. Zum größten Teil gehörte sie einer seltenen und schönen Klasse an und stammte aus verschiedenen Epochen— ein Beweis, daß die Gräber lange Zeiten hindurch benutzt wurden. Über eine der Vasen schreibt Dr. Papadimitriou: „Diese Vase gehört einer mindestens fünzig Jahre jüngeren Periode an als die anderen Vasen, schätzungsweise 1550 v. Chr., und beweist, daß die letzte Bestattung zu Beginn des mykenischen Zeitalters stattfand. Wir müssen es als feststehende Tatsache betrachten, daß diese Skelette einem königlichen griechischen Stamm angehörten, der sich in Mykenä ansiedelte und lange vor dem Zeitalter der Helden des trojanischen Krieges einen mächtigen Staat bildete. Diese ersten Griechen, die um 2000 v. Chr. vom Norden her in das griechische Festland einzogen, hatten sich auch im Peloponnes niedergelassen und kamen von da mit Kreta und den Inseln in Berührung. Sie lernten zwar viel von den Inselbewohnern, vermittelten ihnen aber den belebenden Hauch des griechischen Geistes und die Stärke des griechischen Volkstums, das den weicheren Inselvölkern und Anatoliern an Kraft weit überlegen war."

Während diese Zeilen im Druck erscheinen, sind zweifellos weitere Gräber innerhalb des neu entdeckten Gräberkreises freigelegt worden. Vielleicht offenbaren sie uns Schätze, die den von Schliemann im letzten Jahrhundert gefundenen an Schönheit gleichen oder sie sogar noch übertreffen. Damit wird unserer Erzählung wieder ein Kapitel angefügt. Sie ist nie zu Ende, denn Schliemanns und Evans' Triumphe gehören zwar der Vergangenheit an, doch wird man nie sagen dürfen, daß die letzten Geheimnisse enthüllt seien, und daß die zukünftigen Archäologen den Mächten der Zeit und des Verfalls nicht noch größere Siege abringen werden.

Leonard Cottrell.

LITERATUR

Academy: 49. January to June, 1896. (Publishing Office: 27, Chancery Lane, W.C. 2.)

American Journal of Archæology: Vol. 54-3, July 1950. (Published by Archæological Institute of America.)

Aeschylus: *Agamemnon*, translated by Louis MacNeice, 1936. (Faber and Faber Ltd.) (Deutsch: Agamemnon, Deutsche Nachdichtung von Oswald Marbach. G. J. Göschen, 1883.)

Bible.

Blegen, Carl W. etc.: *Troy*, Vol. 1, parts 1 and 2. (Published for the University of Cincinnati by Princeton University Press, 1950.)

Breasted, J. H.: *Ancient Records of Egypt.*

British School at Athens: No. 2. Session, 1895-96 (Macmillan).

Bury, J. B.: *History of Greece*, 1951 (Macmillan).

Cornhill Magazine: Vol. XIV, January–June 1903. (Smith, Elder and Co.)

Courtney, W. L.: *Fortnightly Review*, Vol. LXXXIV, July–December 1908. (Chapman and Hall.)

Evans, Sir Arthur: *The Palace of Minos.* (Macmillan.)

Evans, Joan: *Time and Chance*, 1943. (Longmans, Green and Co.)

Forsdyke, E. J.: *Minoan Art.* British Academy, Vol. XV. (Humphrey Milford.)

Frazer, Sir J. G.: *Apollodorus – The Library* – II, 1946. (Heinemann: Lœb Classical Library.)

Glotz, G.: *The Aegean Civilization*, 1925. (Kegan Paul, Trench, Trubner and Co. Ltd.)

Grote, G.: *History of Greece*, Vol. I. (J. M. Dent and Co.)

Hall, H. R.: *The Civilization of Greece in the Bronze Age.* The Rhind Lectures, 1923. (Methuen and Co.)

Hawes, B. M. and H. W.: *Crete the Forerunner of Greece.*

Herodotus: *History.*

Homer: *The Iliad*. (Deutsch: Ilias, übersetzt von Joh. Heinr. Voß.)

Homer: *The Odyssey*. (Deutsch: Odyssee, übersetzt von Joh. Heinr. Voß.)

Journal of Hellenic Studies, Vol. 32, 1912. (Macmillan and Co. Ltd.)

Journal of Hellenic Studies, Vol. 33, 1913. (Macmillan and Co. Ltd.)

Journal of Hellenic Studies, Vol. 49, 1929. (Macmillan and Co. Ltd.)

Karo, G.: *Die Schachtgräber von Mykenae*.

Lang, A.: *The World of Homer*, 1910. (Longmans, Green and Co.)

Leaf, W.: *A Study in Homeric Geography*, 1912. (Macmillan and Co. Ltd.)

Leaf, W.: *Homer and History*, 1915. (Macmillan and Co. Ltd.)

Leaf, W.: *Troy*, 1912.

Lorimer, H. L.: *Homer and the Monuments*, 1950. (Macmillan and Co. Ltd.)

Ludwig, E.: *Schliemann of Troy*, 1930. (Putnam and Sons.) (Deutsch: Schliemann, Scherz, Bern, 1952.)

Murray, G.: *Agamemnon*. (George Allen and Unwin Ltd.)

Murray, G.: *The Rise of the Greek Epic*, 1924. (Clarendon Press.)

Myres, Sir John Linton: *Who were the Greeks?* 1930. (University of California Press, Berkeley, California.)

Newbolt, Henry: *ed. Monthly Review*, 2, January-March, 1901. (John Murray.)

Nilsson, M. P.: *Homer and Mycen.*, 1933. (Methuen and Co. Ltd.)

Nilsson, M. P.: *Minoan-Mycenean Religion*.

Ovid: *The Heroides*, etc., translated by Henry T. Riley, 1852. (H. G. Bohn.)

Ovid: *The Metamorphoses*, translated by John Benson Rose, 1866. (Whittaker and Co.)

Ovid: *The Metamorphoses*, translated by Arthur Golding, edited by W. H. D. Rouse, 1904. (De la More Press.)

Pendlebury, J.: *Archaeology of Crete*.

Rhys Carpenter: *Folk Tale, Fiction and Saga in the Homeric Epics*. Sather Classical Lectures, Vol. 20, 1946. (University of California Press, Berkeley and Los Angeles.)

Rose, H. J.: *A Handbook of Greek Literature*. (Methuen and Co. 1934.)

Schliemann, H.: *Ilios*—City and Country of the Trojans. (Deutsch: Ilios, Brockhaus, 1880.)

Schliemann, H.: *Mycenae and Tiryns*, 1878. (John Murray.) (Deutsch: Mykenae, Brockhaus, 1878.)

Schuchhardt, C.: *Schliemann's Excavations*, 1891. (Macmillan and Co.) (Deutsch: Schliemanns Ausgrabungen, Brockhaus, 1890.)

Symposium on the Homeric Problem. (In American Journal of Archæology, see above.)

Thucydides: *History*. (Deutsch: J. D. Heilmann, Reclam.)

Woodhouse, W. J.: *The Composition of Homer's Odyssey*, 1930. (Clarendon Press.)

NAMEN- UND SACHREGISTER